El Eterno Pacto de Gracia de Dios

Herman Hanko

Tampa, Florida
www.editorialdoulos.com

Editorial Doulos
1008 E. Hillsborough Ave
Tampa, Florida 33604
www.editorialdoulos.com
editor@editorialdoulos.com

Originally published in English under the title *God's Everlasting Covenant of Grace* ©1988 Reformed Free Publishing Association. Reformed Free Publishing Association, 1894 Georgetown Center Drive, Jenison MI 49428-7137 USA. www.rfpa.org, mail@rfpa.org. This Spanish edition is translated and used by permission of the Reformed Free Publishing Association. Scripture cited in the English version was from the King James (Authorized) Version. The Reina Valera 1960 is used in this translation.

.

Copyright © 2018
Traducido por José M. Martínez
Corregido por Glenn A. Martínez
All rights reserved.
ISBN: 0999777017
ISBN-13: 9780999777015

Editorial Doulos

Estudios de Dogmática Reformada

CONTENIDO

	Prefacio	7
	Introducción	9
1	Dios, un Dios Pactal	15
2	La Idea del Pacto	21
3	El Pacto con Adán	36
4	El Pacto y la Caída	44
5	El Pacto en el Antiguo Testamento	52
6	Los Días Anteriores al Diluvio	60
7	El Pacto con Noé	67
8	El Pacto con Abraham	79
9	Abraham y su simiente	88
10	Los Creyentes y sus Hijos	101
11	El Bautismo y los Hijos del Pacto	117
12	El Pacto y la Predestinación	141
13	El Pacto con Israel – La Esclavitud en Egipto	163
14	El Pacto con Israel – Liberación de Egipto	180
15	El Mediador del Pacto	191
16	El Pacto con Israel – Entrada a Canaán	204
17	Nuestra Parte en el Pacto	212
18	El Pacto y el Reino	220
19	Conclusión	250

Prefacio
por Homer C. Hoeksema

En los más de veinte años en el que el autor de esta obra y yo hemos sido colaboradores en nuestra Escuela Teológica Protestante Reformada, en numerosas ocasiones hemos comentado y discutido la penetrante importancia de la verdad del eterno pacto de gracia de Dios para todo el sistema de verdad reformado. Que esta verdad ocupa un lugar esencial en la dogmática, por supuesto, es evidente. Pero una vez que uno ha descubierto y aprendido a apreciar las riquezas de esta verdad desde un punto de vista dogmático, descubre tesoros cada vez mayores de la verdad en todo el rango de los estudios teológicos y, de hecho, en toda nuestra visión reformada del mundo y la vida. El profesor Hanko y yo hemos hablado muchas veces sobre esto en relación con nuestra enseñanza en el seminario.

Otro aspecto de esta verdad que hemos discutido frecuentemente era lo que yo llamaría la interdependencia de la verdad de la gracia soberana y la verdad del eterno pacto de gracia de Dios. En última instancia, por un lado, es imposible mantener la verdad de la gracia soberana - con la predestinación soberana en su corazón - sin una consistente comprensión bíblica y reformada del pacto. Por otra parte, es igualmente imposible mantener la verdad del eterno pacto de gracia de Dios, separada de una comprensión profunda y sostenida de la doctrina reformada de la gracia soberana. No me aventuraría a decir con qué frecuencia comentamos esto en nuestras discusiones.

Por ello, el autor ha hecho un favor a sus lectores mediante el desarrollo de la verdad del pacto de la gracia de una manera consistente con la verdad de la gracia soberana. Este no es un libro sólo para teólogos profesionales; está escrito para el amplio número de lectores del pueblo de Dios. De hecho, el libro comenzó hace muchos años como una serie de panfletos de estilo popular. Es fácilmente digerible por el lector cristiano.

Considero que es un honor recomendar el trabajo del profesor Hanko en este Prólogo y expresar la esperanza de que muchos en el pueblo de Dios sean edificados espiritualmente por él.

Introducción

Cualquiera que esté familiarizado con la historia del desarrollo de la doctrina desde los tiempos de la Reforma protestante va a entender la importancia de la verdad del eterno pacto de gracia de Dios. Así como las verdades de la Reforma de Calvino fueron desarrolladas tanto en Inglaterra como en el continente, la doctrina del pacto ocupó un lugar muy importante. Casi todos los teólogos importantes se fijaron en ella.

Sin embargo, hay una característica notable en el desarrollo de esta doctrina: casi nunca hubo teólogos que prestaran atención a ella y que fueran capaces de llevar esta verdad en armonía con las verdades de la gracia soberana en general y con la verdad de la predestinación soberana en particular. Busque donde quiera entre los teólogos presbiterianos y reformados, y encontrará tensión entre estas dos grandes verdades de la Palabra de Dios. Si se hizo hincapié en las verdades de la gracia soberana y la doble predestinación (y hubo muchos que lo hicieron) la verdad del pacto fue empujada a una pequeña esquina de su teología. Si, por el contrario, el énfasis central de un teólogo descansa en la doctrina del pacto (como, por ejemplo, Cocceius), las verdades de la gracia soberana y la doble predestinación recibieron, como máximo, poca importancia.

¿Por qué fue así? Estamos convencidos de que la respuesta a esta pregunta se encuentra en el hecho de que casi sin excepción la doctrina del pacto fue, principalmente, definida en términos de un *acuerdo* o alianza entre Dios y el hombre. La esencia de la alianza se define en términos de tal acuerdo, y tanto el establecimiento de la alianza como su continuación dependían de las mutuas estipulaciones, condiciones, provisiones y promesas que son inherentes a un acuerdo. Aquí estaba el problema. Un pacto que es un acuerdo es un pacto que es condicional. Y un pacto que es condicional depende del hombre para su realización. Cuando en algún sentido la obra de salvación depende del hombre, las verdades de la gracia soberana sufren como resultado de ello.

Esto no quiere decir que todos los teólogos enseñaron una salvación que dependía del hombre. Esto está lejos de la verdad. Tanto en la teología inglesa como en la continental había muchos que defendieron vigorosa y consistentemente las verdades de la gracia soberana. Pero cuando así era, o el pacto de gracia no estaba integrado en todo el sistema de la teología establecida por estos hombres, o una especie de "feliz inconsistencia" llevaba a los teólogos a sostener ambas verdades. El hecho es que un pacto condicional y la gracia soberana no pueden armonizarse.

Este problema, es natural, está estrechamente relacionado con la cuestión del bautismo infantil. Si el pacto es un acuerdo y, por ello, es condicional, los niños pequeños no pueden, en el sentido más profundo de la palabra, pertenecer a ese pacto; no son capaces de cumplir con las condiciones hasta el momento cuando ya sean maduros. Esto ha llevado a lo largo de los años algunas veces a amargas controversias sobre la cuestión del bautismo infantil. A veces el debate se ha desatado entre los defensores del bautismo de niños y los que sostienen el bautismo de creyentes. Este debate se ha intensificado en las últimas décadas, probablemente en parte debido a que muchos de los que mantienen una posición "bautista" han, al mismo tiempo, adoptado un cierto calvinismo que hace hincapié en las doctrinas de la gracia. Son bautistas calvinistas en distinción de los bautistas arminianos o del libre albedrío. Desde Charles Spurgeon, e incluso anteriormente, hay una corriente de pensamiento entre los bautistas que mantiene las verdades centrales de la gracia soberana, mientras continúan negando el bautismo infantil.

Estos "reformados" o "bautistas calvinistas" han provocado una renovación del debate, o al menos han generado un grado de mayor intensidad en el debate, porque aquellos que se aferran a la verdad del bautismo de niños generalmente han mantenido que las ideas de bautismo de creyentes y la gracia soberana son mutuamente excluyentes y que aquellos que se aferran a estas dos posiciones tienen una visión contradictoria de la salvación. Los bautistas han, por supuesto, repudiado esta acusación, y el debate continúa.

Pero incluso dentro de los círculos de aquellos que sostienen el bautismo infantil existe controversia. Muchos de los que han sido históricamente Reformados y que han, desde su posición Reformada, sostenido la doctrina del bautismo de niños, ya no son capaces de defender su posición frente a la enérgica y contundente apologética de los Bautistas. El resultado es que muchas personas Reformadas, que desean aferrarse a las doctrinas de la gracia soberana, han sido influenciadas por Bautistas Reformados y han pasado a sostener esa posición. Es nuestra convicción que esta incapacidad para defender la doctrina del bautismo infantil tiene sus raíces en una concepción errónea de la verdad del pacto, a saber, que el pacto es un acuerdo que descansa sobre ciertas condiciones.

Al hacer que el pacto sea un acuerdo – del cual, obviamente, los niños pequeños no son capaces de participar – se quita el fundamento de la verdad del bautismo infantil. Es cierto que varias soluciones se han propuesto para este problema, como veremos más adelante, pero estas soluciones han demostrado ser insatisfactorias y sin fundamento bíblico. Gran parte del debate dentro de los círculos reformados se ha centrado en esta pregunta: ¿cuál es la base para el bautismo infantil? Las diversas respuestas que se han dado han llevado a una gran controversia en los círculos reformados, controversia que aún no ha muerto completamente. La dificultad es siempre que la controversia ha sido llevada a cabo dentro de las limitaciones de un pacto definido como un acuerdo bilateral y condicional. Y la controversia no se resolverá hasta que se coloque esta idea a descansar de una vez por todas y que la idea bíblica del pacto sea claramente establecida.

Pero otro problema se ha inmiscuido en cualquier discusión del pacto. Me refiero al hecho de que gran parte del trabajo realizado en teología en nuestros días está centrada en el hombre. La teología comienza con el hombre y termina con el hombre.

Tiene que ver con el bienestar del hombre y la felicidad del hombre. El hombre se coloca en el centro de todo el pensamiento de la iglesia, y el hombre se convierte en el principal objeto de consideración.

Si bien es cierto que las Escrituras se ocupan del hombre, también es cierto que los hombres no son la principal preocupación de las Escrituras . El énfasis en el hombre es realmente una forma de humanismo religioso, y como tal humanismo, con todos sus graves males, se ha convertido en el objeto de la reflexión teológica. Este es un error triste y peligroso. El hombre no es la preocupación principal de las Escrituras en absoluto. Tampoco debe ser el nuestro. El énfasis de la iglesia en el hombre no es el énfasis de la Biblia. Las Escrituras tienen que ver con Dios. Las Escrituras empiezan con Dios y terminan con Dios. Todas las Escrituras son la revelación de Dios y tienen su principal preocupación en Dios y su gloria. Dios es lo más importante y supremo. Pase lo que pase con el hombre, o lo que se diga del hombre, es de importancia secundaria. Dios es el primero y el último. Todas las cosas comienzan y terminan en Él. Dios es central y trascendentalmente importante en cualquier discusión sobre la verdad. Negamos este énfasis fundamental o ignoramos su verdad bajo nuestro propio riesgo.

¿Con qué frecuencia el apóstol Pablo se interrumpe a sí mismo para realizar una poderosa y conmovedora doxología de alabanza al contemplar la verdad revelada a él - una doxología de alabanza a Dios, que es el único digno de toda alabanza y gloria? Después de discutir, por ejemplo, las grandes verdades de la elección y la reprobación, especialmente cuando se aplican a la salvación de judíos y gentiles en Romanos 9-11, concluye todo diciendo: "¡Oh profundidad de las riquezas de la sabiduría y de la ciencia de Dios! ¡Cuán insondables son sus juicios, e inescrutables sus caminos! Porque ¿quién entendió la mente del Señor? ¿O quién fue su consejero? ¿O quién le dio a él primero, para que le fuese recompensado? Porque de él, y por él, y para él, son todas las cosas. A él sea la gloria por los siglos. Amén" (vs. 33-36.).

Y lo que era cierto de Pablo también lo era de todos los demás autores de las Escrituras. David, en los Salmos, parece como si no pudiera hablar con la suficiente frecuencia y duración sobre la gran gloria de Dios. Se recoge en el éxtasis de la grandeza de Dios, se fija en los cielos y la tierra, el mar y las estrellas, y toda esta vasta creación se une a él en una alabanza a Aquel que es grande y que debe ser grandemente alabado. El libro de Apocalipsis pone doxología tras doxología e himno tras himno de alabanza y gloria a Aquel que es el único digno del honor de todo el universo. De hecho, toda la Escritura es correctamente llamada un hermoso y glorioso himno de adoración a Dios.

Esto debe ser lo más importante en nuestros corazones y mentes cuando intentamos resolver algunos de los problemas que se nos presentan cuando intentamos determinar la verdad de la Palabra de Dios. Quizás no hay nada tan difícil para el hombre pecaminoso que perderse de vista a sí mismo y ver sólo la gloria de Dios. Sin embargo esto es esencial. Y esto es preeminentemente verdadero acerca de la doctrina del pacto de gracia.

Y así, en nuestra discusión de la verdad del pacto, debemos comenzar con Dios y terminar con Dios. Si hacemos esto, como las Escrituras lo hacen, tendremos una perspectiva totalmente diferente sobre esta verdad, y podremos ver claramente a través de la maraña de problemas que la controversia sobre la alianza ha generado por años. Esto nos llevará a las Escrituras de forma que nuestra discusión se puede basar en las Escrituras y en sólo en las Escrituras. Y un estudio así nos mostrará que la verdad del pacto impregna la totalidad de las Escrituras. No es una exageración decir que el pacto de gracia está presente como un hilo dorado a través de la totalidad de las Escrituras, sino que es, de hecho, el tema dominante de las Escrituras. Y si esta verdad es tema dominante de las Escrituras, también es la verdad fundamental de toda la teología. Ha habido teólogos en el pasado que han desarrollado teologías desde el punto de vista del pacto. Necesitamos mencionar a hombres como Cocceius y Witsius. Este abordaje, creemos, es correcto y bíblico. Intentaremos mostrar esto.

Para hacer esto no trataremos la verdad del pacto tópicamente sino que lo haremos de forma histórica. Aunque va más allá del propósito de este libro el tratar todas las Escrituras, de Génesis a Apocalipsis, y tratar todos los pasajes que se nos presentan, trataremos de seguir las amplias líneas del desarrollo histórico del pacto en el Antiguo Testamento para mostrar como la idea del pacto fue revelada por Dios a su pueblo en esa dispensación, y lo relacionaremos con el nuevo para mostrar como todo se ha cumplido en Cristo. Creemos que este abordaje histórico nos ayudará a clarificar la verdad del pacto de Dios.

Creemos que este enfoque histórico, junto con la centralidad de Dios y su gloria, mostrará las grandes verdades de la gracia soberana y el eterno pacto de Dios a una perfecta armonía bíblica.

Capítulo 1
Dios, Un Dios Pactal

⳨

Dios es el Dios del pacto. El fundamento más profundo del pacto de gracia debe ser encontrado en la verdad de que Dios vive una vida Pactal en Sí mismo incluso aparte de las criaturas que Él creó.

Dios es trino. Es decir, Dios es uno en esencia y tres en personas. Esta doctrina es central y totalmente importante para la iglesia y se ha mantenido como una roca inamovible sobre la cual toda la verdad está basada. Y esta trinidad es la razón más profunda del por qué Dios es un Dios Pactal y vive una vida pactal en sí mismo. Sin la realidad de la Trinidad, el pacto sería imposible.

Que Dios sea uno en esencia significa que sólo hay un Dios, un Ser divino, una esencia divina. En Dios sólo hay una mente y una voluntad, una naturaleza divina, una vida divina. Todos los atributos de Dios son atributos de la esencia y, por lo tanto, de Dios mismo.

Pero, aunque Dios es uno en esencia, también es tres en personas. En Dios hay tres egos distintos, tres que dicen "yo." Esas tres personas son el Padre, el Hijo, y el Espíritu Santo.

No debemos dejar la falsa impresión que los tres no son completamente distintos uno del otro en cuanto a sus características y atributos personales. El Padre es personalmente distinto del Hijo y el Espíritu Santo, y el Hijo es personalmente distinto del Padre y el Espíritu Santo. Lo que puede ser dicho del Padre y del Hijo puede ser igualmente dicho del Espíritu Santo. Es verdad que ellos viven en una unidad de esencia. Es verdad que ellos tienen en común una mente y una voluntad. Pero el Padre piensa como Padre; el Hijo piensa como Hijo; y el Espíritu Santo es personalmente distinto del Padre y el Hijo en su pensamiento y voluntad. Pero ellos piensan y desean los mismos pensamientos y deseos. Su vida es una; su alegría es una; su propósito es uno; sólo hay un Dios.

Sobre esta verdad de la trinidad descansa la verdad de la vida pactal que Dios vive en sí mismo.

Dios no es el Alá mahometano, que sólo es una fuerza impersonal y estática en la cual uno debe creer. Dios es trino. Y porque Él es trino, Él es Dios viviente, que vive una vida perfecta y completa en Sí mismo. La vida que Él vive es completa y bendita. Él no necesita a nadie más, ni siquiera a su criatura, para hacer su vida más completa o rica. La creación no puede añadir a su gloria y felicidad. Ninguna criatura puede enriquecer a aquel que es completamente suficiente. Él es perfecto, santo, eternamente bendito, puramente feliz en toda su vida.

Esto es verdadero porque Él vive una vida pactal consigo mismo. Y esta vida pactal que Dios vive consigo mismo es la compañía y comunión que en sí mismo en la *unidad* de esencia y *trinidad* de personas de la divinidad. Hay, y sólo puede existir, perfecta comunión porque hay una perfecta unidad de esencia que subyace la vida de Dios. Pero al mismo tiempo, sólo puede existir compañía y comunión porque hay una trinidad de personas. Si Dios fuera uno en esencia y personas esa comunión sería imposible, porque comunión implica una multiplicidad de personas. Si, por otro lado, Dios fuera tres en personas y esencias, la comunión sería menos que perfecta, porque la diferencia de esencia haría la completa comunión imposible. Pero, al contrario, cada una de las tres personas conoce a la otra completa y perfectamente. Y en esta unidad de esencia hay una comunión de esencia y naturaleza, una comunión de vida y amor, una felicidad trascendente que caracteriza la comunión de Dios como las tres personas disfrutando en su mutua compañía. Esta compañía, felicidad suprema, comunión de vida y amor es la propia vida pactal de Dios.

Como hemos dicho, esta vida de Dios es completa y perfecta. El hombre no puede enriquecer a Dios de ninguna manera. Dios no está incompleto sin el hombre. Sería la mayor de las tonteras y el ápice del pecaminoso orgullo decir que el único Dios vivo y verdadero, el Soberano del cielo y la tierra, el único que es infinitamente glorioso y eterno, necesita del hombre para completar o perfeccionar su gloria. Su felicidad es completa; su vida y amor también; su gloria es perfecta. Dios no tiene necesidad de nosotros; nosotros tenemos necesidad de Él.

Esto está claramente expuesto, por ejemplo, en Isaías 40:12-18: "¿Quién midió las aguas con el hueco de su mano y los cielos con su palmo, con tres dedos juntó el polvo de la tierra, y pesó los montes con balanza y con pesas los collados? ¿Quién enseñó al Espíritu de Jehová, o le aconsejó enseñándole? ¿A quién pidió consejo para ser avisado? ¿Quién le enseñó el camino del juicio, o le enseñó ciencia, o le mostró la senda de la prudencia? He aquí que las naciones le son como la gota de agua que cae del cubo, y como menudo polvo en las balanzas le son estimadas; he aquí que hace desaparecer las islas como polvo. Ni el Líbano bastará para el fuego, ni todos sus animales para el sacrificio. Como nada son todas las naciones delante de él; y en su comparación serán estimadas en menos que nada, y que lo que no es. ¿A qué, pues, haréis semejante a Dios, o qué imagen le compondréis?"

Si en este punto pudiésemos preguntarnos el por qué Dios creó al hombre y estableció un pacto con su pueblo, entonces tocaríamos el corazón de nuestra relación con Dios en toda nuestra vida. La respuesta a la cual llegaríamos es una respuesta que sólo puede postrar al hijo de Dios en polvo y ceniza delante de la grandeza del Todopoderoso. Es sólo por causa de la profunda y soberana bondad de Dios, que nunca podemos explicar adecuadamente en lenguaje humano o entender por nuestras mentes finitas, que Dios ha tenido a bien no sólo crear el mundo, sino también crear un pueblo que le ame y participe en su gloria y bondad. ¡Dios quiso hacerlo! No podemos afirmar más que esto.

Aquí tocamos un punto esencial en nuestro entendimiento de la doctrina del pacto de gracia.

Dios no puede ser conocido por medio de esfuerzos que pueda realizar el hombre. Ya que Él es tan grande e infinitamente exaltado sobre todo lo que hay en esta creación es también, aparte de su revelación, desconocido para el hombre. El abismo infinitamente ancho y profundo que separa a Dios del hombre es un abismo sobre el cual no se puede poner un puente ni ser cruzado por medio de los esfuerzos de la criatura. Dios habita en una luz a la que el hombre no puede acercarse. Él es el Invisible, el único que puede ser exaltado. Los cielos son su trono y la tierra su estrado. Si, por lo tanto, Él debe ser conocido por la criatura, será conocido solamente porque Él mismo se da a conocer por medio de su propia revelación. Si es posible que lo conozcamos, es sólo porque Él se ha revelado a nosotros de una forma que es entendible y apropiada para nosotros.

En otras palabras, si Dios es conocido, sólo puede serlo por el maravilloso milagro de una revelación que revela la verdad del Dios infinito, pero que la revela de tal forma que el hombre puede entenderla. No se puede conocer a Dios por nuestras habilidades de razón e intelecto, ni por la fuerza encontrada en el hombre, ni por la investigación científica, ni por los mejores esfuerzos humanos. La única forma es que el hombre se incline humildemente ante la Palabra de Dios y ore para que sus sinceros esfuerzos de penetrar las maravillas de la Palabra puedan ser benditos por su Padre en el cielo. En esa Palabra está contenida toda la verdad de la trinidad, la verdad de todas las gloriosas perfecciones de Dios, la verdad de su propia vida pactal, la verdad del eterno pacto de gracia.

Entonces, hablar del pacto de gracia es hablar de revelación. Toda la revelación es Dios hablando acerca de Sí mismo. Si estamos hablando de la "revelación" divina en la creación, en Cristo, o en la Escritura como el registro infalible de la revelación de Dios en Cristo, es siempre Dios hablando. Y Dios sólo habla de Sí mismo. Por lo tanto también es así con la revelación del pacto de gracia. Esta revelación es Dios hablando de Sí mismo, particularmente de la vida pactal que Él vive en Sí mismo. Cuando Dios revela su propia vida pactal al hombre, entonces, y sólo entonces, el pacto de gracia se establece con el hombre.

Debemos recordar, sin embargo, que esto no es simplemente una revelación en palabras. Es eso, pero es más que eso. Cuando Dios establece su pacto con su pueblo, Él no lo hace sólo hablándoles acerca de la vida pactal que Él vive en Sí mismo, sino que Él revela su vida pactal que Él vive en Sí mismo a su pueblo llevándolo dentro de su propia vida pactal. Él hace que el hombre comparta en el placer y la alegría de su propia comunión. Él da al hombre el gustar la grandeza de esa comunión y compañía que Él disfruta en Sí mismo.

Quizás una figura clarifique esto. La vida pactal que Dios vive en Sí mismo es una vida "familiar". El Dios trino es un Dios "familiar". Esta vida "familiar" es reflejada en nuestras propias vidas familiares cuando hay verdadera comunión. Tales familias usualmente están compuestas de un padre, una madre y sus hijos. Esta familia disfruta de la compañía y comunión de una unidad de naturaleza y la distinción de personas. Esta vida familiar, bendita por Dios, es feliz y pacífica. Si esta familia estuviera caminando por las calles de una de nuestras grandes ciudades, ellos podrían ir hacia una pequeña niña abandonada por su familia. Esta niña no tiene padres, casa, amigos, ni ninguna compañía. Ella es pobre y está hambrienta. Su barriga está hinchada por la desnutrición. Sus ropas están rotas. Su cabello está sucio y descuidado. Su cuerpo está cubierto de llagas llenas de pus. Esta familia siente lástima por ella y se dicen que es muy triste que esta niña no tenga idea de que es la alegría de una vida familiar. En este punto ellos pueden hacer dos cosas. Ellos podrían, en su deseo porque ella conozca la alegría de la vida familiar, llevarla a algún lugar y hablarle de como ellos viven en su hogar. Ciertamente esto le daría alguna idea a la niña de cuan bendita puede ser la vida familiar, pero es igualmente cierto que esto no le haría ningún bien. Ellos también podrían conversar y decir que la única forma de hacer que esta niña entienda completamente que bendición puede ser la vida familiar es llevarla su casa con ellos y hacerla parte de su propia familia. Entonces ellos la llevarían a su hogar, la bañarían en una tina con agua caliente, curarían sus llagas, lavarían y peinarían su cabello, la llevarían a la mesa donde ella tendría un lugar con los otros niños, la harían su propia hija, quien podría compartir de forma muy real de todas las alegrías y bendiciones de la familia. Cuando ella pudiera conocer con todo su corazón que ella es amada y cuidada, una verdadera miembro de la familia, entonces ella podría también conocer exactamente cuál es la bendición de una vida familiar.

Esta es la revelación de la propia vida pactal de Dios a nosotros. Es un milagro casi incomprensible. Dios toma a su pueblo y lo lleva dentro de su propia vida familiar trina. Él los libra de sus pecados, los limpia de su corrupción, los alimenta con el pan del cielo, lo hace sus hijos e hijas – como su propio Padre celestial – y decreta que ellos sean los herederos de su herencia eterna. Ellos son llevados a la vida pactal de Dios. Pedro es muy enfático al decir que somos participantes de la *naturaleza* divina (II Pedro 1:4).

Pero debe ser recordado que esta vida pactal que Dios vive en Sí mismo es una vida de comunión y amistad. Cuando Dios, por medio de su pacto de gracia, nos lleva a esa comunión y amistad de su misma trinidad establece con nosotros su pacto de gracia por medio de Jesucristo. Y entonces este pacto es ese lazo de comunión y amistad que Dios estableció con nosotros por medio de su querido Hijo.

Entrar a la propia vida de comunión de Dios será eternamente el incomprensible milagro de nuestra salvación.

Capítulo 2
La Idea del Pacto

⁑

A través de la historia del desarrollo de la doctrina del pacto, el pacto casi siempre fue considerado como algún tipo de acuerdo entre Dios y el hombre, que al ser bilateral, o un acuerdo entre dos partes, incluye varias estipulaciones, condiciones, obligaciones, y promesas a las que ambas partes del pacto se obligan a cumplir.

No es completamente claro cómo esta concepción del pacto entró en el pensamiento de algunos teólogos. Lo más probable es que esta idea surgió principalmente debido a que la palabra "pacto" en la Escritura fue consistentemente traducida en la *Vulgata* latina con la palabra *foedus*. Esta palabra latina significa en latín clásico y medieval: sociedad, tratado, pacto, estipulación entre dos o más, acuerdo. Cuando se aplica a pactos humanos hechos entre hombres, esta palabra puede ser correctamente usada. Por ejemplo, cuando un marido y su esposa entran en un pacto matrimonial debe haber necesariamente un acuerdo entre ellos. De la misma forma, cuando dos naciones entran en un pacto de paz, esto debe necesariamente tener una forma de acuerdo. Cada nación hace ciertas promesas y asume ciertas obligaciones a las que someterse. Sólo cuando estas condiciones son conocidas y mantenidas el acuerdo tiene fuerza o vigencia.

El problema fue que esta misma idea fue aplicada entonces al pacto de gracia que Dios estableció con el hombre. Esta idea se encuentra presente en todos los teólogos que hablaron del pacto desde el tiempo de la reforma. Es verdad que si uno lee las obras de estos teólogos, es posible a veces encontrar algunos que mantienen la idea del pacto como un vínculo de amistad. Olevianus, por ejemplo, un teólogo del siglo 16 y uno de los autores del Catecismo de Heidelberg a veces habló del pacto como *Bund und freudshaftI* (vínculo y amistad). Pero incluso él no escapó de la idea del pacto como un acuerdo con cierto carácter bilateral.

Al definir el pacto de esta forma, la idea promovida era que Dios y el hombre entraron juntos en un acuerdo por el cual el pacto es realizado. Ambos entran en una consulta mutua y llegan a un acuerdo satisfactorio para ellos. Es verdad, como muchos teólogos sostienen, que Dios toma la iniciativa y viene al hombre con las primeras propuestas, pero el pacto no tiene fuerza ni es obligatorio para ambas partes hasta que los dos hayan entrado en el acuerdo por el cual ellos se obligan a sí mismos.

Si usted pregunta cómo funciona esto, la respuesta es: Dios viene al hombre con la propuesta, por medio de la predicación del evangelio, de que Él salvará al hombre y le dará todas las bendiciones salvíficas merecidas en la cruz de Jesucristo. Pero esta promesa de Dios no tiene efecto real hasta que el hombre esté de acuerdo con ella y asuma ciertas condiciones que deben ser cumplidas. Estas condiciones asociadas a la promesa son obligatorias para el hombre y son principalmente que el hombre debe aceptar la promesa como la suya, debe estar de acuerdo en caminar fielmente en el medio del mundo, y debe mantener la fidelidad al pacto de Dios. Sólo cuando esas condiciones han sido aceptadas y exitosamente cumplidas el pacto puede ser consumado y las bendiciones el pacto pasan a ser posesión del hombre.

¿A quién se hace esta promesa? Diferentes respuestas han sido dadas a esta pregunta. Algunos dicen que la promesa ha sido hecha a todos los que escuchan la predicación del evangelio. El evangelio, entonces, es descrito en términos de una oferta de salvación que viene a todos los que escuchan y expresa la intensión y deseo de Dios de salvar a todos los que escuchan. Donde vaya o venga el evangelio ahí va también la promesa divina de que Él ciertamente los bendecirá si ellos aceptan las condiciones de la promesa y entren en este acuerdo.

Otros, aunque no se oponen a esta posición, tienden a enfatizar más el lugar de los niños en el pacto. Destacan, por tanto, que en el bautismo la promesa de Dios llega a todos los que son bautizados sin distinción. Si, sin embargo, la promesa alguna vez se debe convertir en el tesoro poseído por el que es bautizado, sólo puede producirse cuando ese niño crece y acepta lo que una vez fue ofrecido o prometido a él en su infancia en el momento del bautismo.

Aunque estas, y otras, diferencias de un menor tipo pueden separar varias visiones, el hecho es de que todos concuerdan con la concepción de un pacto de gracia como un acuerdo bilateral y condicional permanece.

Las Escrituras, sin embargo, no hablan del pacto de esta manera. Muchas objeciones serias se pueden levantar contra esta visión. Las siguientes son las más importantes.

Si es cierto que la promesa de Dios de establecer su pacto llega a todos los que son bautizados, o en el sentido más amplio de la palabra, a todos los que han oído el Evangelio, entonces se deduce que todas las bendiciones de la salvación merecidas por Cristo en la cruz se les promete a todos los que entran en contacto con el Evangelio en cualquier forma. Y esta es exactamente la idea de aquellos que promueven estas visiones. Pero es un factor claro el que muchos, y en realidad, la mayoría de aquellos que oyen el evangelio no son salvos. De hecho, también es verdad que muchos de los que fueron bautizados en la infancia tampoco son salvos. ¿Qué significa esto? Esto significa que Dios promete a cierto hombre algo que ese hombre nunca recibe. La única razón por la que él no la recibe es porque él mismo es capaz de frustrar las promesas del Dios Todopoderoso.

Pero la pregunta no es solamente si la promesa de Dios viene a todos los hombres: la pregunta es también si Cristo murió por todos aquellos a quienes viene la promesa. Si Dios promete las bendiciones de la cruz de Cristo a todos los hombres, Cristo murió por todos los hombres. De hecho, ésta ciertamente podría ser la solución al problema, porque ¿cómo Dios podría prometer algo – las bendiciones de la cruz del Calvario – a los hombres a quienes las bendiciones de la cruz nunca tuvieron la intención de llegar? Pero entonces somos forzados hacia la herejía de la expiación universal, una herejía que los arminianos voluntariamente exponen, pero que ha sido fuertemente repudiada por aquellos que creen en la Escritura. Porque si Cristo murió por todos los hombres y no todos los hombres son salvos, la cruz de Cristo no tiene efecto. El Calvario es una farsa. Entonces no hay poder en la sangre ni eficacia en la cruz. Los intensos sufrimientos de Cristo bajo la ira de Dios fueron inútiles para un gran número de hombres por los cuales Cristo murió pero que no fueron salvos.

Se puede objetar, sin embargo, que Cristo realmente haya muerto sólo por su pueblo elegido, ya que la promesa de las bendiciones de Cristo viene a todos los hombres. Pero esto no es una solución. ¿Es verdad que Dios promete algo a la humanidad que nunca fue merecido por Cristo? ¿Dios promete al hombre una salvación que nunca haya sido merecida? ¿Dios puede prometer el cielo a alguien para quien no hay lugar más allá de las puertas de la Nueva Jerusalén? ¿Dios puede ofrecer las magníficas bendiciones de un lugar en su hogar de muchas moradas cuando no existe tal lugar? ¿Y cómo puede existir tal lugar para el hombre si Cristo no ha merecido ese lugar para él? Esta es la burla de la cruz más grosera que se pueda imaginar, y, realmente, está al borde de la blasfemia.

Nuevamente, se puede objetar que aunque la promesa del pacto de Dios depende de las condiciones y la aceptación de ciertas obligaciones, Dios da la gracia para cumplir esas condiciones y los requisitos que Él hace. Pero aunque esta solución a menudo ha sido propuesta como un intento de preservar tanto la condicionalidad del pacto como la soberanía de la gracia no soluciona nada. Suena más piadoso el introducir en este punto alguna afirmación para el efecto de que las condiciones son cumplidas sólo por gracia, pero esto no puede cambiar el asunto. Si el pacto es un acuerdo, el hombre debe tener su lugar en tal acuerdo. Si la promesa viene a todos los que escuchan el evangelio, el cumplimiento de la promesa depende solamente en la obra del hombre. Este es el horrible dilema para el cual no hay escape. O se hace una burla de la promesa de Dios o se debe hacer un retroceso hacia el campo arminiano. Esto último ha sido, a menudo, el triste resultado en la iglesia de Jesucristo.

El arminianismo es la plaga de la iglesia y el azote de la sana doctrina. Es ciertamente el refinamiento teológico de la mentira que Satanás le dijo a Eva cuando la tentó a comer el fruto prohibido: "No moriréis; sino que sabe Dios que el día que comáis de él, serán abiertos vuestros ojos, y seréis como Dios, sabiendo el bien y el mal" (Génesis 3:4-5). Esta mentira se ha perpetuado en el tiempo en las vidas de los hombres cuando ellos se esfuerzan en "ser como Dios".

Este es el terrible pecado del orgullo. El orgullo es la maldición del hombre, aquel pecado que está en las raíces de toda la iniquidad del hombre. En el orgullo el hombre se exalta a sí mismo al trono de Dios y se hace a sí mismo igual al Altísimo. Él toma para sí atributos que pertenecen sólo a Dios, se da el honor que se debe a Dios, y se jacta en sí mismo mientras ignora completamente a su Creador.

Quizás no hay otra forma en la cual los hombres han mostrado más su orgullo que robándole a Dios su poder soberano. En su arrogancia y feroz odio por la humildad delante del Señor, ellos se hacen a sí mismos iguales e incluso mayores que Dios cuando se hacen más poderosos que el Todopoderoso. Ellos roban al Altísimo la soberanía que le pertenece sólo a Él y claman para sí aquello que le pertenece a su Creador.

Este mal humano nunca ha sido más claro que en sus creencias relacionadas con la salvación. En lugar de confesar humildemente que sólo Dios salva y que todo el poder para salvar le pertenece a Él, el hombre clama para sí un poder igual o superior al de Dios: un poder de la voluntad humana que puede hacer algo que Dios no puede hacer – salvar al pecador; un poder que primero debe venir a la acción por la iniciativa del hombre ante la obra de salvación pueda ser consumada. Dios, como se dice, espera al hombre. El hombre, como se dice, debe aceptar a Jesucristo como su Salvador personal; debe hacer un compromiso personal con Cristo y mostrar la voluntad de pertenecer a Cristo antes que sea posible para Dios el salvarlo. Si él se reúsa a aceptar a Cristo y a ceder a los sinceros ruegos con que es asaltado, Dios es completamente incapaz de salvarlo y llevarlo a la bendición de la vida eterna.

Consecuentemente, ha habido una terrible parodia del ministerio del evangelio. Aquellos que afirman predicar el evangelio de redención ya no predican el poder soberano de la cruz, sino que bombardean los oídos de sus audiencias con sinceras súplicas y lamentos que quiebran el corazón pero que no hacen nada más que presentar al Dios Todopoderoso como un mendigo que debe encorvarse tan bajo de su alto trono para rogar al hombre que acepte su salvación. Los esfuerzos del hombre, como ellos parecen pensar, sólo son coronados con éxito cuando los hombres son movidos tan intensamente que en un espasmo de pasión emocional ellos responden al "llamado al altar".

Esta visión tiene una larga, y casi ininterrumpida, historia en la iglesia. Agustín, el gran padre de la iglesia del quinto siglo, ya se enfrentó con ella cuando batalló contra Pelagio. Este estudioso, pero superficial monje enseñó que todos los hombres vienen a este mundo libres de pecado o manchas morales. Sus naturalezas y vidas son limpias e intachables; ellos no tienen tendencia al pecado y son capaces de vivir una vida de perfecta e inmaculada santidad. La realidad de que el hombre verdaderamente peca no debe ser atribuida a algún defecto en su naturaleza, pero sólo al mal ejemplo de los hombres con los que convive y cuyos hábitos él aprende y emula. El pecado no está, por lo tanto, enraizado en la corrupción y depravación de la naturaleza, sino que es una leve enfermedad que permea al hombre sólo con tendencias de hábitos hacia el mal moral, pero que es comparativamente fácil de curar. Siendo así el carácter del pecado, el hombre es capaz de sobreponerse a esos hábitos o defectos de su naturaleza por medio de los repetidos intentos de caminar en santidad, ocasionalmente asistido de alguna forma por la gracia divina. Entonces el hombre consigue su propia salvación.

Pero en este tipo de visión no hay lugar para la culpa del pecado y la depravación de la raza humana caída. No hay lugar para la cruz, para la gracia, para la obra salvadora de Dios.

Agustín criticó esta visión fuertemente. Él sostuvo, basado en las Escrituras , que esa superficial visión del pecado no es la enseñanza de la Biblia ni está en armonía con la realidad. Enseñó que el pecado de nuestros primeros padres, Adán y Eva, en el Paraíso fue un pecado tan grave a los ojos de Dios que Él inmediatamente castigó ese pecado con la muerte, tal como había dicho que haría.

Esta muerte que vino a Adán y Eva fue una muerte espiritual que puede ser mejor descrita como "depravación total". Su muerte los hizo totalmente incapaces de hacer algo bueno a los ojos de Dios. Pero esta muerte pasó a todos los hombres y así el estado de la raza humana es vivir en una condición en la cual es imposible hacer algo distinto al pecado desde el primer aliento hasta el momento de la muerte.

Durante su vida Agustín se enfrentó a una forma modificada de Pelagianismo llamada Semipelagianismo. Esta herejía fue básicamente adoptada por la Iglesia Romana y resultó en su enseñanza de salvación por medio de fe y obras.

Aunque la Reforma restauró las verdades de la gracia soberana en la iglesia, no pasaron muchos años antes que la antigua herejía Pelagiana fuera resucitada en la enseñanza de Arminio. Él habla del hombre, aunque afligido por los resultados del pecado en su naturaleza, como si aún poseyera la habilidad de desear lo bueno. Él podría, si así lo eligiera, volverse a Dios y aceptar a Cristo. Él podría, si ese fuera su deseo, abandonar su pecado y lanzarse a la cruz del Calvario. Pero, en realidad, la salvación sólo podría venir a ser una posesión del hombre si él primero ejerciera si voluntad de manera productiva. El paso inicial es dejado al hombre. La salvación debe comenzar con el hombre. Dios se mantiene impotente en su obra hasta que el hombre haya aceptado venir a Dios y alcance con su mano aquello que libremente le fue ofrecido.

Así ha sido el sutil intento de socavar la verdad de la gracia y el poder soberano de Dios.

Pero ha sido esta herejía la que ha sido unida fuertemente con la doctrina del pacto cuando el pacto es presentado como un acuerdo bilateral y condicional. Una vez más, no queremos implicar que todos los que han sostenido el pacto como un acuerdo han sido arminianos en su pensamiento. Eso está lejos de la verdad. Pero permanece el hecho de que aquellos que han enseñado fuertemente la verdad de la gracia soberana no han sido capaces de integrar esas verdades con la doctrina del pacto mientras hayan mantenido que el pacto es un acuerdo de ese tipo. La historia de la doctrina del pacto ha sido la historia de un intento fallido de armonizar las verdades de la gracia soberana y la doble predestinación con la doctrina del pacto. Y, aunque algunas veces, como un resultado, no se le ha dado a la doctrina del pacto un lugar prominente en el pensamiento de esos teólogos (con referencia, por ejemplo, a Turretín, con su gran énfasis en la gracia soberana, pero relativamente exiguo tratamiento del pacto), y, peor aún, se han descartado las verdades de la gracia soberana y una forma de arminianismo se introdujo en el pensamiento de la iglesia.

Contrario a todo esto, la clara enseñanza de las Escrituras es muy diferente. Las Escrituras no hablan del pacto como un acuerdo entre dos partes. Aunque esto pueda ser así en relación a los pactos entre hombres, está lejos de ser verdad en relación al pacto de gracia. Es verdad que todos los pactos entre hombres es un acuerdo entre dos partes, porque, después de todo, todos los hombres son iguales. Pero el pacto de Dios no es hecho entre iguales, sino que entre el Dios viviente y el hombre. Dios es Dios. No hay nadie como Él. Él es infinitamente mayor y glorioso, muy exaltado sobre toda su creación. ¿Qué es el hombre si todas las naciones de la tierra son menos que una gota en un balde y menos que el polvo en la balanza? Y si Dios es infinitamente exaltado sobre nosotros, es increíble que intentemos colocar al hombre a la misma altura que Dios para que ambos puedan entrar en un acuerdo.

Las Escrituras, insistimos, no hablan de un pacto así. Ellas no hablan de una promesa que es hecha a todos los niños que han sido bautizados o a todos los que han escuchado la predicación del evangelio. Ellas no hablan de condiciones que el hombre debe cumplir antes de que el pacto pueda ser consumado. No hablan de un pacto bilateral. No hablan de partes en el pacto. La verdad es exactamente lo contrario. Las Escrituras son un largo, glorioso y hermoso himno de adoración al Señor soberano del cielo y la tierra, que es absolutamente soberano en todo lo relacionado a la salvación y en el establecimiento y mantenimiento del pacto de gracia.

Esto, entonces, es el pacto. Es la obra graciosa de Dios; una obra en la cual no hay cooperación del hombre; una obra que en sí misma siempre debe ser una revelación de Dios como el Dios de nuestra salvación por medio de Jesucristo, a quien pertenecen toda adoración y gloria eternamente.

Así llegamos a dividir las aguas en la idea del pacto. El arminianismo comienza con el hombre; y, haciendo esto, también termina con el hombre. En una nota totalmente distinta, las Escrituras comienzan con Dios y terminan con Dios. Este debe ser también nuestro énfasis si queremos entender lo que las Escrituras enseñan en relación con el pacto de gracia.

Si comenzamos nuestra discusión sobre el carácter y la naturaleza del pacto con Dios, debemos sostener antes que todo que el pacto es la revelación de Dios en la cual Él hace conocida la vida pactal que vive en sí mismo. Él hace esto llevando a aquellos con los que establece su pacto hacia su propia comunión como el Dios trino.

Por causa de esto, la esencia del pacto de gracia es la misma comunión pactal que Dios vive en Sí mismo. Todas las obras de Dios siempre son reflejo de lo que Dios es en Sí mismo. Todas sus obras lo revelan a Él: su vida, sus atributos, su gloria, su adoración, su maravillosa majestad. Todo lo que Dios hace es hecho para poderse revelar quién es Él y lo que Él hace.

Originalmente, cuando Él formó los cielos y la tierra y todo lo que ella contiene, lo hizo de forma que revelaran perfectamente la gloria y el poder de su Ser Divino. "Los cielos cuentan la gloria de Dios, Y el firmamento anuncia la obra de sus manos" (Salmo 19:1). Toda la creación fue un reflejo glorioso de la gloria del Creador. Como Agustín expresó tan elocuentemente: "Pero ¿y qué es entonces? Pregunté a la tierra y me dijo: «No soy yo»; y todas las cosas que hay en ella me confesaron lo mismo. Pregunté al mar y a los abismos y a los reptiles de alma viva, y me respondieron:

«No somos tu Dios; búscale sobre nosotros». Interrogué a las auras que respiramos, y el aire todo, con sus moradores, me dijo: «… yo no soy tu Dios». Pregunté al cielo, al sol, a la luna y a las estrellas. «Tampoco somos nosotros el Dios que buscas», me respondieron. Dije entonces a todas las cosas que están fuera de las puertas de mi carne: «Decidme algo de mi Dios, ya que vosotras no lo sois; decidme algo de él». Y exclamaron todas con grande voz: Él nos ha hecho» (*Confesiones de San Agustín*. Libro X. Sección 9).

La Confesión de Fe Belga habla en la misma línea cuando recalca en el Artículo II: «A Él le conocemos a través de dos medios. En primer lugar, por la creación, conservación y gobierno del universo; porque éste es para nuestros ojos como un hermoso libro en el que todas criaturas, grandes y pequeñas, son cual caracteres que nos dan a contemplar las cosas invisibles de Dios, a saber, su eterno poder y deidad».

Pero si las obras de Dios en la creación del universo son revelaciones de Sí mismo y de su gloria, lo mismo se puede decir de su obra salvadora. La revelación de Dios más alta y hermosa es por medio de Jesucristo, su Hijo, en todas sus obras de sufrimiento, muerte, resurrección de la muerte, y ser exaltado a la diestra de Dios. El aspecto central de esta obra salvadora es el establecimiento del pacto de gracia. Este pacto de gracia es, por lo tanto, también una revelación de la propia vida pactal que Dios vive en Sí mismo.

Entonces este pacto también es una comunión de amistad y compañía entre Dios y su pueblo. Todo el énfasis debe caer en esta idea de un lazo que está caracterizado por compañía, amistad y comunión. En el pacto de gracia Dios se transforma en el Amigo de su pueblo, haciéndolos sus amigos, llevándolos a la compañía de amistad y vive con ellos en esta bendita relación.

Es siempre de esta forma que las Escrituras hablan del pacto de Dios. Las Escrituras describen la relación entre Dios y su pueblo en el pacto como una relación en la cual Dios revela sus secretos al hombre, da a su pueblo la comunión de su vida, los hace caminar en la verdad y hacer el bien. Él describe su pacto como el habitar con su pueblo colocando su propia habitación en medio de ellos y colocándolo con Él bajo un mismo techo. La comunión pactal con Dios siempre es la intimidad de caminar y conversar con Dios en perfecta comunión.

En las Escrituras se dice que Enoc, Noé, y Abraham caminaron con Dios y que fueron amigos de Dios (Génesis 5:22; 6:9; Santiago 2:23). Aunque no se hace ninguna mención especial en relación con el pacto, la idea claramente está ahí, ya que leemos en la Escritura que Dios estableció su pacto con Noé (Génesis 8:9) y con Abraham (Génesis 17:7); y Amós habla de la realidad de que dos no pueden caminar si no están de acuerdo (3:3).

En el Salmo 25 tenemos algo que se acerca a una definición del pacto de Dios: "¿Quién es el hombre que teme a Jehová? Él le enseñará el camino que ha de escoger. Gozará él de bienestar, Y su descendencia heredará la tierra. La comunión íntima de Jehová es con los que le temen, Y a ellos hará conocer su pacto" (12-14). Si recordamos que el paralelismo hebreo es usado aquí, es decir, que las dos cláusulas del texto se explican una a la otra, es claro que la definición del pacto de Dios dado en el versículo 14 es "La comunión íntima de Jehová es con los que le temen."

Que el pacto es una obra de Dios por la cual Él lleva a su pueblo a su propia familia es evidente del hecho que repetidamente la Escritura llama al pueblo de Dios como hijos e hijas de Dios, quien es su Padre. Un ejemplo de esto es II Corintios 6:16-18: "¿Y qué acuerdo hay entre el templo de Dios y los ídolos? Porque vosotros sois el templo del Dios viviente, como Dios dijo: Habitaré y andaré entre ellos, Y seré su Dios, Y ellos serán mi pueblo. Por lo cual, Salid de en medio de ellos, y apartaos, dice el Señor, Y no toquéis lo inmundo; Y yo os recibiré, Y seré para vosotros por Padre, Y vosotros me seréis hijos e hijas, dice el Señor Todopoderoso."

Al mantener esto, el énfasis siempre recae en el hecho de que Dios establece su pacto con su pueblo. "Inclinad vuestro oído, y venid a mí; oíd, y vivirá vuestra alma; y haré con vosotros pacto eterno, las misericordias firmes a David" (Isaías 55:3). "Porque yo Jehová soy amante del derecho, aborrecedor del latrocinio para holocausto; por tanto, afirmaré en verdad su obra, y haré con ellos pacto perpetuo." (Isaías 61:8). "Y haré con ellos pacto eterno, que no me volveré atrás de hacerles bien, y pondré mi temor en el corazón de ellos, para que no se aparten de mí" (Jeremías 32:40). "Y haré con ellos pacto de paz, pacto perpetuo será con ellos; y los estableceré y los multiplicaré, y pondré mi santuario entre ellos para siempre. Estará en medio de ellos mi tabernáculo, y seré a ellos por Dios, y ellos me serán por pueblo. Y sabrán las naciones que yo Jehová santifico a Israel, estando mi santuario en medio de ellos para siempre" (Ezequiel 37:26-28).

Como es evidente del último texto, el tabernáculo y el templo eran un tipo de la antigua dispensación del pacto, porque estos edificios eran imágenes de Dios habitando en medio de su pueblo en una comunión pactal. Esta idea es enfatizada a través de la Escritura y la salvación final del pueblo de Dios en el cielo es ilustrada de la siguiente manera: "Y oí una gran voz del cielo que decía: He aquí el tabernáculo de Dios con los hombres, y él morará con ellos; y ellos serán su pueblo, y Dios mismo estará con ellos como su Dios. Enjugará Dios toda lágrima de los ojos de ellos; y ya no habrá muerte, ni habrá más llanto, ni clamor, ni dolor; porque las primeras cosas pasaron" (Apocalipsis 21:3-4).

Hay una imagen terrenal de esta relación de comunión y amistad en el vínculo del matrimonio. Necesariamente, esta relación terrenal es una ilustración limitada e imperfecta, pero la Escritura enseña que el esposo y su mujer viven juntos como una ilustración del pacto establecido en Cristo. El marido y su mujer son una carne en el pacto del matrimonio y como tal disfrutan unidad y comunión de vida y amor. Así Pablo escribe: "Las casadas estén sujetas a sus propios maridos, como al Señor; porque el marido es cabeza de la mujer, así como Cristo es cabeza de la iglesia, la cual es su cuerpo, y él es su Salvador. Así que, como la iglesia está sujeta a Cristo, así también las casadas lo estén a sus maridos en todo. Maridos, amad a vuestras mujeres, así como Cristo amó a la iglesia, y se entregó a sí mismo por ella, para santificarla... Porque nadie aborreció jamás a su propia carne, sino que la sustenta y la cuida, como también Cristo a la iglesia, porque somos miembros de su cuerpo, de su carne y de sus huesos. Por esto dejará el hombre a su padre y a su madre, y se unirá a su mujer, y los dos serán una sola carne. Grande es este misterio; mas yo digo esto respecto de Cristo y de la iglesia" (Efesios 5:22-26, 29-32).

En la relación matrimonial hay una comunión íntima entre el esposo y su mujer que crece con los años que viven juntos. Existe una comunión en su vida y amor mutuo. Existe aquella compañía que ellos experimentan en los problemas que enfrentan y solucionan, los pesos que llevan juntos, las necesidades que juntos presentan en el trono de la gracia. Existe la intimidad en la mente y voluntad en la cual buscan y persiguen los mismos objetivos, aprecian y desean los mismos ideales, se revelan los secretos de sus corazones y los pensamientos de sus mentes. Ellos son ahora "una sola carne" en su vida. Y en esto ellos reflejan a Cristo y su iglesia.

No sorprende, por lo tanto, que las Escrituras a menudo presenten la relación pactal entre Dios y su pueblo en términos de un matrimonio. Especialmente en los profetas esta relación es descrita como una relación que el pueblo de Dios ha quebrado. Ahora es un pueblo adúltero que vive en fornicación debido a que han olvidado a su Dios y se han vuelto a otros amantes a quienes deben lealtad. El pueblo peca contra su Dios y camina en los deseos su propia vida carnal e impía. Es terco y perverso, constantemente quiebra el lazo del matrimonio y marcha con sus pies sobre el pacto de Dios.

Pero Dios es un esposo fiel que mantiene siempre su pacto. En su infinito y eterno amor por su pueblo por medio de Cristo viene a él y lo salva. Y cuando Él le revela su amor, él lo hace nuevamente su esposa, el pueblo de su pacto. Él lo abraza con brazos de amor, lo tranquiliza con las palabras de su gracia, le habla del perdón de sus pecados, le da a conocer la gloriosa vida que ha preparado para él en la vida que viene, y les restaura en la intimidad de su matrimonio celestial. En esta intimidad conyugal Él le revela los secretos de su corazón, le hace conocer y probar el poder y la gloria de su propia vida pactal. Él lo cuida en sus problemas, lo conforta con sus promesas en sus tristezas, lo perdona graciosamente en sus pecados, le muestra su poder sustentador en sus preocupaciones, cuando está afligido le susurra de su amor en su corazón y le asegura que todas las cosas cooperan para el bien de aquellos que son llamados según su propósito. Cuando el pueblo lo llama, Él siempre lo escucha. Sus oídos nunca están cerrados a sus angustiados sollozos, a las súplicas de un corazón quebrantado. Él camina a su lado. Lo preserva del mal y la tentación. Incluso cuando ellos caminan en el valle de sombra y de muerte no temen, pues su vara y su cayado le infunden aliento. Ciertamente el bien y la misericordia le seguirán todos los días de su vida, Y en la casa de Jehová morará por largos días.

Para tales pasajes en la Escritura sólo necesitamos mirar Oseas 1 y 2, Jeremías 31:31-34, Jeremías 3, especialmente el versículo 14, y muchos otros pasajes similares.

Es claro que esta comunión pactal es imperfecta e incompleta en este lado de la tumba ya que incluso los creyentes no pierden su pecado ni sus naturalezas pecaminosas mientras vivan aquí abajo. Sin embargo, en su glorioso inicio aquí ya experimentamos la comunión con Dios. Y la pesadilla del pecado pronto no existirá más. Viene el día cuando bajen las armas de su batalla espiritual y las cambien por las palmas de la victoria, cuando la bulla de la batalla que deben pelear contra el pecado y la tentación sea aquietada en la muerte, y ellos despierten para oír sólo la hermosa canción de Moisés y el Cordero cantado por el coro en el cielo. Es por poco tiempo que ellos viajarán aquí como peregrinos y extranjeros porque pronto armarán sus tiendas por última vez e irán al hogar de muchas moradas en el cielo. El fin de sus vidas aquí es el último triunfo sobre el último enemigo, la muerte. Ellos cambiarán sus horribles y espantosos harapos de pecado e iniquidad por las ropas blancas de la justicia de Cristo. Ahí, en gloria, el pacto será perfectamente consumado. Habrá vida y alegría para siempre.

Ser participante de este pacto es la mayor bendición que puede alcanzar un hombre. Representar el pacto de Dios en medio del mundo es el mayor de los privilegios y llamados. Mirar hacia adelante en una ansiosa anticipación del día en el cual este pacto será finalmente perfeccionado es la esperanza que sostiene al pueblo de Dios en su vida. Es la esperanza que los inspira a la fidelidad hacia esa eterna recompensa. Cuando la visión de ese glorioso día brille en sus ojos, sufrirán la persecución y las burlas, los insultos y escarnios de hombres impíos con firme valentía. Esta bendición los sostiene en las horas de necesidad, en su difícil peregrinaje, y finalmente en la hora de su muerte. Por el alto llamado de este pacto, ellos marchan inquebrantablemente hacia la hoguera, la cruz, el patíbulo, los leones, enfrentando todos los poderes del hombre que quieren quitarles su fe y esperanza. Con la dulce canción de las promesas de su Padre sonando en sus corazones, ellos enfrentan privaciones y dificultades, y con el bendito conocimiento de que la muerte es su ganancia, ellos tumban sus cabezas en la almohada de la muerte en el seguro conocimiento que pasarán a su descanso eterno.

Capítulo 3
El Pacto con Adán

⳨

El pacto divino fue establecido en primer lugar con Adán. Es decir, Dios reveló en primer lugar las bendiciones de su propia vida pactal a Adán en el Paraíso antes de la caída.

Cuando Dios formó los cielos y la tierra, creó un hermoso jardín en el este del Edén conocido en las Escrituras como el primer Paraíso. En este hermoso jardín Dios puso al hombre. "Y Jehová Dios plantó un huerto en Edén, al oriente; y puso allí al hombre que había formado… Tomó, pues, Jehová Dios al hombre, y lo puso en el huerto de Edén, para que lo labrara y lo guardase" (Génesis 2:8, 15).

El hombre fue la mayor de las criaturas de Dios. Él no sólo fue creado del polvo de la tierra, sino que Dios sopló en su nariz el aliento de vida. Y por medio de este acto creativo de Dios "fue el hombre un ser viviente" (Génesis 2:7).

No hay dudas de la verdad de que desde cierto punto de vista la creación del hombre es similar a la creación de los animales. Así como es verdad de todos los animales, el hombre es tomado del polvo de la tierra. Creado de la misma tierra. Él fue creado de la tierra de tal forma que él sólo conocía esta creación. Vivió en medio de la tierra, fue conectado con ella y depende de ella, y puede ver, oír, oler, gustar y tocar sólo las cosas de esta creación. Dios también creó los cielos donde habitan los ángeles; pero el hombre no tiene contacto con esta creación. Él fue una criatura del universo físico y material. Él debía comer y beber así como respirar el aire a su alrededor para continuar viviendo.

Pero el hombre también fue creado con facultades y poderes mayores, que lo elevan sobre las bestias del campo. Él fue dotado con los poderes de la mente y la voluntad. Él puede conocer y percibir; puede razonar y recordar; puede meditar y pensar; tener voluntad y desear. Por medio de estos poderes extraordinarios, él puede trascender los límites del tiempo y el espacio. Con su mente él puede regresar a un pasado distante o penetrar el vago futuro. Puede elevarse sobre las barreras del espacio y ser transportado en su mente a lugares distintos al área donde vive. Pero, sobre todo, él puede conocer a su Creador por medio de la creación, entender Quien y Que es Dios, vivir en una relación personal con Dios. En los vastos cielos, en las maravillosas profundidades, en los tesoros de la tierra, puede escuchar a Dios hablando y conocer a Dios como Aquel que lo formó y de Quien depende. La creación es un elegante libro que habla en todas sus páginas de los misterios del Todopoderoso.

Además, el hombre fue creado a imagen de Dios. Leemos en Génesis 1:26, 27, "Entonces dijo Dios: Hagamos al hombre a nuestra imagen, conforme a nuestra semejanza; y señoree en los peces del mar, en las aves de los cielos, en las bestias, en toda la tierra, y en todo animal que se arrastra sobre la tierra. Y creó Dios al hombre a su imagen, a imagen de Dios lo creó; varón y hembra los creó."

Que el hombre haya sido creado a imagen de Dios significa que Dios le dio los dones del verdadero conocimiento de Dios, perfecta justicia y santidad sin mancha. (Ver Colosenses 3:10, Efesios 4:23, 24.) El hombre existía sin pecado, capaz de servir a su Creador perfectamente. Era capaz de amar al Señor su Dios con todo su corazón y mente, alma y fuerza. Reinaba sobre la creación, pero era un rey que podía reinar el mundo de Dios al servicio de su Hacedor. Era rey, hecho por Dios así, pero también era siervo, creado para servir a Dios quien lo hizo rey. Toda su vida, sus talentos, su trabajo, sus poderes fueron puestos sobre el altar de perfecta consagración a Dios.

Todo esto era necesario para que Adán viviera en el pacto de Dios. Sólo una criatura con mente y voluntad, capaz de conocer a su Creador; sólo uno que fue perfecto y santo pudo vivir en comunión con Dios. Sólo aquel que puede amar a su Dios, ver la gloria de Dios en la creación, disfrutar las bendiciones del mundo que Dios formó, puede vivir una vida pactal con Dios. Ninguna piedra, animal, o pájaro, tiene la posibilidad de disfrutar esta bendición. Aquel a quien Dios pudiera hablar, que pudiera entender y responder en amor a su palabra es quien puede vivir en el pacto de Dios.

¿Cuál era la naturaleza de ese pacto?

Ha habido una larga tradición en la línea de teología federal europea que define este pacto como un "pacto de obras." Probablemente es correcto decir que el germen de esta idea va hasta Olevianus y Cloppenburg, teólogos del siglo 16 y principios del 17. A través de los siglos que siguieron esta idea fue desarrollada más extensivamente hasta hoy, donde la mayoría de los teólogos acepta algún tipo de pacto de obras como el tipo de pacto en el cual Adán vivió antes de la caída.

La idea es que, poco después de la creación de Adán, Dios entró en un acuerdo con Adán. Dios, por su parte, promete a Adán darle vida eterna con la condición de perfecta y continua obediencia. A esta promesa añadió la amenaza de muerte si Adán desobedecía a Dios, particularmente si Adán comía del árbol prohibido. Adán estaba a prueba. Los defensores del pacto de obras nunca han sido capaces de decir exactamente cuánto tiempo debería durar este periodo de prueba. Pero el punto es que, si Adán permaneciera obediente por un periodo de tiempo, él podría ser transferido de esta creación terrenal al cielo y la vida eterna. Pero si Adán desobedeciera a Dios y comiera del árbol prohibido, podría ser muerto por Dios y privado de la vida eterna.

Adán estuvo en total acuerdo con esas estipulaciones y prometió vivir en obediencia a Dios, esperando entonces la recompensa prometida de la mano de Dios. En virtud de esto, el pacto estaba en acción. Era un pacto que contenía una promesa, una maldición, una condición y fue ratificado en el punto donde Adán estuvo de acuerdo con las provisiones de él.

Debemos insertar aquí el hecho que esta idea del pacto de obras fue desarrollada especialmente entre teólogos reformados holandeses. Ha encontrado lugar, sin embargo, en la Confesión de fe de Westminster y ha sido generalmente afirmado por la mayoría de los teólogos presbiterianos. El artículo en la Confesión de Westminster dice: "El primer pacto hecho con el hombre fue un pacto de obras, en el cual se le prometió la vida a Adán y en él, a su posteridad, bajo la condición de obediencia perfecta y personal." Del artículo y las referencias bíblicas añadidas al artículo no es claro si los teólogos de Westminster consideraban el pacto como un *acuerdo* entre Dios y Adán, y si la promesa era de vida *eterna* en el cielo en distinción con la perpetua existencia *terrestre* en un mundo sin maldición. De cualquier forma, la idea de la Confesión de Westminster es un poco distinta a la que ha sido comúnmente expuesta en las iglesias reformadas. Sin embargo, es interesante notar que la concepción del pacto de obras mantenida por los teólogos reformados nunca entró en los credos reformados de las Iglesias Reformadas y no tiene estatus confesional en esas iglesias.

Pero esta idea del pacto de obras tiene serias objeciones.

En primer lugar, es claro que en ningún lugar del registro de Génesis 1 y 2 se encuentra alguna mención al pacto descrito arriba. Es verdad, por supuesto, que Adán comería del Árbol de la Vida. También es verdad que Dios le mandó específicamente no comer del Árbol del Conocimiento del Bien y el Mal. Y el castigo por comer del árbol prohibido era ciertamente la muerte: "el día que de él comieres, ciertamente morirás." Pero esto está lejos de ser un pacto. Todo esto depende en la presuposición de que un pacto puede ser definido en términos de un acuerdo. Pero incluso si esto fuera verdad, nunca leemos de tal acuerdo en la narrativa de Génesis. Dios dio a Adán ciertos mandatos y ciertamente la obediencia a Dios sería seguida por la vida. Pero no leemos nada sobre algún tipo de acuerdo o pacto. Sin embargo, como aprendimos antes, el simple hecho es que el pacto no puede ser construido en las Escrituras como un acuerdo; sino que como una relación de amistad y comunión con Dios.

En segundo lugar, mientras es verdad que la obediencia de Adán era seguramente la forma en la cual él seguiría viviendo, no leemos nada de una promesa de *vida eterna*. Probablemente es verdad que Adán hubiera vivido perpetuamente en el jardín si él no hubiera caído y se hubiera frenado de desobedecer el mandamiento divino, sin embargo también es verdad que la Escritura no nos hablan de algún preparativo que Dios hubiera hecho por la posibilidad de la perfecta obediencia en el Paraíso. Pero la perpetua vida aquí en la tierra es muy distinta a la vida eterna. Ésta es una vida que es dada sólo por medio de Jesucristo y tiene como su característica esencial la vida en el cielo. No es una vida que es ganada o merecida por medio de buenas obras y obediencia sino que es merecida sólo por la perfecta obra de nuestro Salvador. Jesús lo deja claro poco después de resucitar a Lázaro de la muerte cuando dijo a la triste Marta: "Yo soy la resurrección y la vida; el que cree en mí, aunque esté muerto, vivirá. Y todo aquel que vive y cree en mí, no morirá eternamente" (Juan 11:25-26). También en su oración sacerdotal Jesús dice "Y ésta es la vida eterna: que te conozcan a ti, el único Dios verdadero, y a Jesucristo, a quien has enviado" (Juan 17:3).

Es objetado que esas palabras del Señor fueron dichas así debido a que la caída intervino e hizo que la vida eterna fuera imposible. La respuesta es que no debemos olvidar que Adán fue creado de la tierra. Él era material y físico en lo que respecta a su cuerpo. Era verdad sobre Adán, como siempre lo ha sido, que "El primer hombre es de la tierra, terrenal; el segundo hombre, que es el Señor, es del cielo. Cual el terrenal, tales también los terrenales; y cual el celestial, tales también los celestiales. Y así como hemos traído la imagen del terrenal, traeremos también la imagen del celestial. Pero esto digo, hermanos: que la carne y la sangre no pueden heredar el reino de Dios" (1 Corintios 15:47-50). Para que Adán recibiera vida eterna debería haber un cambio, incluso antes de la caída, en toda su naturaleza, lo que es posible sólo por medio de la muerte y resurrección de Jesucristo.

Muy unido con todo esto, toda la idea de un pacto de obras necesariamente implica la idea de que el hombre puede encontrar mérito delante de Dios. Si Adán hubiera sido fiel por un cierto periodo de tiempo podría haber merecido por esa fidelidad una vida mayor a la que disfrutaba en el Paraíso. Pero toda la Escritura se opone a cualquier idea de mérito. No hay forma que el hombre pueda merecer algo de Dios. Incluso Adán en el Paraíso debía su vida y existencia a su Creador. ¿Cómo podría merecer algo delante del que tiene su vida en sus manos? Jesús lo deja claro cuando dice "Así también vosotros, cuando hayáis hecho todo lo que os ha sido ordenado, decid: Siervos inútiles somos, pues lo que debíamos hacer, hicimos" (Lucas 17:10).

Pero aún hay otra objeción que, si es posible, es más seria que la anterior. Si la intención de Dios era que Adán continuara en un estado de justicia y consiguiera, por medio de esta obediencia, la vida en el cielo para él y su posteridad, se concluye que esta intención de Dios fue severamente frustrada por los esfuerzos combinados de Satanás, que vino a tentar al hombre, y el hombre, que prestó sus oídos a la voz de la serpiente. Lo que Dios había decidido hacer, según se lo reveló a Adán, ahora era imposible. Dios sufrió una derrota. Dios se vio forzado a realizar un plan alternativo para llevar al hombre al cielo, un plan que incluye la obra de Cristo; un plan que no es tan bueno, concebido en la desesperación para borrar lo que el hombre había hecho. No hay otra forma de explicar esta concepción. Pero lo hace menospreciando a Dios, Quien conoce todas sus obras desde el principio de la creación.

Finalmente, esta visión del pacto de obras se vuelve un tipo adición al estado original de Adán. Adán no fue creado en una relación pactal con Dios, sino que todo el pacto, aun si fuera un pacto de obras, fue añadido a la existencia de Adán. Entonces el pacto se transforma en una característica de la vida de Adán en el Paraíso que fue "puesta" por Dios después que Adán fue formado. No era algo inherente en la creación de Adán. Cuando él vino de las manos de su Creador, le faltaba un ingrediente para su bendición completa: el pacto aún debía ser añadido.

Pero el pacto de Dios con Adán fue muy diferente a todo esto.

La comunión pactal en la cual Adán vivió fue una comunión y compañía con Dios en la que se encontró por virtud de su creación. Fue una bendita relación de amistad que disfrutó en el momento que abrió sus ojos y vio las maravillas del mundo de Dios y escuchó las palabras de su Hacedor en todas las cosas que fueron hechas. Él estaba inmediatamente en una total posesión de las bendiciones de la comunión con Dios. En el momento que escuchó a Dios hablar, una canción de loor y adoración nació en su corazón. Dios le habló y él respondió con adoración: "Mi Dios, yo te amo." Y con esta conciencia de comunión con Dios, él vivió y caminó, trabajó y cantó. Al comenzar el día, cuando pasó un día con la muerte del sol en el lejano oeste, Dios se apareció a Adán. Ellos conversaron y Dios hizo que Adán conociera los secretos de su voluntad y le habló como un amigo le habla a otro.

Dios hizo que Adán probara las ricas bendiciones de la vida pactal que Dios vive en Sí mismo. Dios vive una vida pactal consigo mismo. Pero por su gran y condescendiente gracia Él quiso poner a Adán en esa vida de bendición. Le dijo como era, "Esta es la vida que vivo en Mí mismo. Este es el pacto que eternamente disfruto. Ven conmigo a la intimidad de esta vida y, disfrutándola, adórame como Dios eternamente." Dios podría haber creado un hombre que fuera capaz de entender intelectualmente la vida pactal de Dios. Pero esta revelación del pacto de Dios es más intensa y completa. Dios puso a Adán en esa vida. Él llenó a Adán con su gozo. La vida de ese pacto vibró por todo el ser de Adán. Llenó su alma, encantó su corazón, sobrepasó su mente, y lo hizo probar de él en su experiencia diaria y consciente.

Adán, entonces, no lo mereció de forma alguna. Le fue dado graciosamente, sin mérito. Adán no hizo nada, y no podría haber hecho nada para merecerlo, ninguna obra puede obtenerlo. Fue la gracia, sólo la gracia.

Pero al mismo tiempo, no era la intensión ni el propósito de Dios el glorificarse a Sí mismo por medio de la vida perfecta de Adán en la comunión del pacto con Dios. Dios había determinado algo mejor: la bendición de la comunión del pacto consigo mismo en Jesucristo. Adán fue sólo el primer Adán, pero no el último. "Fue hecho el primer hombre Adán alma viviente; el postrer Adán, espíritu vivificante" (1 Corintios 15:45). El primer Adán era un tipo del postrer Adán. El primer Adán fue bendito, pero el postrer Adán, nuestro Señor Jesucristo, es la fuente de todas las bendiciones de su pueblo elegido. Porque así como el primer Adán fue una imagen de Cristo, el primer Paraíso fue una sombra o tipo del Paraíso que vendrá al final del tiempo, cuando el Señor vuelva. Este Paraíso celestial es vida eterna cuando el pacto eterno de Dios es completado y consumado.

Capítulo 4
El Pacto y la Caída

El pacto en el cual Adán se mantuvo por causa de su creación duró sólo un poco. Adán cayó.

Anterior a la caída de Adán, una caída en pecado también había ocurrido en el cielo. Dios había creado ángeles para habitar el cielo y un gran número de este mundo de ángeles cayó bajo el liderazgo e instigación de Satanás. Ellos se rebelaron contra Dios, codiciando su gloria e intentando ocupar su trono. Desterrados de ese bendito estado en gloria por causa de sus pecados, fueron malditos debiendo rodear la tierra en preparación del tiempo cuando serán finalmente castigados en el infierno.

Esos demonios, con Satanás como su cabeza, determinaron enlistar al hombre en su conspiración para derrotar la causa de Dios. Usando la serpiente como su instrumento, Satanás fue al jardín del Edén y persuadió en primer lugar a Eva, y después a Adán, para que comieran del Árbol del Conocimiento del Bien y el Mal. De esta forma los persuadió a rebelarse contra Dios y a unirse a él en su conspiración de eliminar a Dios de su mundo y hacer de este mundo el reino de Satanás.

Esta caída de nuestros primeros padres tuvo las más desastrosas consecuencias para ellos y toda la raza humana.

Para con ellos, Adán y Eva fueron expulsados del jardín y desterrados del Árbol de la Vida. A Eva le fue dicho que tendría dolores en el parto y que sus deseos serían para su marido. Dios dijo a Adán que él estaría sentenciado a una vida de duro trabajo, trabajando con el sudor de su frente para hacer que el suelo maldito produzca lo suficiente para mantener su frágil existencia.

Pero el peor de los castigos que vino sobre ellos fue la sentencia de muerte. Dios había dicho, "el día que de él comieres, ciertamente morirás." Y ellos murieron. Oh, es verdad que ellos no cayeron inmediatamente al piso bajo el árbol del que comieron. Desde un punto de vista meramente humano, podría haber sido mejor si lo hubieran hecho. Pero ellos murieron espiritual y físicamente. Ellos se hicieron culpables delante de la barra de justicia de Dios por causa de su horrible pecado de rebelión, y el castigo por su crimen fue una muerte espiritual que destruyó completamente su vida espiritual. Esta muerte espiritual perneó toda su naturaleza e infligió sobre ellos un castigo que siempre puede llamar a la mente el horror de sus hechos pecaminosos.

Esta muerte espiritual fue el castigo de Dios por sus pecados. Ellos se hicieron culpables delante de Él y fueron sentenciados a esta muerte. Diferentes clases de dolores también estaban incluidos.

En primer lugar, ellos perdieron la imagen de Dios en la que habían sido creados. Ya no poseían el conocimiento de Dios, la justicia y la santidad. Su conocimiento se volvió una mentira; su justicia en injusticia, y su santidad en la suciedad y polución del pecado.

En segundo lugar, ellos fueron privados de todos los excelentes dones que habían recibido. Contra los errores de los Arminianos, los Cánones de Dort expresan esta verdad de la siguiente forma: "Desde el principio, el hombre fue creado a imagen de Dios, adornado en su entendimiento con conocimiento verdadero y bienaventurado de su Creador, y de otras cualidades espirituales; en su voluntad y en su corazón, con la justicia; en todas sus afecciones, con la pureza; y fue, a causa de tales dones, totalmente santo. Pero apartándose de Dios por insinuación del demonio y de su voluntad libre, se privó a sí mismo de estos excelentes dones, y a cambio ha atraído sobre sí, en lugar de aquellos dones, ceguera, oscuridad horrible, vanidad y perversión de juicio en su entendimiento; maldad, rebeldía y dureza en su voluntad y en su corazón; así como también impureza en todos sus afectos" (III & IV. 1). Incluso su voluntad fue tan corrompida que él no sólo ya no *podía* hacer el bien, sino que él era totalmente incapaz de *desear* querer hacer el bien. Ya no tenía el poder para querer buscar a Dios, ni para salvarse de sus pecados. Todo su ser se rebela contra Dios y todo lo que es santo, justo y bueno. Está lleno de repulsión contra todo lo que es de Dios y de su propósito. Nada de lo que él haga puede encontrar la aprobación de Dios; nada de lo que haga puede asegurar el favor de Dios; él ya no puede *querer* este favor nunca más. Él está espiritualmente muerto.

Esta es la verdad comúnmente llamada depravación total. Durante mucho tiempo los hombres han intentado encontrar varias formas de suavizar esta verdad de alguna manera. Ellos han dicho, por ejemplo, que el hombre realmente no se volvió tan malo como podría haberlo sido porque Dios se mantuvo gracioso hacia ellos con alguna gracia común. Ellos han dicho que se debe hacer una distinción entre la depravación total y la depravación absoluta; significando lo primero que Adán se hizo corrupto en todas las partes de su naturaleza, aunque no completamente. Lo segundo significaría que todas las partes de su naturaleza fueron completamente corrompidas. Otros han argumentado que si Dios no hubiera venido en alguna gracia común a Adán, él se hubiera transformado en un animal; que no haya sido así es evidencia del hecho que algún bien permaneció en él.

Pero todos esos esfuerzos de suavizar la verdad de la depravación total son contrarios a las Escrituras. No fue la gracia lo que no permitió a Adán el volverse un animal después de la caída. Él fue creado como un hombre y cayó como un hombre. La caída no podía y de hecho no cambió su humanidad. Por lo tanto, el permaneció como una criatura racional y moral, con mente y voluntad, quien aún podía ver la palabra de Dios en la creación y aún podía conocer que era su deber el servir y adorar a Dios. Incluso esos poderes naturales fueron fuertemente reducidos por la corrupción de su naturaleza, pero siempre se mantuvo sin excusa. Las Escrituras tampoco hablan de la diferencia entre la depravación total y la depravación absoluta. Es tan absurdo decir de un hombre que está totalmente muerto, pero no absolutamente muerto, como decir que el hombre natural está totalmente depravado, pero no absolutamente depravado. El pecador está muerto en sus delitos y pecados. Como un hombre, su naturaleza es tan mala como es posible serlo. No todo el pecado y la corrupción de la naturaleza se manifiestan inmediatamente, obviamente. Durante los siglos de la historia, mientras el hombre gradualmente subyuga la tierra para sus propios fines pecaminosos, esa naturaleza pecaminosa viene a una expresión más completa. Pero las Escrituras enseñan, y nosotros debemos creer, que el hombre natural es incapaz de hacer algún tipo de bien.

Finalmente, la muerte también fue física. Aunque Adán no haya caído muerto al pie del árbol, la simiente de la muerte fue plantada en su cuerpo y así la tumba sería el fin. Irrevocablemente, la muerte lo llama por su corrupción. No hay escape de la tumba. Él puede vivir cien años o puede ser llamado por la fría mano de la muerte; pero la muerte permanece siendo su señor y su conquistador final. La muerte, con su profunda boca, espera tragarse al hombre. Y la muerte es la puerta que conduce de esta creación al infierno. Dios creó al hombre para representar la causa de Dios en el mundo de Dios. Si el hombre se rehúsa a hacerlo, ya no hay lugar para el hombre en el mundo de Dios. Dios, en rabia y furor, lleva al hombre, de la tumba al infierno eterno. "pues polvo eres, y al polvo volverás" (Génesis 3:19).

Pero esas terribles consecuencias del pecado no fueron simplemente la cosecha que Adán segó para sí mismo; ellas también fueron el fruto de la caída que sería segado por todos los hombres que le siguieron.

Adán no fue creado como un individuo solitario en completa separación con el resto de la humanidad. Él fue creado como la cabeza y el primer padre de toda la raza humana. Es unido con el resto de la humanidad por un lazo legal y orgánico. Él fue el representante de la raza humana y de él surgió la multitud de los hombres que viven. Todo ello es importante.

Adán fue la cabeza pactal y representativa de todos los hombres. Mientras él se mantuvo en el pacto en el Paraíso, representó a la raza humana como un todo. A veces esta relación es llamada una relación judicial o legal porque ella está relacionada con la relación legal en la cual los hombres se paran frente a Dios. Lo que Adán hizo en relación con los mandamientos de Dios lo hizo como un responsable por toda la raza humana. Su caída, por lo tanto, fue la responsabilidad de toda la raza humana. El resultado de esto es evidente. Cuando se hizo culpable de comer del árbol prohibido su culpa fue directamente imputada a todos los hombres. Todos, incluso nosotros mismos, nos transformamos en culpables por aquel pecado que Adán cometió. Sobre la base de este pecado, nosotros también somos justamente hechos herederos del castigo eterno, y por este pecado todos necesitamos la redentora sangre de Jesucristo. Todos los hombres son merecedores del infierno sin importar los pecados que ellos hayan cometido en sus propias vidas. Si se pudiera imaginar que un hombre pudiera vivir sin pecado, el aún sería merecedor del infierno porque él es culpable en Adán.

Pero porque todos los hombres son hechos culpables delante de Dios, todos los hombres son también merecedores de la muerte. Esta sentencia viene a todos los hombres como un justo juicio de Dios. Esta sentencia es traída sobre todos los hombres por medio de la relación orgánica entre Adán y todos los hombres. Él es el padre de todos. Su naturaleza se hizo contaminada y corrupta, pero esta naturaleza corrompida pasó a todos los hombres que vinieron de él. La muerte vino a todos por medio de la muerte que vino a Adán.

Esta verdad es claramente expuesta en romanos 5:12-14: "Por tanto, como el pecado entró en el mundo por un hombre, y por el pecado la muerte, así la muerte pasó a todos los hombres, por cuanto todos pecaron. Pues antes de la ley, había pecado en el mundo; pero donde no hay ley, no se inculpa de pecado. No obstante, reinó la muerte desde Adán hasta Moisés, aun en los que no pecaron a la manera de la transgresión de Adán, el cual es figura del que había de venir." Este texto claramente enseña el pecado entró en el mundo por medio de la transgresión de Adán; y por medio de esta transgresión, la muerte vino a todos los hombres.

Esto no es, de acuerdo al texto, por causa de los pecados de cada hombre individualmente, sino que por causa del pecado de Adán: "Porque todos han pecado", es decir, en Adán. La muerte reinó incluso sobre aquellos que no pecaron de forma similar a la transgresión de Adán. Esto sólo puede ser así porque todos los hombres son culpables delante de Dios por el pecado que Adán cometió. Y esto, por su parte, sólo puede ser verdad porque Adán era la cabeza representativa de toda la raza humana.

Y así la corrupción del pecado de Adán se transformó en la corrupción de todos los hombres. La depravación total es total. No hay ningún bien que el hombre sea capaz de hacer. Vinimos a este mundo con la horrible enfermedad de esta corrupción. Es el justo juicio de Dios sobre nosotros por nuestra culpa que merecemos por el pecado de Adán. David habló de esto en el Salmo 51:1-5: "Ten piedad de mí, oh Dios, conforme a tu misericordia; Conforme a la multitud de tus piedades borra mis rebeliones. Lávame más y más de mi maldad, Y límpiame de mi pecado. Porque yo reconozco mis rebeliones, Y mi pecado está siempre delante de mí. Contra ti, contra ti sólo he pecado, Y he hecho lo malo delante de tus ojos; Para que seas reconocido justo en tu palabra, Y tenido por puro en tu juicio. He aquí, en maldad he sido formado, Y en pecado me concibió mi madre."

Todo esto es negado hoy en casi todas partes. Muy pocas veces uno escucha algo, por ejemplo, relacionado con el culpa que nos es imputada a toda la raza humana por causa del pecado de Adán. Es una doctrina de la cual no se escucha. E incluso la verdad de la depravación total es suavizada y abiertamente negada, porque el Arminianismo ha ganado el día. Esas verdades son fundamentales para la verdad de la gracia soberana, porque es sólo por causa de que seamos totalmente depravados e incapaces de hacer o desear algún bien que la salvación es solamente por gracia.

Pero estas verdades están estrechamente conectadas con nuestra discusión de la doctrina del pacto.

Nunca se debe olvidar que Adán cayó como una cabeza federal. Él era el amigo pactal de Dios, pero también era el representante y primer padre de toda la raza humana en ese pacto.

Cuando él cayó, por lo tanto, cayó de la posición en la cual Dios lo había puesto. Así, no solamente se hizo un violador del pacto, sino que también toda la raza humana se transformó en violadora del pacto. Él y toda su posteridad, por su pecado, se apartó de los caminos del pacto de Dios y perdió todo el derecho de exigir las bendiciones de ese pacto. En lo que respecta al hombre, ese fue el fin del pacto.

Sin embargo, Dios siempre mantiene su pacto. Él siempre es fiel al pacto y nunca da la espalda a su propia obra. Él mantuvo su pacto en el Paraíso, cuando, después de anunciar su juicio sobre el pecado del hombre, Él les pronunció las palabras de su promesa: "Y pondré enemistad entre ti y la mujer, y entre tu simiente y la simiente suya; ésta te herirá en la cabeza, y tú le herirás en el calcañar" (Génesis 3:15).

Debemos recordar que la caída del hombre no fue un error, una derrota inesperada del propósito de Dios, un giro de eventos que Dios no había anticipado y que le hicieron tomar un plan alternativo. El propósito de Dios desde la eternidad ha sido cumplir todas las bendiciones de su pacto sólo por medio de Jesucristo. La creación del primer Adán, la caída de Satanás, y la caída de Adán fueron medios que Dios había ordenado para lograr un mayor y más alto propósito en su propio Hijo, nuestro Señor y Salvador. El primer Adán debía dar lugar al segundo Adán, y la caída en pecado debía tomar lugar para que las riquezas de la gracia en Cristo pudieran ser manifiestas.

Aunque la primera creación fuera realmente una revelación notable y bendita de la perfecta vida pactal de Dios, el cumplimiento de ese pacto en Jesucristo es mayor y más bendito. Hay muchas razones por la cual esto es verdad.

En primer lugar, Adán podía conocer a Dios y tener comunión con Él en el pacto sólo por medio de la creación. Y mientras esto, sin dudas, era maravilloso, no puede compararse con la comunión con Dios por medio de Jesucristo, el propio Hijo de Dios, nuestro Mediador. Tendremos ocasión de discutir esto más ampliamente posteriormente.

En segundo lugar, mientras en el primer Paraíso Dios se reveló a Sí mismo como misericordioso y gracioso, en la obra de redención en Cristo esos atributos son revelados de una manera mucho más alta, porque ahora ellos son revelados contra el telón de fondo de nuestro pecado e indignidad. Gracia y misericordia, amor y paciencia – son revelados a pecadores que no merecen nada, pecadores que no pueden hacer nada por sí mismos sino odiar a Dios y rebelarse contra Él. El pacto de Dios establecido en gracia es un pacto dado a personas desesperadamente impías.

En tercer lugar, debido a que la gracia de Dios es revelada sólo a aquellos que Él eligió en la eternidad, su ira y disgusto son revelados a todos los impíos. Así, lo que no era posible en el Paraíso, es posible hoy muy claramente: la revelación de Dios como un santo y justo, el Vengador de los impíos, el Dios que odia el pecado y castiga a los pecadores por causa de su propia gran perfección moral.

Finalmente, mientras el pacto con Adán sólo podría, por medio de la obediencia, resultar en vida perpetua en este mundo, el pacto de Dios con su pueblo en Cristo es cumplido finalmente en gloria cuando todas las cosas sean hechas nuevas en el nuevo cielo y la nueva tierra. Esta revelación de gloria, ahora combinada en una creación celestial, excede por mucho al primer Paraíso. Toda la gloria de Dios brilla más por medio de Cristo – y por causa de la caída.

¿Todo esto significa que la caída también forma parte del propósito y deseo de Dios? Por supuesto. ¿Quién podría negarlo y aún ser fiel a la Escritura? Dios determinó también la caída en su consejo y entonces esto también puede servir al propósito eterno que Él ha planeado desde antes de la fundación del mundo. Esto, de ninguna forma resta responsabilidad a Adán o a nosotros, pero preserva intacta la absoluta soberanía de Dios.

Capítulo 5
El Pacto en el Antiguo Testamento

Habiendo discutido con algunos detalles la caída de Adán y sus implicaciones para la raza humana, ahora es necesario discutir el pacto de gracia tal como fue revelado a los santos en la antigua dispensación y a nosotros que vivimos en los últimos tiempos.

Este pacto es establecido por Dios con su pueblo a través de Jesucristo, quien es la Cabeza del pacto, y quien fue eternamente designado para ser el Mediador del pacto. Sin embargo esto no significa que no había un pacto en la antigua dispensación. Porque aún entonces Dios estableció su pacto con su pueblo. La diferencia es que en la antigua dispensación Dios reveló a su pueblo la verdad del pacto de tal forma que esta verdad estaba encerrada en tipos y sombras. No fue hasta el amanecer de la nueva dispensación con la venida de Cristo que las sombras fueron iluminadas y que la realidad de las sombras fue claramente revelada. Porque sólo con la venida de Cristo la realidad del pacto podría ser claramente vista y entendida, y la completa bendición de ese pacto se transforma en la herencia de la Iglesia.

Pero este cambio no significa que la antigua dispensación no tiene valor para nosotros. Porque en un estudio concentrado de la antigua dispensación, y permitiendo que la luz de las Escrituras del Nuevo Testamento iluminen sus sombras, encontramos una tremenda cantidad de verdad revelada a nosotros acerca del carácter y el significado del pacto del cual hablamos. Y entonces, hacemos bien en centrar nuestra atención primero a este gran material, que compone más de la mitad de la Biblia, encontrado en las Escrituras del Antiguo Testamento para averiguar lo que nuestro Dios nos ha revelado acerca de este pacto.

Pero antes de entrar en un estudio más detallado de muchos aspectos de la historia del Antiguo Testamento, es bueno dar una mirada general a la antigua dispensación para encontrar algunos principios que debemos seguir en nuestra discusión.

Hay muchas verdades que hemos percibir.

La primera de estas verdades es que inmediatamente después de la caída, mientras nuestros primeros padres aún estaban en el Paraíso, Dios les predicó el Evangelio. Este Evangelio es encontrado en las palabras dichas a Satanás: "Y pondré enemistad entre ti y la mujer, y entre tu simiente y la simiente suya; ésta te herirá en la cabeza, y tú le herirás en el calcañar" (Génesis 3:15). Esta palabra de Dios contiene la semilla de todo el Evangelio y la promesa de salvación. Todo lo que Dios revelaría por generaciones y final y completamente revela en Cristo fue contenido en estas palabras pronunciadas apenas entró el pecado del mundo. Esto es, por decirlo así, el brote del cual se desarrollaría la gloriosa flor de la promesa de Dios. Toda verdad acerca del pacto de Dios, acerca del plan de redención, acerca de la maravillosa gracia, fue principalmente implicada y contenida en estas palabras. Esta es la "promesa madre", la principal descripción de toda la obra de Dios. Todo lo demás que ha sido revelado podría ser sólo una mayor explicación y desarrollo de estas palabras.

Esto también es verdad de la historia de la antigua dispensación. Solamente, debemos recordar que Dios no reveló la verdad de su promesa y la promesa de su pacto a sus santos en los tiempos antiguos de la misma forma en la cual nos la revela. Él se las reveló en forma de sombras o tipos. Esto quiere decir, y es suficientemente significante, que la historia de la antigua dispensación es la revelación de la promesa de Dios. Dios reveló la verdad de la salvación tipológica y simbólicamente a través de la historia que la Iglesia vivió y por medio de la historia que la iglesia experimentó. Toda la historia *sagrada* es sagrada exactamente porque revela la verdad de Dios. Esta historia incluye los eventos reales y las circunstancias de las vidas de los santos y de la nación de Israel; incluye las cosas maravillosas que les ocurrieron a ellos; la economía bajo la cual ellos vivieron – la ley, el tabernáculo y el templo, las ceremonias de la vida religiosa de Israel, los aspectos políticos de su vida y todo lo relacionado a ella. A través de todas estas cosas Dios habló a Israel acerca de su promesa y su pacto. Como nuestro Catecismo de Heidelberg expresa de forma tan bella: "¿De dónde sabes esto [Al Mediador]? Del Santo Evangelio, que Dios mismo reveló primero en el Paraíso, después lo proclamó por los santos patriarcas y profetas, y lo anunció de antemano por los sacrificios y otras ceremonias de la Ley, y finalmente lo cumplió por su bien amado Hijo" (Día del Señor 6, 19).

Tampoco debemos caer en la tentación de empequeñecer o subestimar el entendimiento espiritual de los santos de la antigua dispensación. Es verdad, por supuesto, que ellos no vieron claramente la promesa con todas sus implicaciones. Ellos no podían, porque miraban la promesa del pacto de Dios en la forma de tipos y sombras. Pero esto no significa que ellos creían que los tipos fueran realmente su única esperanza de salvación. Ellos no colocaban su esperanza en la tierra de Canaán, tampoco en el templo terrenal que Salomón construyó; ellos no creían que los sangrientos sacrificios que ofrecían en el atrio exterior del templo realmente expiaban sus pecados. Era más bien Jesucristo, quien estaba en el cielo, donde no podía aún ser visto. Las sombras de la antigua dispensación fueron las largas sombras proyectadas desde el cielo por el Sol de Justicia. Y aunque Israel sólo pudiera ver las sombras y no al Sol, ellos sabían que en algún lugar el Sol está brillando, que las sombras sólo se proyectaban porque el Sol brilló, y que en el presente un nuevo día puede amanecer cuando el Sol de Justicia pueda aparecer para eliminar las sombras y traer el día de la completa realización de la promesa.

En la Escritura leemos más de una vez acerca de esta verdad. Cuando Jesús estaba debatiendo con los fariseos acerca de quiénes eran los verdaderos hijos de Abraham, Él dice a estos hipócritas enemigos de la Iglesia que afirmaban ser hijos de Abraham, pero que no creían en Cristo: "Abraham vuestro padre se gozó de que había de ver mi día; y lo vio, y se gozó" (Juan 8:56). Y aunque Abraham caminó como un peregrino y extranjero en la tierra de Canaán, y el Señor había prometido a Abraham esa tierra como una herencia, de igual forma leemos en Hebreos 11:8-10: "Por la fe Abraham, siendo llamado, obedeció para salir al lugar que había de recibir como herencia; y salió sin saber a dónde iba. Por la fe habitó como extranjero en la tierra prometida como en tierra ajena, morando en tiendas con Isaac y Jacob, coherederos de la misma promesa; porque esperaba la ciudad que tiene fundamentos, cuyo arquitecto y constructor es Dios." Y el mismo autor de la epístola a los Hebreos, al resumir la vida de los patriarcas en su llamada lista de los héroes de la fe, habla de ellos como aquellos que "murieron todos éstos sin haber recibido lo prometido, sino mirándolo de lejos, y creyéndolo, y saludándolo, y confesando que eran extranjeros y peregrinos sobre la tierra. Porque los que esto dicen, claramente dan a entender que buscan una patria; pues si hubiesen estado pensando en aquella de donde salieron, ciertamente tenían tiempo de volver. Pero anhelaban una mejor, esto es, celestial; por lo cual Dios no se avergüenza de llamarse Dios de ellos; porque les ha preparado una ciudad" (Hebreos 11:13-16). Lo mismo es verdad acerca de David, quien vio, oscuramente, la resurrección de Jesucristo, de lo que escribió proféticamente en el Salmo 16 cuando dijo "Se alegró por tanto mi corazón, y se gozó mi alma; Mi carne también reposará confiadamente; Porque no dejarás mi alma en el Seol, Ni permitirás que tu santo vea corrupción" (versículos 9-10). Que esto fue realmente profético acerca de Cristo es evidente porque Pedro citó largamente este mismo pasaje en su poderoso sermón pentecostés como refiriéndose a Jesús (Hechos 2:25-28). ¿Y quién puede negar que el antiguo profeta Isaías, quien también vivía en la dispensación de las sombras, igualmente profetizó casi a los pies del Calvario cuando escribió las hermosas palabras de Isaías 53? Israel entendió, y así parece, mejor que muchos en el día de hoy, que los tipos y sombras eran débiles imágenes de las mejores cosas que vendrían.

En toda la historia de los antiguos patriarcas y de Israel como una nación, hay una constante progresión y desarrollo en la revelación de las verdades de la promesa de Dios. Dios no reveló toda la verdad inmediatamente. Es verdad que toda la verdad fue principalmente contenida en el brote de la "promesa madre', pero tomó muchos siglos de historia para que este brote se desarrollara en la gloriosa flor de Cristo. La Iglesia lo vio desarrollarse gradualmente y hacerse más rico cuando el tiempo pasaba hasta que fue completamente manifestado cuando el Verbo se hizo carne. Así podemos, entonces, trazar fácilmente el desarrollo de la promesa. A Adán y Eva se les reveló, como hemos dicho, sólo el brote. Pero un milenio y medio después Dios reveló a Noé, y por medio de Noé a la iglesia, que el diluvio fue una imagen de varias de las riquezas de las promesas. Cuando la promesa vino completamente, el mundo del pecado fue destruido; la destrucción del mundo podría ser también la salvación de la Iglesia; la Iglesia podría, a través de su salvación, la una nueva creación, porque la creación de Dios es universal, establecida con toda la creación así como también con el pueblo elegido de Dios.

Pero había aún más riquezas de esta promesa. Dios dijo a Abraham que aunque el pueblo de Dios caminara en la tierra como Abraham caminó en Canaán, como peregrinos y extranjeros, aunque Dios dentro de poco podría dar la tierra de Canaán como una herencia; sólo podría ser en la Canaán celestial cuando el cielo y la tierra se vuelvan uno y la Iglesia es llevada a la gloria de una nueva creación. Junto a esto, fue revelado a Abraham más dramáticamente que sólo Dios establece su pacto, y lo hace soberanamente, y que este pacto es establecido en la línea de generaciones con la semilla espiritual de Abraham – una semilla que germina por medio del milagro de la gracia.

Y así continúa. Israel estaba en Egipto, pero también fue liberado por señales y milagros. Y nuevamente Dios envió más luz sobre la promesa y la hizo más clara a su pueblo. Porque la promesa evidentemente significa que Egipto era una imagen de la esclavitud del pecado y la muerte, y que en el pueblo de Dios también ha sido esclavizado. Pero también es verdad que Dios enseñó a su pueblo entonces y ahora que es sólo por medio de la sangre del Cordero que la Iglesia es separada del mundo cuando viene el juicio; que cuando la Iglesia es liberada, es por la fuerte mano y el gran brazo de Jehová; que es por medio de las poderosas señales y milagros de la gracia que la Iglesia es llevada por medio del desierto de su vida presente a la gloria de la Canaán celestial donde todos los enemigos son derrotados y al pueblo de Dios se le da una tierra donde fluye leche y miel.

Cuando David ascendió al trono de Israel, el Señor enseñó a su pueblo que la promesa también incluía la verdad que Cristo vendría para establecer un reino que tomaría el lugar de todos los reinos de la tierra y en el cual el pueblo de Dios podría vivir como ciudadanos y en sumisión obediente al Señor de señores y Rey de reyes que es bendito para siempre. Y cuando finalmente David fue a su tumba, Salomón, su hijo, se sentó en su trono. Pero por medio del glorioso reino de Salomón Dios enseñó a su pueblo que debía buscar un reino que excediera en belleza al reino terrenal de Salomón, en bendición, riquezas, y prosperidad, pero el centro de ese reino estaba el templo de Dios en el cual Él podría habitar en comunidad pactal con su pueblo para siempre. Porque el templo real, del cual el templo de Salomón era sólo una figura, era el cuerpo del Señor Jesucristo, como nuestro Señor mismo lo dijo (Juan 2:18-22). Y en el templo del cuerpo de Cristo, por fe, el pueblo de Dios es llevado una comunión con su Dios y a habitar bajo una tienda con Él para siempre.

Y finalmente el cumplimiento del tiempo llegó y Dios envió a su Hijo. Entonces todos los tipos y sombras fueron eliminados. Jesucristo fue a la cruz, resucitó al tercer día, y ascendió a los cielos donde es sumamente exaltado a la diestra del Padre. Desde esta posición, de la mayor autoridad y poder, Cristo reina para ejercer el consejo y la voluntad de Dios para que el cumplimiento del pacto y la promesa de Dios puedan ser perfectamente consumados en el día de su segunda venida cuando el tabernáculo de Dios pueda estar con los hombres. Las sombras apuntaban hacia Él; en Él ellas son gloriosamente cumplidas; y Él es Aquel quien nosotros, que vivimos en los últimos tiempos, vemos por fe.

Aunque una detallada discusión de este asunto pueda llevarnos muy lejos, debemos notar al menos de pasada que un error básico del dispensacionalismo, en cualquiera de sus formas, es el fallar en reconocer la verdadera naturaleza tipológica del Antiguo Testamento. Ya que esas Escrituras revelan la verdad de la salvación de forma tipológica, ellas tienen su cumplimiento sólo en las realidades espirituales de la salvación en Cristo por una iglesia compuesta de Judíos y Gentiles. Fallar en reconocer adecuadamente esta verdad lleva a los dispensacionalistas a hablar de un cumplimiento temporal y terrenal de esos mismos tipos y sombras. Esto puede ser más claro cuando, en los siguientes capítulos, pongamos mayor atención en la forma en la cual estos tipos y sombras hablan del pacto de Dios.

Por ahora es suficiente para nosotros ver que toda la revelación del pacto de Dios estaba en la forma de tipos y sombras porque Jesucristo, la realidad, aún no había venido. Y porque aún no había venido, la Iglesia de la antigua dispensación no recibía el Espíritu de Cristo completamente.

Aquí hay dos puntos que debemos percibir.

En primer lugar, toda la revelación de Dios es por medio de Cristo y el Espíritu de Cristo en los corazones de su pueblo. El Espíritu aplica la verdad objetiva de la revelación de Dios a los corazones del pueblo de Dios de tal forma que a ellos les son dados los ojos para ver, los oídos para escuchar, y la fe para creer la verdad. Pero el Espíritu siempre obra en conexión con, y nunca separado de, aquella revelación objetiva. Entonces los santos en la antigua dispensación también poseían el Espíritu. Ese Espíritu los regeneró y convirtió, les dio fe para creer y aplicó las bendiciones de la salvación en sus corazones por su obra eficaz. Pero ya que la revelación del pacto de ellos era por medio de tipos y sombras, y porque el Espíritu obra con esa revelación de tipos y sombras, el pueblo de Dios no la entendió en toda su gloria y belleza. Su entendimiento estaba limitado al modo de revelación, los tipos. La diferencia quizás puede ser explicada haciendo una comparación entre ver algunas fotos del parque nacional Yellowstone en la pantalla de un computador en la sala de estar de nuestra casa, y el realmente visitar el parque para ver los vastos y hermosos paisajes, sentir la brisa, escuchar el silbido del viento en los pinos y a lo lejos el fuerte rugido de *Old Faithful,* el reconocido geiser del Parque Nacional de *Yellowstone* en los Estados Unidos. Las fotos son bellas, eso no puede ser cuestionado, pero la realidad es mucho mejor.

En segundo lugar, debido a que la realidad vino con Jesucristo, el Espíritu que fue derramado en Pentecostés pudo dar a su Iglesia un entendimiento de la verdad completa de la realidad apenas Cristo ascendió al cielo. Entonces su tarea de cumplir todos los tipos y sombras fue completa. La realidad a la cual todos los tipos apuntaban había llegado. Y el Espíritu del Cristo exaltado, dado a la Iglesia, reveló todas las riquezas de la verdad de Dios sobre su pacto eterno de gracia. Enviado por Cristo y derramado en nuestros corazones, el Espíritu nos da las riquezas de esta verdad de una forma en la cual los santos del Antiguo Testamento no podrían haber entendido.

Pero todo esto no significa, como hemos dicho, que las Escrituras del Antiguo Testamento no tengan importancia. Si, antes de ir a Yellowstone, uno ve las fotos del parque de algunos amigos, uno sabe qué buscar, qué esperar, qué anticipar. Las fotos sirven bien para que él pueda explorar por sí mismo las maravillas de ese rincón de la creación divina. Sin dudas, él se dirá a sí mismo "No se me había dicho todo. La realidad es mucho más hermosa de lo que había anticipado". Pero él también agradecerá a su amigo por presentarle esas maravillas por medio de las fotos porque su apreciación y comprensión de la realidad será mayor. El antiguo adagio permanece siendo verdadero: "el Nuevo está contenido en el Antiguo; el Antiguo está explicado en el Nuevo".

Capítulo 6
Los Días Anteriores al Diluvio

✟

Es posible que la palabra que mejor describa la historia del mundo desde los tiempos de la caída hasta el día de hoy es la palabra "guerra". Y aunque es verdad que esta palabra puede referirse a las batallas que han existido entre las naciones, nos referimos especialmente a la batalla espiritual de la fe que ha sido peleada con inmensa intensidad entre la simiente de la serpiente y la simiente de la mujer. Esta es la verdadera batalla de todos los tiempos.

Si uno pudiese indagar en la causa más profunda de esta batalla, debería tener que encontrar su respuesta en las palabras dichas por Dios a nuestros primeros padres en el Paraíso. El Señor dijo que pondría enemistad entre la simiente de la mujer y la simiente de la serpiente. Esta enemistad es la verdadera razón de la gran batalla de todos los tiempos.

Si uno pudiese indagar más profundamente cómo Dios puso esta enemistad en el mundo entre las dos simientes, la respuesta de las Escrituras es que la enemistad viene de la gracia de Dios. Esto quizás puede sonar extraño - que la gracia pueda resultar en enemistad; sin embargo éste es el caso.

¿Cómo es posible?

La respuesta a esto está fundamentada en el hecho de que la simiente de la mujer a la que se refiere el Señor es una simiente creada por la gracia soberana de Dios. Cuando nuestros primeros padres cayeron en el pecado, Dios vino a ellos en gracia e inmediatamente los salvo. Adán y Eva cayeron a los brazos de Cristo, quien estaba detrás de ellos, la simiente prometida que haría expiación por los pecados. Basado en esta promesa, Él los salvó de la miseria y muerte del pecado. El demonio estaba perfectamente consciente de lo que esto implicaba. De hecho, es más que probable que él entendiera esas implicaciones mejor de lo que lo hicieron nuestros primeros padres. Lleno de rabia por la posibilidad de que su horrible obra pudiera ser destruida por la promesa de Dios, se determinó a destruir a la simiente de la mujer, frustrar la operación de la gracia, e impedir que Cristo viniera para derramar su sangre.

La batalla comenzó, el tema fue claramente definido, desde entonces el mundo ha resonado con la bulla y el tumulto de tan terrible lucha.

Esta batalla comenzó inmediatamente después de la caída.

Adán y Eva tuvieron hijos. Cuando Eva tuvo a su primer hijo en sus brazos lo llamó Caín, parece que ella pensó que el Señor ya había enviado al Cristo, porque al nombrarlo, ella dijo, "Por voluntad de Jehová he adquirido varón" (Génesis 4:1). Cuan decepcionante debe haber sido para ella y para su esposo cuando pronto se dieron cuenta que Caín no sólo no era el Salvador prometido que ellos esperaban, sino que también descubrieron que era de la simiente de la serpiente.

Pero esto no significa que Dios ya se había olvidado de su promesa y que no enviaría la simiente de la que había hablado; Dios dio a Adán y Eva otro hijo al que ellos llamaron Abel. Y así ya apareció en la familia de nuestros primeros padres las dos simientes de las cuales Dios había hablado, y la enemistad entre esas dos simientes, la enemistad que ha continuado durante toda la historia.

Cuando Adán y Eva, después de su caída, supieron que estaban desnudos, el Señor preparó para ellos túnicas de las pieles de los animales (Génesis 3:21). Al hacerlo así, el Señor claramente le enseñó a nuestros padres que la desnudez de sus pecados sólo podría ser cubierta por medio del derramamiento de sangre. Con esta clara lección, los primeros santos fueron instruidos en la verdad de que sólo por medio del derramamiento de sangre el pecado puede ser perdonado, y el hombre ser restaurado al favor de Dios.

Abel entendió esto y lo creyó. Caín entendió esto y lo odió. Y cuando llegó el día en que ambos hermanos trajeron sus sacrificios, Caín vino con las frutas del campo; Abel vino con el mejor Cordero que pudo encontrar en su rebaño. Caín, sabiendo que el Señor exigía el derramamiento de sangre, eligió ignorar el mandamiento del Señor y trajo los vegetales que había recogido para probar que él no necesitaba el derramamiento de sangre, la sangre de la expiación. Abel, consciente de sus pecados, trajo un cordero. Cuán hermoso es el simple y expresivo comentario de Hebreos 11:4: "Por la fe Abel ofreció a Dios más excelente sacrificio que Caín, por lo cual alcanzó testimonio de que era justo, dando Dios testimonio de sus ofrendas; y muerto, aún habla por ella."

Cuando Caín vio que el Señor se había agradado del sacrificio de Abel, pero que se había airado por su burlesco sacrificio, se enfureció. En su rabia y resentimiento contra todo lo que Dios había dicho, y contra la justicia de su hermano, mató a Abel, destruyendo su testimonio en la tierra.

La simiente de la serpiente había vencido al destruir la simiente de la mujer.

Y detrás de todo esto estaba escondido el demonio con su odio por Dios.

No debemos ver en esta homicida obra de Satanás simplemente la pasajera emoción del momento; la ciega venganza que terminó en una tragedia. Si fuera así no habría sentido en que esta historia fuera registrada en la Santa Escritura. El demonio vio en Caín a su aliado. Pero él también vio en Abel la simiente de la mujer de la que el Señor había hablado. Satanás sabía que si pudiese destruir esta simiente de la mujer, el Cristo prometido no podría venir y nunca podría hacer expiación por el pecado. Así su malvado propósito podría ciertamente ser exitoso. Lo que Satanás necesitaba era la destrucción de Abel. Y en esto fue exitoso.

La primera batalla fue peleada. Y se dio como si el diablo hubiese vencido. Una terrible tristeza entró en el hogar de nuestros primeros padres.

Pero el odio de Satanás y Caín hacia Abel, concentrado en el sacrificio de Abel de un cordero, se debía a la gracia de Dios en Abel. Abel también había nacido como un pecador, totalmente depravado. Si él hubiese permanecido así, Caín nunca lo hubiese odiado. Pero Dios había salvado a Abel y realizado su obra de gracia en el corazón de Abel para que él viera su propio pecado, lo confesara delante de Dios, y expresara esta confesión en el sacrificio de un cordero que apuntara hacia el Cordero de Dios. Esto fue lo que llenó de ira a Caín y a Satanás. (Ver 1 Juan 3:12).

Pero Dios podría haber permitido que la simiente de la serpiente fue exitosa. Porque aunque Abel fuera al cielo donde él habitó sólo con los ángeles por un tiempo, Dios dio a Adán y Eva otra simiente, Set, en cuya espalda estaba el Cristo que vendría.

Y así la historia que precedió al diluvio es la historia de la batalla entre estas dos simientes.

Por un lado, Caín, maldito por Dios, salió del lugar donde sus padres vivían y construyó una ciudad que llamó con el nombre de su hijo. Ahí, en esa ciudad, Caín también produjo una simiente, y la simiente de la serpiente creció. Ahora vivía Enoc, el hijo de Caín. También estaba Lamec quien se casó con dos esposas y tuvo tres hijos: Jabal, Jubal y Tubal-caín. Lo interesante acerca de esos hombres y sus descendientes fue que ellos fueron creciendo en conocimiento y cultura. Ellos fueron inventores y hombres de renombre. Fueron los gigantes intelectuales de sus días; hombres de ciencia y tecnología; hombres de cultura y artes. Pero aunque crecían en conocimiento e invención, también crecían en pecado. Ellos eran unos impíos horriblemente corrompidos y llenos de terror. El desarrollo de su pecado fue tan terrible que en el corto tiempo de 1600 años ellos llenaron la copa de iniquidad y estuvieron listos para el juicio.

Por el otro lado, existía la simiente de la mujer. Esta simiente nos es trazada en las Escrituras por medio de Set, Enós, Cainán, Mahalaleel, Jared, Enoc, Matusalén, Lamec, Noé. Hay varios puntos de interés relacionados con esta simiente de la mujer que debemos notar.

En primer lugar, ellos eran hombres que temían a Dios y caminaban en las sendas de la justicia. Dios preservó su verdad y continuó su pacto por medio de ellos. Ellos fueron hombres que, por gracia, temieron a Dios, hombres que "caminaron con Dios" (Génesis 5:24; 6:9), hombres que preservaron la verdad del Paraíso y la caída así como la verdad de la promesa de Dios, hombres que invocaron el nombre de Dios (Génesis 4:26), y que adoraron con sacrificios de sangre.

En segundo lugar, muchos de ellos fueron predicadores de la justicia. Predicaron la verdad de Dios a la Iglesia de Dios, pero ellos también condenaron a la simiente de la serpiente por toda su impiedad. Ellos fueron hombres valientes y de convicciones, con agallas y valor en la causa del pacto de Dios. Sobre esto leemos, por ejemplo, en Judas 14, 15: "De éstos también profetizó Enoc, séptimo desde Adán, diciendo: He aquí, vino el Señor con sus santas decenas de millares, para hacer juicio contra todos, y dejar convictos a todos los impíos de todas sus obras impías que han hecho impíamente, y de todas las cosas duras que los pecadores impíos han hablado contra él." Y también leemos en 2 Pedro 2:4, 5: "Porque si Dios no perdonó a los ángeles que pecaron, sino que arrojándolos al infierno los entregó a prisiones de oscuridad, para ser reservados al juicio; y si no perdonó al mundo antiguo, sino que guardó a Noé, pregonero de justicia, con otras siete personas, trayendo el diluvio sobre el mundo de los impíos."

En tercer lugar, y por causa del buen caminar de los santos y su condenación del mundo, esos días anteriores al diluvio fueron días de severa persecución. El maligno mundo, con Satanás como su capitán, intentaba desesperadamente destruir la Iglesia. El demonio no podía, ni quería, descansar hasta que la simiente de la mujer fuese destruida para que el Cristo no pudiese venir.

Hay muchos indicios de esto en la narrativa del Génesis. Leemos de Lamec, por ejemplo, que él compuso una canción en la cual celebraba su triunfo al haber matado a miembros del pueblo de Dios y desafiando al Señor a castigarlo por ello: "Mujeres de

Lamec, escuchad mi dicho: Que un varón mataré por mi herida, Y un joven por mi golpe. Si siete veces será vengado Caín, Lamec en verdad setenta veces siete lo será" (Génesis 4:23-24). O, nuevamente, Enoc no fue elevado al cielo, evidentemente, por causa de que él fuese más justo que otros que también pertenecían a la Iglesia de su tiempo; más bien, fue por el hecho de que Enoc condenó al mundo poblado por la simiente de Caín con furia por lo que ellos intentaron matarlo. Pero Dios lo arrebató de sus manos para que no pudieran tocarlo. Esto es indicado por una cuidadosa consideración de Hebreos 11:5: "Por la fe Enoc fue traspuesto para no ver muerte, y *no fue hallado*, porque lo traspuso Dios; y antes que fuese traspuesto, tuvo testimonio de haber agradado a Dios."

Además, las Escrituras apuntan en más de una vez al hecho de que los días precedentes al diluvio fueron días que prefiguraron los días finales de la historia de este mundo, justo antes de la venida del Señor. Jesús mismo llama nuestra atención hacia esto en Mateo 24:37-39: "Mas como en los días de Noé, así será la venida del Hijo del Hombre. Porque como en los días antes del diluvio estaban comiendo y bebiendo, casándose y dando en casamiento, hasta el día en que Noé entró en el arca, y no entendieron hasta que vino el diluvio y se los llevó a todos, así será también la venida del Hijo del Hombre." Pedro menciona la misma verdad en su segunda epístola, capítulo 3:1-7.

En cuarto lugar, la simiente de la mujer fue muy poca en esos días. Gradualmente, por causa de esta terrible persecución, la Iglesia disminuyó hasta el tiempo del diluvio, cuando había sólo ocho personas en la Iglesia, mientras el mundo debe haber tenido millones de habitantes.

Sin embargo, lo pequeño de la Iglesia de Jesucristo no se debía sólo a la persecución; también se debía a una terrible apostacía que surgió en la Iglesia. Muchos cayeron de la verdad. Aunque ellos nacieron y crecieron en la línea del pacto, no eran la verdadera simiente de la mujer, y pronto se manifestaron a sí mismos como la simiente de la serpiente. Esto es indicado en la historia registrada en el primer capítulo de Génesis. Leemos en Génesis 6: 1-6: "Aconteció que cuando comenzaron los hombres a multiplicarse sobre la faz de la tierra, y les nacieron hijas, que viendo los hijos de Dios que las hijas de los hombres eran hermosas, tomaron para sí mujeres, escogiendo entre todas. Y dijo Jehová: No contenderá mi espíritu con el hombre para siempre, porque ciertamente él es carne; más serán sus días ciento veinte años. Había gigantes en la tierra en aquellos días, y también después que se llegaron los hijos de Dios a las hijas de los hombres, y les engendraron hijos. Éstos fueron los valientes que desde la antigüedad fueron varones de renombre. Y vio Jehová que la maldad de los hombres era mucha en la tierra, y que todo designio de los pensamientos del corazón de ellos era de continuo solamente el mal. Y se arrepintió Jehová de haber hecho hombre en la tierra, y le dolió en su corazón."

Finalmente, de todo esto es evidente que a pesar de todos los intentos del demonio de destruir la simiente de la mujer para que Cristo no pudiera nacer, Dios preservó aquella línea que el demonio y su simiente satánica nunca podrían destruir a aquellos que llevaban a Cristo en ellos. Y esto es verdad no simplemente porque nuestro Dios es más fuerte que Satanás y sus huestes, sino porque el todopoderoso tiene incluso a Satanás en sus manos porque si no es la voluntad de nuestro Padre celestial, él no podría hacer nada al pueblo de Dios.

En esto nosotros también, que debemos luchar la misma batalla, debemos tener valor. Porque aunque a veces todo es oscuro y espantoso, aunque pueda parecer que las fuerzas del mal marchan de victoria en victoria, Dios y su Cristo reina supremamente en los cielos y nos da la victoria. La fe es la victoria que derrota al mundo.

Capítulo 7
El Pacto con Noé

✠

En un estudio de los eventos que rodearon el diluvio, encontraremos una gran cantidad de material relacionado con la verdad del pacto divino.

No necesitamos invertir mucho tiempo con la historia misma, porque es muy conocida. Es evidente de la Escritura que hasta el tiempo del diluvio nunca había llovido sobre la tierra. Podemos ver en Génesis 2:5b-6: "porque Jehová Dios aún no había hecho llover sobre la tierra, ni había hombre para que labrase la tierra, sino que subía de la tierra un vapor, el cual regaba toda la faz de la tierra."

Uno puede imaginar la sorpresa de los habitantes de la tierra cuando Noé comenzó a construir el arca. Quizás la gente que estaba mirando Noé cuando comenzó a construir el arca se preguntaron qué estaba haciendo. Él debe haberles dicho que estaba construyendo un barco para navegar en el agua. Sin dudas esto les debe haber parecido muy peculiar e, incluso, extremadamente divertido, porque Noé estaba construyendo su barco en medio de la tierra. Pero no se les explicó que esto no era algo extraño, porque Dios estaba enviando un diluvio en que la lluvia caería y toda la tierra sería destruida. El arca tenía la intención de salvar a Noé y su familia del diluvio. Esos hombres impíos difícilmente podrían imaginar algo así. Ellos se reían y burlaban mientras Noé año tras año pacientemente trabajaba. Y, de hecho, fue un gran acto de fe lo que lo movió a pesar de nunca había visto llover. Así leemos en Hebreos 11:7: "Por la fe Noé, cuando fue advertido por Dios acerca de cosas que aún no se veían, con temor preparó el arca en que su casa se salvase; y por esa fe condenó al mundo, y fue hecho heredero de la justicia que viene por la fe."

Después que pasaron 120 años y Noé había terminado su arca, el Señor le envió animales de todo tipo que Noé guió hasta el arca: dos de cada tipo de los animales inmundos y siete de cada uno de los tipos de animales limpios. También debía poner comida en el arca; y cuando se completaron todas las preparaciones, Noé y su familia de ocho personas también entraron.

El diluvio que vino a la tierra fue desde todo punto de vista un milagro. Evidentemente, llovió como nunca antes había llovido. La lluvia que cayó en cuarenta días y cuarenta noches no fue una simple lluvia que gradualmente aumentó la profundidad de las aguas bajo la tierra sino que el cielo y la tierra fueron abiertos. Las ventanas del cielo fueron abiertas y las fuentes de los grandes abismos chorreaban gran cantidad de agua. Furiosos y bulliciosos torrentes venían a la tierra desde sus entrañas. Podemos leer en Génesis 7:11: "El año seiscientos de la vida de Noé, en el mes segundo, a los diecisiete días del mes, aquel día fueron rotas todas las fuentes del grande abismo, y las cataratas de los cielos fueron abiertas."

Pero no menos milagrosa fue la preservación de Noé y su familia con los animales en el arca de madera de gofer cuando ella era llevada por las fuertes corrientes de agua, así como cuando la Iglesia de Dios es seguramente protegida de aquello que destruye al mundo. Toda criatura fuera de la casa pereció en el diluvio.

Aunque la lluvia cayó sobre la tierra por cuarenta días y cuarenta noches, pasó un año y diez días hasta que Noé finalmente dejó el arca para recibir la creación purificada por la mano de Dios.

Esos son, brevemente, los hechos. Pero ellos tienen tremendas implicaciones para la verdad del pacto de Dios.

Ya mencionamos en el capítulo anterior que los días anteriores al diluvio fueron días que nos ilustraban los días malos que precederán el fin del mundo. En ese tiempo había una terrible impiedad en el mundo y la copa de impiedad fue llena y el mundo estaba pronto para el juicio. Así sucederá antes del retorno del Señor. Entonces, antes del diluvio, la Iglesia era muy pequeña por causa de la persecución y la Apostacía. No será distinto en los días precedentes al retorno de Cristo. De hecho, por causa de los elegidos los días serán acortados. Antes del diluvio, el pueblo de Dios fielmente predicó el juicio contra el mundo y habló acerca del eminente juicio en el diluvio. Pero Pedro nos dice que "en los postreros días vendrán burladores, andando según sus propias concupiscencias, y diciendo: ¿Dónde está la promesa de su advenimiento? Porque desde el día en que los padres durmieron, todas las cosas permanecen así como desde el principio de la creación" (2 Pedro 3:3-4).

Pero así como los días anteriores al diluvio fueron días que prefiguraban los días malos antes del retorno del Señor, el diluvio mismo fue una imagen de la final destrucción del mundo. Entonces los hombres impíos fueron destruidos por las aguas del diluvio mientras la Iglesia estaba a salvo en el arca. Entonces a la Iglesia le fue dada una creación nueva y purificada como su herencia; después del juicio final la Iglesia recibirá los nuevos cielos y la nueva tierra en la cual habitará la justicia. El pasaje citado arriba, Pedro explica esto: "Éstos ignoran voluntariamente, que en el tiempo antiguo fueron hechos por la palabra de Dios los cielos, y también la tierra, que proviene del agua y por el agua subsiste, por lo cual el mundo de entonces pereció anegado en agua; pero los cielos y la tierra que existen ahora, están reservados por la misma palabra, guardados para el fuego en el día del juicio y de la perdición de los hombres impíos... Pero el día del Señor vendrá como ladrón en la noche; en el cual los cielos pasarán con grande estruendo, y los elementos ardiendo serán deshechos, y la tierra y las obras que en ella hay serán quemadas" (2 Pedro 3:5-7, 10).

Nadie puede negar que esos días están cercanos. Porque si como en los días de Noé habían burladores que se mofaban y decían que Dios nunca podría enviar un diluvio incluso cuando estaban siendo rodeados por el agua, así también hoy los hombres se burlan y dicen que el mundo durará para siempre, incluso aunque el mundo esté rodeado por fuego. Sin embargo, la palabra de Dios ciertamente será cumplida. Así como el diluvio vino y destruyó el mundo, dentro de poco el fuego del juicio vendrá y quemará este mundo en el cual vivimos. Pero así como Noé y su familia fueron salvados en el arca, los justos también serán salvados al final.

En otras palabras, por medio del diluvio, Dios explicó la promesa que él había dado a Adán y Eva, que pisar la cabeza de la serpiente y su simiente implicaban la completa salvación de la Iglesia en gloria. Las palabras de Pedro vienen a nosotros con toda su fuerza: "Puesto que todas estas cosas han de ser deshechas, ¡cómo no debéis vosotros andar en santa y piadosa manera de vivir, esperando y apresurándonos para la venida del día de Dios, en el cual los cielos, encendiéndose, serán deshechos, y los elementos, siendo quemados, se fundirán! Pero nosotros esperamos, según sus promesas, cielos nuevos y tierra nueva, en los cuales mora la justicia. Por lo cual, oh amados, estando en espera de estas cosas, procurad con diligencia ser hallados por él sin mancha e irreprensibles, en paz" (2 Pedro 3:11-14).

Pero eso no es todo lo que Dios reveló por medio del diluvio. Esto debe ser evidente por el hecho de que aún no hemos dicho nada sobre la simiente de la mujer que es principalmente Cristo. ¿No había ninguna mención o prefiguración de Cristo en el diluvio? ¿No es Cristo quien pisa la cabeza de la serpiente y salva a su pueblo? ¿Él no hace esto por medio de la sangre de la Cruz? ¿Qué revela el diluvio acerca de lo que Cristo hizo en el Calvario?

La respuesta a esas preguntas es que las Escrituras enseñan claramente que el agua del diluvio era una imagen de la sangre de Cristo. Y, además, ya que el agua del diluvio era una imagen de la sangre de Cristo, el agua del diluvio era una imagen del agua del bautismo. Noé y su familia fueron bautizados en el diluvio y recibieron la señal de la limpieza del pecado por medio de la sangre de la expiación.

Es obvio que las Escrituras enseñan claramente esto en 1 Pedro 3:18-21: "Porque también Cristo padeció una sola vez por los pecados, el justo por los injustos, para llevarnos a Dios, siendo a la verdad muerto en la carne, pero vivificado en espíritu; en el cual también fue y predicó a los espíritus encarcelados, los que en otro tiempo desobedecieron, cuando una vez esperaba la paciencia de Dios en los días de Noé, mientras se preparaba el arca, en la cual pocas personas, es decir, ocho, fueron salvadas por agua. El bautismo que corresponde a esto ahora nos salva (no quitando las inmundicias de la carne, sino como la aspiración de una buena conciencia hacia Dios) por la resurrección de Jesucristo." Aparte de lo que este difícil pasaje puede significar en detalle, es obvio que Pedro enseña que las aguas del diluvio fueron un tipo del bautismo. Porque aunque Noé ciertamente fue salvo del mundo malo por medio del agua del diluvio, el texto considera esto de segunda importancia. El punto es que Noé no fue salvo por el arca, sino que por el agua. Y si él fue salvo por el agua, entonces su salvación consistió en su libramiento del mundo malo y corrompido que fue destruido en el agua. Esto, dice el texto, es una imagen del bautismo.

El agua del bautismo es una señal y sello de la sangre de Cristo. O, para colocarlo un poco distinto, el agua del bautismo es una señal y sello del poder de la cruz de Cristo para salvarnos del pecado y la muerte. Ser bautizado significa ser bautizado en la sangre de Cristo, o recibir las bendiciones y beneficios de su sufrimiento y muerte. Pablo escribe esto en Romanos 6:3-11: "¿O no sabéis que todos los que hemos sido bautizados en Cristo Jesús, hemos sido bautizados en su muerte? Porque somos sepultados juntamente con él para muerte por el bautismo, a fin de que como Cristo resucitó de los muertos por la gloria del Padre, así también nosotros andemos en vida nueva. Porque si fuimos plantados juntamente con él en la semejanza de su muerte, así también lo seremos en la de su resurrección; sabiendo esto, que nuestro viejo hombre fue crucificado juntamente con él, para que el cuerpo del pecado sea destruido, a fin de que no sirvamos más al pecado. Porque el que ha muerto, ha sido justificado del pecado. Y si morimos con Cristo, creemos que también viviremos con él; sabiendo que Cristo, habiendo resucitado de los muertos, ya no muere; la muerte no se enseñorea más de él. Porque en cuanto murió, al pecado murió una vez por todas; mas en cuanto vive, para Dios vive. Así también vosotros consideraos muertos al pecado, pero vivos para Dios en Cristo Jesús, Señor nuestro."

La figura es clara. Al otro lado del diluvio, Noé y su familia vivía en un mundo impío y corrupto del cual ellos eran parte. Por medio de las aguas del diluvio, sin embargo, ellos fueron salvados de ese mundo impío y fueron sacados de él. El mundo fue destruido por las aguas del diluvio. Llevado por la marea del diluvio, Noé y su familia fueron transferidos a una nueva creación que Dios les dio como su herencia.

De esa manera también la sangre de Cristo, simbolizada en el bautismo, es el poder para salvación. A este lado de la sangre de Cristo, somos concebidos y nacemos en pecado, una parte de este mundo impío y corrompido en el cual vivimos y al cual pertenecemos. Pero Dios nos lleva con la poderosa y purificadora marea de la sangre de Cristo fuera de este mundo a su nueva y celestial creación. Porque, llevados por la marea de la sangre de Cristo, somos llevados hasta el Calvario donde morimos con Cristo, somos sepultados con Él, pero también resucitaremos con Él en la gloria del cielo divino. De este lado de la sangre de Cristo está el pecado y la muerte, la corrupción y la maldición. Al otro lado está la santidad y la vida, el gozo y la alegría en la comunión con Dios. Porque por medio de la sangre de la Cruz, el poder de Satanás, el pecado y la muerte, han sido destruidos y la cabeza de la serpiente ha sido pisada.

La forma de bautismo que usamos en nuestras iglesias habla de esto en la oración: "Dios todopoderoso y eterno... que de acuerdo a tu severo juicio castigaste al mundo infiel y sin arrepentimiento con el diluvio, y que de acuerdo a tu gran misericordia salvaste y protegiste al fiel Noé y su familia... por cuyo bautismo fue significado..."

Esto no es perfecto en nuestras vidas mientras estemos sobre la tierra. Ha comenzado en nuestros corazones, pero su victoria y perfección final vendrán sólo cuando seamos presentados sin mancha ni arruga en la asamblea de los elegidos en la vida eterna. Entonces el mundo impío será finalmente destruido. Entonces seremos perfectamente redimidos.

Pero el bautismo es una señal y sello del pacto de Dios, y debemos esperar, por lo tanto, que el pacto también sea discutido en la narrativa del diluvio.

Esta idea del pacto ya fue expresada antes del diluvio cuando leímos que Dios caminó con Noé. Aquí, como ya percibimos, el énfasis seguramente no está sobre un pacto que es un pacto o acuerdo mecánico, sino sobre un lazo de amistad. Dios caminó con Noé como un amigo camina con otro. Él reveló a Noé los secretos de su corazón y voluntad. Le dio palabras de aliento y consuelo en las amargas y difíciles luchas contra la maldad que le cercaba. Dios aseguró a Noé la fidelidad e inmutabilidad de su promesa cuando las cosas parecían tan oscuras y sin esperanza. Dios habló a Noé acerca de la venida de la simiente de la mujer que destruiría para siempre toda la impiedad. Le habló a Noé de su gracia y misericordia hacia él, un pecador que no lo merecía. Y, recíprocamente, Noé habló con Dios cuando caminaban juntos, derramando su corazón a su Dios, hablando acerca de sus dudas y temores, sus preocupaciones, pero también expresando su gratitud por todo lo que Dios había hecho por él.

Esto es especialmente verdadero después que Noé salió del arca y entró en la creación que Dios le había dado. La primera cosa que hizo fue tomar uno de cada tipo de animal limpio y lo ofreció a Dios como un sacrificio de adoración. Y fue en este momento que Dios habló de su pacto.

Es verdad, Dios había hablado específicamente de su pacto incluso antes del diluvio. Cuando Dios mandó a Noé a construir el arca porque destruiría todo el mundo, Dios dijo "Mas estableceré mi pacto contigo, y entrarás en el arca tú, tus hijos, tu mujer, y las mujeres de tus hijos contigo" (Génesis 6:18). Pero después del diluvio Dios habló de su pacto más detalladamente en Génesis 9:8-17: "Y habló Dios a Noé y a sus hijos con él, diciendo: He aquí que yo establezco mi pacto con vosotros, y con vuestros descendientes después de vosotros; y con todo ser viviente que está con vosotros; aves, animales y toda bestia de la tierra que está con vosotros, desde todos los que salieron del arca hasta todo animal de la tierra. Estableceré mi pacto con vosotros, y no exterminaré ya más toda carne con aguas de diluvio, ni habrá más diluvio para destruir la tierra. Y dijo Dios: Ésta es la señal del pacto que yo establezco entre mí y vosotros y todo ser viviente que está con vosotros, por siglos perpetuos: Mi arco he puesto en las nubes, el cual será por señal del pacto entre mí y la tierra. Y sucederá que cuando haga venir nubes sobre la tierra, se dejará ver entonces mi arco en las nubes. Y me acordaré del pacto mío, que hay entre mí y vosotros y todo ser viviente de toda carne; y no habrá más diluvio de aguas para destruir toda carne. Estará el arco en las nubes, y lo veré, y me acordaré del pacto perpetuo entre Dios y todo ser viviente, con toda carne que hay sobre la tierra. Dijo, pues, Dios a Noé: Ésta es la señal del pacto que he establecido entre mí y toda carne que está sobre la tierra."

La pregunta es: ¿qué es revelado específicamente acerca del pacto de Dios en este pasaje? El pasaje no puede ayudarnos si no colocamos nuestra atención en que el énfasis siempre recae sobre "toda criatura" y "toda carne". No sólo es la señal del pacto un arcoíris, algo de la creación misma, pero no menos que diez veces se hace referencia a todas las criaturas de la tierra.

Para entender el significado de esto, antes que todo debemos recordar que cuando Satanás originalmente tentó a nuestros primeros padres a pecar, tenía un propósito mayor en mente que el sólo persuadir a Adán y Eva a transgredir los mandamientos de Dios. Satanás quería que Adán y Eva desobedecieran porque quería que esta creación fuera su posesión sobre la cual él pudiese reinar. Estaba interesado en robar a Dios lo que le pertenecía, en ascender al trono del universo, y en tomar de las manos del creador esta vasta y hermosa creación. Para cumplir esto, él sabía que debería ganar al hombre como su aliado, porque el hombre era un representante de Dios en el mundo, puesto en el mundo como rey, capaz de gobernar la creación y subyugarla. Pero Satanás mismo es un espíritu y no tiene acceso a esta creación material y física. Él debía hacer que el hombre estuviera de acuerdo en ser su representante en lugar de ser representante de Dios para que pudiera reinar por medio del hombre y con el hombre como su esclavo.

En conexión con esto, aunque Satanás ciertamente cumplió su propósito y el hombre se transformó en su obediente siervo, Dios prometió a Cristo quien pisaría la cabeza de la serpiente y frustraría sus planes malévolos. Entonces Satanás, que parece haber ganado la victoria momentáneamente, debió pensar que Cristo nunca vendría. Si después de todo, Cristo viene, todo lo que él pensó hacer sería un fracaso.

No hay que sorprenderse entonces que cuando Cristo vino y el demonio lo tentó en el desierto, Satanás le ofreció todos los reinos de la tierra, si Cristo tan sólo se inclinará delante de Él.

Pero ahora Dios revela a Noé que el demonio nunca será victoriosos. El propósito de Dios al enviar la simiente de la mujer también podría significar que Dios no permitiría a Satanás quitar esta creación de su mano. Dios establecería su pacto no sólo con Adán y con su simiente, sino con toda la creación. No sólo el pueblo de Dios sería colocado dentro de este pacto de gracia, sino que toda la creación sería incluida en él. Esta presente creación, incluso aunque está bajo una maldición por causa de la caída de Adán, su cabeza, debe ser de Dios y será de Dios. Y, aunque el demonio afirme que es suya, aún es verdad que de Jehová es la tierra y su plenitud.

Uno puede fácilmente ver la conexión. Cuando el hombre cayó como la cabeza de la creación, el castigo por el pecado cayó no sólo sobre el hombre sino que también sobre la creación misma: "maldita será la tierra por tu causa; con dolor comerás de ella todos los días de tu vida. Espinos y cardos te producirá, y comerás plantas del campo" (Génesis 3:17-18). Incluso Lamec llamó a su hijo Noé porque, "Éste nos aliviará de nuestras obras y del trabajo de nuestras manos, a causa de la tierra que Jehová maldijo" (Génesis 5:29).

Pero Dios prometió un segundo Adán, nuestro Señor Jesucristo, quien no sólo sería la cabeza de todo su pueblo, sino también la cabeza gloriosa de toda la creación. Ella, también, es destinada a ser rescatada de la maldición; la sangre de la expiación es derramada no sólo por los elegidos, sino que también por toda la creación. Cuan a menudo correctamente nos preocupamos tanto por la salvación del pueblo de Dios, que sin embargo fallamos en ver el vasto alcance de la obra de Dios. Nosotros nos absorbemos en nosotros mismos y somos tan cerrados de mente que no podemos ver nada más que la salvación de la Iglesia. Pero el plan de redención de Dios trasciende por mucho nuestras audaces concepciones. Es correcto que no perdamos de vista el hecho de que no somos el único objeto del favor y la gracia de Dios. Él no nos lleva sólo a nosotros a la comunidad de su pacto, sino que incluye en él a toda la creación: los pájaros, los peces, los animales, el amplio firmamento lleno de estrellas, el gran arce, el arqueado olmo, si, toda la creación a nuestro alrededor. Él destinó esta creación también para ser un medio de revelar y reflejar la gloria de su propio ser. En Cristo, y para el bien de los elegidos, esta creación también será redimida.

Esto reveló Dios a Noé por medio de la nueva creación que Dios le dio. Dios crea el arco iris como una señal de este alcance universal de su pacto. Por medio de las aguas del diluvio Dios envió a Noé y su familia. Los puso en una nueva creación. Ahora, cuando ellos ponen y fijan su mirada en el glorioso arco iris, que une el cielo y la tierra, brillando en toda la majestad de sus colores, habló (y aún habla hoy) del alcance universal del pacto de gracia de Dios. Dios salva y redime su creación.

Pero así como el hombre, liberado del pecado y la muerte, no fue puesto nuevamente en el antiguo Paraíso, sino que se le dio una salvación mucho más rica en Cristo, así también esta creación no es restaurada en la creación original pre-caída, sino que es transformada en los nuevos cielos y nueva tierra.

Las Escrituras hablan de esto en muchos lugares.

Que Cristo, por su muerte, murió por toda la creación y la restauró a la comunión del pacto de Dios es enseñado por Pablo en Colosenses 1:14-20: "en quien tenemos redención por su sangre, el perdón de pecados. Él es la imagen del Dios invisible, el primogénito de toda creación. Porque en él fueron creadas todas las cosas, las que hay en los cielos y las que hay en la tierra, visibles e invisibles; sean tronos, sean dominios, sean principados, sean potestades; todo fue creado por medio de él y para él. Y él es antes de todas las cosas, y todas las cosas en él subsisten; y él es la cabeza del cuerpo que es la iglesia, él que es el principio, el primogénito de entre los muertos, para que en todo tenga la preeminencia; por cuanto agradó al Padre que en él habitase toda plenitud, y por medio de él reconciliar consigo todas las cosas, así las que están en la tierra como las que están en los cielos, haciendo la paz mediante la sangre de su cruz." Es casi como si Pablo no quiere que nos equivoquemos acerca de lo que quiere decir por Cristo habiendo reconciliado consigo *todas las cosas*; repite: "las que hay en los cielos y las que hay en la tierra."

Que la creación misma espera la liberación en que prontamente entrará se encuentra en Romanos 8:19-22: "Porque el anhelo ardiente de la creación es el aguardar la manifestación de los hijos de Dios. Porque la creación fue sujetada a vanidad, no por su propia voluntad, sino por causa del que la sujetó en esperanza; porque también la creación misma será libertada de la esclavitud de corrupción, a la libertad gloriosa de los hijos de Dios. Porque sabemos que toda la creación gime a una, y a una está con dolores de parto hasta ahora."

Una imagen profética de esta gloriosa redención de toda la creación se encuentra en Isaías 11:1-9: "Saldrá una vara del tronco de Isaí, y un vástago retoñará de sus raíces. Y reposará sobre él el Espíritu de Jehová; espíritu de sabiduría y de inteligencia, espíritu de consejo y de poder, espíritu de conocimiento y de temor de Jehová. Y le hará entender diligente en el temor de Jehová. No juzgará según la vista de sus ojos, ni argüirá por lo que oigan sus oídos; sino que juzgará con justicia a los pobres, y argüirá con equidad por los mansos de la tierra; y herirá la tierra con la vara de su boca, y con el espíritu de sus labios matará al impío. Y será la justicia cinto de sus lomos, y la fidelidad ceñidor de su cintura. Morará el lobo con el cordero, y el leopardo con el cabrito se acostará; el becerro y el león y la bestia doméstica andarán juntos, y un niño los pastoreará. La vaca y la osa pacerán, sus crías se echarán juntas; y el león como el buey comerá paja. Y el niño de pecho jugará sobre la cueva del áspid, y el recién destetado extenderá su mano sobre la caverna de la víbora. No harán mal ni dañarán en todo mi santo monte; porque la tierra será llena del conocimiento de Jehová, como las aguas cubren el mar."

La gloria final de esto es visto tan por el apóstol en Patmos y es registrada para nosotros en Apocalipsis 21:1-4: "Vi un cielo nuevo y una tierra nueva; porque el primer cielo y la primera tierra pasaron, y el mar ya no existía más. Y yo Juan vi la santa ciudad, la nueva Jerusalén, descender del cielo, de Dios, dispuesta como una esposa ataviada para su marido. Y oí una gran voz del cielo que decía: He aquí el tabernáculo de Dios con los hombres, y él morará con ellos; y ellos serán su pueblo, y Dios mismo estará con ellos como su Dios. Enjugará Dios toda lágrima de los ojos de ellos; y ya no habrá muerte, ni habrá más llanto, ni clamor, ni dolor; porque las primeras cosas pasaron."

Esto es, entonces, el pacto con Noé. Es un pacto establecido con Noé sólo figurativa y tipológicamente. Noé no heredó la verdadera nueva creación, sino que sólo un tipo. Noé no recibió una tierra perfecta, mucho menos un cielo, porque la maldición aún estaba ahí. No fue como si ya no existiese el pecado en Noé y su familia; ellos aún eran pecadores. No fue la destrucción final del mundo, porque la impiedad apareció rápidamente en la tierra. Sino que fue un tipo. Y como un tipo, habló de mejores cosas que estaban por venir. Ellas fueron simbolizadas en el arco iris. Prontamente Dios establecerá su pacto con Cristo como la nueva Cabeza de todo. En Cristo, Dios finalmente pisará la cabeza de la serpiente y su simiente. En la sangre de la cruz la simiente de la mujer finalmente será salvada – de lo cual el agua del bautismo fue sólo una imagen. En la gloria de la poderosa victoria de Cristo los nuevos cielos y la nueva tierra serán construidos. Cristo como Cabeza y Señor de todo tomará toda la creación para Sí con su pueblo y en comunión con Dios donde podremos descansar para siempre en los brazos de nuestro Padre eterno.

Ahora los impíos parecen ser victoriosos. Parece que ganaron la creación de Dios para ellos mismos, para hacer con ella lo que ellos quieran. Pero la promesa de Dios no puede cambiar. Pronto el manso heredará la tierra. La salvación que viene en nuestro Dios incluye toda su creación.

Capítulo 8
El Pacto con Abraham

╬

No hay prueba más sólida en todo el Antiguo Testamento de que es sólo Dios quien establece su pacto soberanamente que la historia del patriarca Abraham. A menudo hemos señalado que la soberanía absoluta de Dios es el principio fundamental de la revelación del misterio de la salvación. Este principio también debe aplicarse en el establecimiento del pacto si es que sólo vamos a basarnos en la verdad que se nos enseña en las Escrituras. Es incorrecto injertar en el establecimiento del pacto la idea de la cooperación del hombre. Si el pacto no es más que una alianza o acuerdo entre dos partes, entonces, por supuesto, el resultado es que Dios necesita ayuda para establecerlo y no podrá realizarlo hasta que el hombre acepte cooperar. El hombre es, en último análisis, el factor determinante. Sin el consentimiento y aprobación por parte del hombre, el pacto nunca podría llegar a su realización. Sin un esfuerzo sincero de parte del hombre para ayudar al Señor de los cielos y la tierra, todo lo que Dios haga, sería inútil e inservible. Pero aunque los hombres sacrifican la verdad de la soberanía de Dios con tales distorsiones, ellos sólo terminarán por crear su propio ídolo de Jehová, y así destruir la gloria del Dios del cielo y de la tierra.

En Genesis 11, las Escrituras trazan la línea del pacto desde Sem hasta Abraham. Por un tiempo Dios limitó la línea del pacto a las generaciones de Sem, el hijo de Noé. De Cam, Noé profetizo: "maldito sea Canaán siervo de siervos será a sus hermanos" (Genesis 9:25). De Jafet, el Señor había dicho a través de Noé que las bendiciones del pacto serían retenidas de Jafet hasta una futura era. "Engrandezca Dios a Jafet y habite en las tiendas de Sem y sea Canaán su siervo" (Genesis 9:27). La historia posterior hace claro que durante toda la antigua dispensación el establecimiento del pacto se limitó a esas generaciones de Sem y no sería hasta la plenitud del tiempo cuando Cristo viniera a realizar su obra redentora que Jafet entraría a las tiendas de Sem para recibir esta bendición junto con Sem. Pero esto no significa que todas las generaciones de Sem eran incluidas en la línea del pacto. Sin lugar a dudas, por un tiempo esto fue cierto y no sólo para Sem sino también para Jafet. Pero rápidamente la línea del pacto fue reducida a tal punto que llegó a incluir sólo a Abraham. En Genesis 11 la línea del pacto es trazada desde Sem a través de Arfaxad, Sala, Heber, Pelea, Reu, Serug, y Nacor. Entonces leemos: "Y Nacor vivió veinte y nueve años y engendró a Tare. Y Nacor vivió después que engendro a Tare ciento diecinueve años, y engendró hijos e hijas. Tare vivió setenta años y engendró a Abram, Nacor y Harán, y Harán engendró a Lot. Y Harán murió antes que su padre Tare en la tierra de su nacimiento, en Ur de los Caldeos y tomaron Abram y Nacor para sí mujeres; y el nombre de la mujer de Abram era Saraí, y el nombre de la mujer de Nacor, Milca, hija de Harán padre de Milca y de Isca. Mas Saraí era estéril, y no tenía hijos" (Genesis 11: 24-30).

Todas las generaciones de Sem son olvidadas en las sagrada narrativa y las Escrituras concentran su atención en Abraham con quien Dios establece su pacto.

Aunque reservaremos la discusión sobre el nacimiento milagroso de Isaac, el hijo de Abraham, para más adelante, es importante que veamos que este milagroso nacimiento, que predijo tan maravillosamente el nacimiento de Cristo, fue siempre el evento central en la vida de Abraham. El no tuvo hijos hasta que era muy mayor. Una y otra vez las Escrituras llaman esto a nuestra atención. Una y otra vez, Abraham vuelve con su queja de que Dios no le había dado semilla. El punto – repetidamente enfatizado – es que la realización del pacto dependía de que Abraham tuviera hijos. Sin hijos, el pacto no significaba nada ni podía realizarse.

Pero Dios había cerrado el vientre de Sara, era estéril, ella y su esposo no conocían el gozo de la paternidad. Parecía ser para siempre imposible que Sara fuera instrumental en continuar las líneas del pacto de Dios; y parecía imposible, por lo tanto, que el pacto de Dios se realizara.

Que Abraham y Sara no podían tener hijos era imposible no solamente debido a la infertilidad de Sara sino también debido a la avanzada edad de ambos. Cuando Abraham llegó a la tierra de Canaán después de su crianza en Ur de los Caldeos y de una breve estancia en Harán, Abraham había alcanzado la edad de setenta y cinco años. Además, Sara contaba con sesenta y cinco años – bastante más allá de la edad de poder concebir hijos. Ya para cuando ellos moraban en la tierra prometida parecía muy tarde la idea de tener un niño que fuese su heredero y que perpetuara su nombre. Sin embargo, la totalidad de la promesa de Dios dependía en la necesidad de tener un hijo. Es a la luz de todo esto que podemos entender la vida de Abraham.

Fue este el problema que Abraham trajo a la atención del Señor en Genesis 15. El Señor había venido a su siervo con las palabras consoladoras: "No temas Abraham: Yo soy tu escudo y tu galardón será sobremanera grande." Pero para Abraham este no era el verdadero problema. El problema era que no tenía un hijo. Y así, el patriarca sugiere una alternativa: el de uno nacido en su casa, el hijo de su mayordomo sea su heredero y el hijo de la promesa. "Y Abraham dijo: "Señor que me darás, siendo así que ando sin hijo, y el mayordomo de mi casa es ese damasceno Eliezer? Mira que no me has dado prole, y he aquí que será mi heredero un esclavo nacido en mi casa." Pero esta alternativa nunca sería aceptable. Dios asegura a Abraham que su propio hijo sería su heredero: "No te heredaré éste, sino un hijo tuyo será el que te heredará. Y lo llevó afuera y le dijo: Mira ahora los cielos, y cuenta las estrellas, si las puedes contar. Y le dijo así será tu descendencia" (Genesis 15: 4-5).

Añadida a esta promesa de una gran multitud el Señor le da otra: "Yo soy Jehová que te saqué de Ur de los Caldeos, para darte a heredar esta tierra" (verso 7). Canaán iba a ser la herencia de esa descendencia. Pero nuevamente el problema para Abraham era: ¿cómo es esto posible desde que no tengo un hijo? – "En que conoceré que la de heredar?" (verso 8)

Es en lugar de esa pregunta que Dios establece formalmente su pacto con Abraham. Las hermosas palabras de esta declaración se encuentran en Genesis 15:9-21.

Se le pide a Abraham traer una becerra de tres años, una cabra de tres años, y un carnero de tres años, así como una tórtola y un palomino. Los debía partir por la mitad y poner cada mitad en frente de la otra mientras que los pájaros no dividiría. Este ritual que nos es extraño a nosotros era comúnmente usado en los días de Abraham cuando algo era acordado las partes contratantes caminarían entre los animales para denotar que antes de romper lo prometido ellos preferirían ser cortados en mil pedazos y ver todas sus posesiones destruidas.

Esta es la forma que Dios usó y pensaríamos que Dios y Abraham caminarían juntos entre las piezas de los animales para que así este pacto sería solemnemente concluido. Si el pacto fuera un acuerdo bilateral, sin lugar a dudas, ese hubiese sido el ritual. Pero esto fue exactamente lo que no ocurrió. A la caída del sol Abraham cayó en un sueño profundo y el temor ante una gran oscuridad se apoderó de él. Mientras Abraham dormía el Señor se le apareció en una visión y Dios estableció su pacto. Y en el establecimiento del mismo es sólo Dios el que camina entre las piezas. Leemos en el verso 17 "Y sucedió que puesto el sol, y ya oscurecido, se veía un horno humeando, y una antorcha de fuego que paseaba por entre los animales divididos." En el mismo día el Señor estableció este pacto con Abraham. Y en conexión con el pacto Dios habla de su promesa: "Ten por cierto que tu descendencia morará en tierra ajena, y será esclava allí, y será oprimida por cuatrocientos años. Mas también a la nación a la cual servirán, juzgaré yo; y después de esto saldrán con gran riqueza. y tu vendrás a tus padres en paz, y serás sepultado en buena vejez. Y en la cuarta generación volverán acá; porque aún no han llegado a su colmo la maldad de los Amoreos hasta aquí" (versos 13-16). "A tu descendencia daré esta tierra desde el río de Egipto hasta el río grande, el río Eufrates" (verso 18b).

¿Qué significa todo esto?

En primer lugar es evidente que el énfasis recae en que es Dios el que establece el pacto con Abraham. Este pacto es el trabajo de Dios únicamente. El establecimiento del mismo no es de una naturaleza bilateral. Fue Dios y sólo Dios quien lo establece. Fue sólo Dios quien caminó entre las partes divididas de los animales. Abraham se encontraba bajo un sueño profundo. Fue testigo del establecimiento del pacto pero por medio de una visión en la cual no tiene ninguna participación activa en el mismo. Abraham es completamente pasivo. El pacto es establecido unilateralmente. Es la obra de Dios. Dios revela su propósito soberano sin ninguna ayuda o cooperación.

Esto no significa que esta sea la primera vez que el pacto haya sido establecido. Ya Adán y los santos del periodo pre-diluviano como también Sem estaban incluidos en ese pacto. Pero ahora Dios establece su pacto con Abraham en tal forma que revela para siempre que es una obra exclusiva de Dios. Dios es soberano también con respecto al pacto. Lo determina eternamente en su consejo; lo realiza en el pasar del tiempo. Dios lo establece con su pueblo.

En segundo lugar es evidente que las promesas de Dios están estrechamente conectadas con el pacto que establece. Aunque Dios le dijo a Abraham que su simiente viviría en tierra extraña como esclavos por cuatrocientos años hasta que la iniquidad de los Amoritas llegara a su tope, sin embargo, el Señor claramente asegura a Abraham que el tendrá una descendencia la cual un día heredaría la tierra de Canaán y sobre la cual Abraham estaba acostado. Esta promesa es parte integral del pacto. Dios bendeciría a Abraham con un hijo, el cual se convertiría en una gran descendencia. Esto también enfatiza el carácter unilateral del pacto pues es Dios el que hace todas las promesas. Abraham no hace ningún acuerda, no está de acuerdo en ninguna provisión y no suple ninguna promesa de su parte sobre las cuales se establece o depende el pacto. Está todo el tiempo sumido en un profundo sueño. Es Dios, independientemente y por su propia cuenta, el que hace las promesas del pacto. Es como si Dios le hubiese dicho a Abraham: "Este es mi pacto y estas son las promesas que yo te doy por medio de mi gracia".

Pero esta promesa es hecha cierta a través de este ritual. Dios al pasar entre los pedazos de los animales asume total responsabilidad por el pacto en su realización y cumplimiento con un gran juramento. Dios le asegura a Abraham que El preferiría ser cortado en pedazos antes que el pacto fallara. De esta forma Dios selló su promesa con el solemne juramento de que la certeza de la promesa dependía sobre su propia existencia como Dios. "Mi pacto permanecerá por toda la eternidad o yo no soy el Dios vivo y verdadero". La certeza de Dios manteniendo el pacto esta acondicionada a la existencia de Dios mismo.

Que Dios diga esto al pasar por entre las piezas de los animales cortados en pedazos es algo lleno de implicaciones. Es algo bien evidente a todo el que lea estas asombrosas Escrituras que esto es precisamente lo que ocurrió en Jesucristo. Para mantener y realizar su pacto, Dios fue verdaderamente cortado en pedazos en la persona de su hijo Cristo Jesús. Sufrió y murió en la cruz para hacer posible el pacto. Dios entregó a su hijo unigénito a la amarga muerte de la cruz para hacer posible la realización del pacto. No se retractó de este gran sufrimiento. ¡Qué gracia y amor tan increíble!

Y así Dios basa la garantía de su promesa en la certeza de su existencia como el único y verdadero Dios. Jura que Él mismo, tan seguro como que Él es Jehová, hará lo que ha dicho. Puede parecer imposible para Abraham que un día tendría un hijo. Pero esa es la promesa solemne que asegura a Abraham que tal cosa será no obstante lo que ocurriría.

Este notable hecho es corroborado por otro pasaje en las Escrituras. Leemos en Hebreos 6:16-20: "Porque los hombres ciertamente juran por uno mayor que ellos, y para ellos el fin de toda controversia es el juramento para confirmación. Por lo cual queriendo Dios mostrar más abundantemente a los herederos de la promesa la inmutabilidad de su consejo, interpuso juramento; para que por dos cosas inmutables, en las cuales es imposible que Dios mienta, tengamos un fortísimo consuelo los que hemos acudido para asirnos de la esperanza puesta delante de nosotros. La cual tenemos como segura y firme ancla del alma y que penetra hasta dentro del velo, donde Jesús entró por nosotros como precursor, hecho sumo sacerdote para siempre según el orden de Melquisedec".

Dios nos asegura de la fidelidad de su promesa a través de un juramento que El jura por sí mismo. Aunque seguramente la inmutabilidad de sí mismo sería suficiente, sin embargo debido a la flaqueza y fragilidad de nuestra fe y para que podamos tener un ancla para nuestra alma que sea segura y firme, Dios se enlaza a un juramento que nos asegura por medio de dos cosas inmutables.

Dios promete ser una parte íntegra del pacto y por eso podemos distinguir dos aspectos de la promesa. Desde el punto de vista formal, la promesa de Dios nos asegura de su certeza basada en su juramento. Desde el punto de vista material, la promesa tiene como contenido el hecho de que Dios establece su pacto con Abraham y su simiente y que este pacto es realizado en Cristo. El mismo Hijo de Dios es quien Dios entrega para sufrir en la cruz para que así el pacto sea perfeccionado.

¡Qué gran consuelo es este!

El consuelo está basado primeramente en que Dios es el que soberanamente y por sí mismo lo establece. Él es el Señor soberano – soberano en todo incluso en el trabajo de la salvación. Nos salva solamente por su poder. Nosotros dependemos de Él completamente. El consuelo que esto produce es suficientemente claro para aquellos que han venido a un conocimiento de la gran profundidad de sus pecados. Entonces sabemos cuan imposible sería el salvarnos por sí mismo. Si el cumplimiento de la promesa o la realización del pacto es dependiente en algún sentido del hombre, entonces será imposible para nosotros alcanzarla. Si nosotros tenemos que estar de acuerdo y dar nuestro consentimiento antes que el pacto sea establecido, entonces seguramente nos quedaríamos afuera para siempre. Si ese glorioso pacto puede ser concluido únicamente si el pecador acepte sus condiciones, el pecador nunca encontraría paz para su alma preocupada. Pero es Dios el que establece su pacto con su pueblo. Nos atrae hacia adentro sin nuestra ayuda y sin nuestro esfuerzo y lo hace sólo por su gracia. Dios simplemente los atrae, les hace a ellos sus promesas y cumple esas promesas por su poder. Puesto que el trabajo soberano es de Dios solamente sin necesidad de ayuda alguna de nosotros – los que lloramos debido a la pesada carga de nuestros pecados – sabiendo que el poder de nuestra redención es el poder del Omnipotente Dios. Por lo tanto, nos aferramos sólo a Él, pues solamente en Él hay salvación.

Además este consuelo del creyente está basado en la garantía de su promesa. La promesa que hizo a Abraham es un llamamiento que sigue sonando a través del tiempo. Viene a todo el pueblo de Dios a través de la historia. Es verdad que fue dada a Abraham y está cubierta en el lenguaje de tipos del Antiguo Testamento. Pero su esencia es la misma y permanece igual. Dios prometió a Abraham una simiente que es Cristo. Cristo es nuestro. Dios prometió a Abraham una tierra. Esa tierra es la representación de nuestra ciudadanía celestial. Dios nos promete un Canaán celestial.

La seguridad de la promesa de Dios es algo que nosotros necesitamos desesperadamente, mientras vivimos en un mundo hostil. A menudo aparece como si el reino de Dios será derrotado. La oscuridad y el pecado corren desenfrenadamente – la iniquidad prevalece. La promesa de Dios parece estar demasiado lejos y el cielo retrocede en la distancia. Aparte de eso, nosotros somos malvados. Nuestra fe es débil – las dudas y los temores sacuden nuestras almas como tormentas – somos llevados de un lado a otro; somos arrojados a un océano sin descanso; el día se oscurece y la esperanza se oculta.

Pero la promesa de Dios es inmutable en los cielos. Tan seguro como Dios es Dios, así permanece su promesa. Nada puede alterarla. Nada puede prevenir su cumplimiento. Dios nos la dará. Y esta promesa es el ancla de nuestras almas. Es segura y firme. Nosotros que hemos buscado refugio en Cristo tenemos una fuerte consolación. Con almas ancladas por la promesa de Dios estamos seguros en ese puerto de la eternidad donde todo es serenidad y paz.

Capítulo 9
Abraham y Su Simiente

La pregunta acerca de la identidad de la semilla, los verdaderos hijos de Abraham, ha ocasionado una considerable discusión a través de los tiempos. Muchas y diferentes respuestas han sido dadas a esta pregunta importantísima. Y de acuerdo a la variedad de respuestas que han sido proporcionadas, muchas diferentes soluciones se han encontrado. Sin embargo, cada solución presenta nuevos problemas – problemas tales como: ¿cuál es el significado de la señal de la circuncisión en el Antiguo Testamento dada a Isaac? ¿cuál es el significado del sacramento del bautismo? Y ¿a quiénes debe administrarse el bautismo?

Cualquiera que haya reflexionado sobre estas preguntas sin duda estará consciente de las contiendas que suelen ocasionar.

Mencionaré algunas de las respuestas que se han dado a la pregunta más básica de todas: ¿quiénes son los verdaderos descendientes de Abraham?.

Hay quienes dicen que los únicos hijos de Abraham son los judíos – ellos son los que constituyen la simiente. Para éstos, la simiente etno-nacional de Abraham fue no sólo una verdad en el Antiguo Testamento sino que continua siéndolo en esta nueva dispensación. Los judíos han sido dispersados por un tiempo en el mundo durante esta nueva dispensación mientras que Dios reúne la plenitud de los Gentiles. Entonces Dios regresará de nuevo a su pueblo escogido y restaurará a los judíos a la tierra de Canaán estableciendo nuevamente el Estado de Israel, restaurando el trono de David y liberando al pueblo de Israel de su cautividad. Los premileniales encuentran en las páginas de las Escrituras la doctrina de un reino literal de Cristo por mil años con los judíos en el Monte de Zion en Palestina en el Medio Oriente.

Otros contestan la misma pregunta insistiendo que los hijos de Abraham no son tan sólo los judíos sino que incluye a ambos judíos y gentiles. Pero aún entre los que sostienen esta posición existe una gran divergencia de opinión.

Hay aquellos quienes mantienen que tan sólo los que dan prueba de ser nacidos de nuevo son la verdadera simiente de Abraham. La evidencia de ser hijo de Abraham se encuentra en un testimonio personal que da muestra de la influencia del Espíritu Santo en la vidas y en una profesión de fe. Estos mantienen que el sacramento del bautismo debe ser administrado a los judíos y gentiles que al haber llegado a la edad de discreción (exactamente cuándo es esta edad, no es establecida) y dan testimonio de su fe. La circuncisión de infantes pertenece solamente a la antigua dispensación y el bautismo es sólo para creyentes.

Otros mantienen que la verdadera simiente de Abraham es compuesta por ambos judíos y gentiles pero que incluye también a sus hijos. Los creyentes junto con sus hijos pertenecen a la descendencia de Abraham. Pero nuevamente surgen diferencias de opiniones entre ellos. Hay aquellos que creen que todos los hijos de creyentes sin excepción pertenecen a la simiente de Abraham y que por lo tanto deben de ser bautizados recibiendo la señal del pacto, la promesa de Dios como la bendición del pacto; sin embargo, en el proceso de su vida algunos de ellos pueden mostrarse quebrantadores del pacto y perderse. Otros insisten que sólo los hijos electos de los creyentes son los verdaderos hijos de Abraham. No obstante, todos los niños deben ser bautizados, pero sólo aquellos que son los hijos elegidos pertenecen a la simiente y, por lo tanto, sólo ellos son los herederos de las promesas de Dios desde que son los verdaderos miembros del pacto de gracia.

A primera vista estas preguntas pueden parecerse algo abstracto. Parecen ser especulaciones de teólogos en torres de marfil, que no tienen ninguna implicación en la vida diaria de los cristianos. Sin embargo, nada podría estar más lejos de la verdad. Por supuesto que toda pregunta que envuelva la verdad de la iglesia de Cristo es una pregunta valiosa e importante y merecedora de consideración. Pero lo que es también verdad es que esta pregunta está repleta de implicaciones prácticas para el llamado y el consuelo en la vida de cada uno de los creyentes. La pregunta incluye el importante punto de quiénes verdaderamente constituyen la iglesia de Cristo. ¿Quiénes son los verdaderos miembros de la iglesia? ¿Quiénes son los que pertenecen al cuerpo de Cristo que siempre ha existido sobre la tierra? Además la pregunta tiene que ver con nuestros propios hijos. No hay en toda la vida una relación más estrecha que la que existe entre padres e hijos. Cualquier creyente temeroso de Dios ama a sus hijos por el amor a Dios. Y es un hecho que a veces estos niños son tomados de nosotros por Dios en los primeros años de su vida. La pregunta demanda una respuesta: ¿son estos niños salvos? Los padres y la iglesia tienen un serio llamado con respecto a estos niños que nacen en medio de la iglesia. Por tanto esta pregunta deberá contestarse: ¿Cuál es el llamado que ambos, iglesia y padres, tienen? ¿Sobre qué base toma este llamado urgencia? O para mirar el problema desde otro ángulo: no hay aflicción más grande para la iglesia y para los padres que cuando los hijos le dan la espalda al Señor y su iglesia y prefieren andar en el camino del mundo. ¿Cómo se explica esta triste realidad? ¿Hay en las Escrituras una respuesta que puede traer paz y consuelo tanto a los padres como a la iglesia de Cristo?

    Estas preguntas se contestan en las Escrituras en conexión con el establecimiento del pacto con Abraham. Aprenderemos allí mucho sobre lo que dice la Biblia al respecto. Por lo tanto el lugar indicado para comenzar es con la historia de Abraham como se encuentra registrada en la Biblia. Allí encontramos el punto de partida de lo que las Escrituras dicen al respecto. Y habiendo aprendido de la narrativa de Génesis, tendremos entonces que volcar nuestra atención a otras partes de las Escrituras, especialmente el Nuevo Testamento, para descubrir la totalidad de la luz que las Escrituras derrama sobre estas preguntas fundamentales.

Volviendo a la narrativa de Génesis, (el lector deberá consultar los capítulos 12-25) encontramos que Isaac nació cuando Abraham y Sara se encontraban en una edad bien avanzada. Repetidamente este asunto del nacimiento de un hijo era de profunda preocupación para el antiguo patriarca y su esposa. Dios les había dado la promesa de heredar la tierra de Canaán y de una descendencia que sería tan grande como el número de las estrellas del cielo. Y Abraham y su esposa entendieron bien que estas promesas eran típicas, apuntando hacia la promesa de un reino celestial en un Canaán celestial que llegaría a ellos a través de Cristo. Pero todo esto dependía de que tuviesen un niño. Pero no lo tenían. Si no se les daba un niño como todo parecía indicar en ese momento, Canaán nunca sería de ellos y Cristo nunca vendría.

Además, es bastante llamativo que aunque Dios había prometido a Abraham una descendencia, no le había dicho específicamente que sería padre, aun cuando esto era de esperarse. Sólo finalmente en el capítulo 15 leemos que a Abraham se le aseguró que este hijo sería suyo. Incluso, entonces no se le dijo nada de Sara como la madre. Esto no tomo lugar hasta que Abraham tuviera 99 años (ver capítulo 11).

No es de extrañarse pues que Abraham y su esposa consideraron varias posibilidades para ayudar al Señor en conseguir un niño para sí mismo. Al cabo, ambos eran bien pasados de la edad de concebir. Desde que abandonaron a Ur de los Caldeos para la tierra de Canaán ya ambos contaban con más de 65 años de edad. En realidad toda esperanza de ser padres parecía haberse desvanecida. Y por si no fuera poco, Sara había sido estéril toda su vida. Estaba más allá de cualquiera posibilidad racional de producir un hijo. Parecía absolutamente imposible.

No nos sorprenderá encontrar a Abraham y Sara proponiendo varias soluciones a su problema. Abraham originalmente pensó que quizás el hijo de Eliezer, su fiel mayordomo, podría ser considerado como su hijo y el de ella. Pero el Señor enfáticamente dijo que eso no era posible: sólo un hijo nacido de Abraham podía ser su heredero.

Sara sugirió otra forma de resolver el problema. Tenía una esclava Egipcia llamada Agar quien quizás podría ser considerada como la que podría darle la semilla prometida a Abraham. Puesto que Agar era una esclava, Sara podría legalmente reclamar al niño como el suyo propio y así el problema quedaba resuelto. Y todo lo que Abraham tendría que hacer era tener a Agar como su concubina y así el requerimiento de Dios se cumpliría. Tan ideal parecía ser la solución que Abraham ni le preguntó a Dios y procedió para cumplirlo. En su debido tiempo el plan produjo resultado y Agar tuvo a Ismael. Cuando Sara reclamó a Ismael como su propio hijo, Agar no se apartaba del niño. Y este fue el comienzo de serios problemas en la casa del patriarca que finalmente culminarían en la partida de Agar e Ismael de la familia. Todos estos problemas vinieron como resultado de una falta de fe y de la conducta pecadora de Abraham y Sara que sólo sirvieron para traer un niño al mundo que no era la verdadera simiente sino un hijo de la carne, una representación para siempre de los hijos de la carne. Así Pablo escribe en Gálatas 4:22-25: "Porque escrito está Abraham tuvo dos hijos; uno de la esclava, el otro de la libre. Pero el de la esclava nació según la carne; mas el de la libre, por la promesa. Lo cual es una alegoría, pues estas mujeres son los dos pactos; el uno proviene del monte Sinaí, el cual da hijos para esclavitud, este es Agar. Porque Agar es el monte Sinaí en Arabia, y corresponde a la Jerusalén actual, pues esta, junto con sus hijos, está en esclavitud."

No debe soprendernos que cuando Dios anunció nuevamente en la planicie de Mamre que Sara tendría un niño, ella se burló con risa. Podemos entender que esto era mucho más de lo que ella podía creer puesto que todos esos años habían pasado (Génesis 18: 9-14).

Pero Dios es fiel a su promesa. En verdad Dios esperó hasta que Abraham tuviese ciento y un años de edad y Sara noventa. Para entonces no sólo estaba Sara mucho más allá de poder concebir sino que también lo estaba Abraham. El nacimiento de descendencia estaba mucho más allá de poder realizarse desde el punto de vista humano. Sólo entonces es que Dios cumple su promesa y les da Isaac. El tema que corre a través de la narrativa es que lo que es imposible con los hombres es posible con Dios.

El Apóstol expresa esto en Romanos 4:16-21: "Por tanto, es por fe, para que sea por gracia, a fin de que la promesa sea firme para toda su descendencia; no solamente la que es de la ley, sino también para la que es de la fe de Abraham, el cual es padre de todos nosotros. (Como está escrito: te he puesto por padre de muchas gentes) delante de Dios, a quien creyó, el cual da vida a los muertos, y llama las cosas que no son, como si fuesen. El creyó en esperanza contra esperanza, para llegar a ser padre de mucha gente. conforme a lo que se le había dicho: Así será tu descendencia. Y no se debilitó en la fe al considerar su cuerpo, que está ya como muerto (siendo de casi cien años), o la esterilidad de la matriz de Sara. Tampoco dudó, por incredulidad, de la promesa de Dios, sino que se fortaleció en fe, dando gloria a Dios, plenamente convencido de que era también poderoso para hacer lo que había prometido".

En lo que esto concierne hay varios puntos que es menester tomar en cuenta:

1) El hijo de la promesa era un hijo nacido de ambos de Abraham y de Sara, tal como Dios lo había dicho. Ismael no era el heredero, como tampoco lo sería el hijo de Eliezer; sino el hijo que sería nacido de ambos Abraham y Sara.
2) El niño nació cuando era humanamente imposible que naciera. El nacimiento de Isaac fue un milagro y esta es la única forma en que los hijos de la promesa pueden ser nacidos. Y esto fue posible sólo por un acto de Dios quien revive a los muertos y llama las cosas que no son que sean. Isaac nació por la maravilla de la gracia. Esto es importante. Isaac era la semilla prometida cuyo nacimiento fue milagroso; porque esa es la única forma en que la simiente prometida puede nacerse. La concepción y el parto normal dan como resultado la producción de niños que no son la semilla prometida, sino que son los hijos de la carne como lo fue Ismael. La verdadera semilla prometida

del Pacto son aquellos que nacen por medio de un milagro, es decir, por un nacimiento espiritual y celestial forjado milagrosamente por Dios. Una maravilla de la gracia es necesaria para producir la semilla prometida. Este hecho sigue siendo cierto para siempre. A este punto regresaremos más adelante.

3) El niño era desde el momento de nacer, un hijo del pacto. Era el niño que Dios había prometido; y a través de su nacimiento sería que la promesa del pacto podría ser cumplida la heredad de la tierra de la promisión; y la promesa de Cristo.

4) Debemos entender que todo esto apuntaba hacia Cristo. No era tan sólo una verdad sino que además vivía en la conciencia de Abraham. Abraham vio que todo lo que le pasaba era un tipo, una sombra de una realidad que esperaba la venida de Cristo. Leemos de todos los antiguos héroes de la fe y de Abraham en particular: "conforme a la fe, murieron todos estos sin haber recibido lo prometido, sino mirándolo de lejos, y creyéndolo, y saludándolo, y confesando que eran extranjeros y peregrinos sobre la tierra. Porque lo que esto dicen, claramente dan a entender que buscan una patria; pues si hubiesen estado pensando aquella de la cual salieron, ciertamente tenían tiempo de volver. Pero anhelaban una mejor, esto es celestial; por lo cual Dios no se avergüenza de llamarse Dios de ellos; porque les ha preparador una ciudad" (Hebreos 11:13-16).

Pero esto no es todo.

Aunque el nacimiento de Isaac fue una maravilla de la gracia y por lo tanto fue constituido hijo de la promesa, era todavía un hijo figurado de la verdadera descendencia de Abraham. Dios hizo su promesa a Abraham y a su descendencia. Y la pregunta todavía queda en pie: ¿quién es la semilla de Abraham? Por supuesto que Isaac era en la vieja dispensación y las generaciones de Isaac en Jacobo, Judá, David, Salomón, etc, pero ¿es esto la respuesta final a esta pregunta?

Pablo nos da una respuesta negativa. Escribe en Gálatas 3:16 "A Abraham fueron hechas las promesas." Podemos inclinarnos a pensar que Pablo quiere decir que Dios hizo sus promesas pactales sólo a Abraham, Isaac y las generaciones de la nación de Israel. Pero entonces esas promesas sólo tienen validez y significado para los judíos, tal como mantienen los premileniales. Pero esto no es lo que Pablo está argumentando. Nos llama la atención a que cuando Dios hizo sus promesas a Abraham, habló de simiente en singular no de simientes en plural. Puede que esto nos parezca un punto menor sin gran importancia, pero sobre este uso del singular Pablo concluye una importante verdad. Si la promesa fue hecha a Isaac y a toda la nación de Israel, Dios habría dado sus promesas a muchas simientes de Abraham, pero Pablo escribe: "No dice: y a las simientes, como que hablase de muchos, sino como de uno: y a tu simiente". Cuando la pregunta surge: ¿quién entonces es esta simiente sobre la cual las promesas fueron hechas? La repuesta es: "¡Y esa simiente es Cristo!"

Esta es una importante verdad. Isaac era solamente un tipo de Cristo. Cristo es la verdadera simiente de Abraham. El nacimiento de Isaac fue por lo tanto un retrato del nacimiento de Cristo. Isaac nació a través de un milagro, algo que humanamente era imposible. Pero esto también fue especialmente verdad en el nacimiento de Cristo. Enfáticamente el nacimiento de Cristo es algo humanamente imposible. ¡Cuán a menudo vemos que Dios hace lo imposible en la antigua dispensación! Por un lado siempre habían mujeres que era estériles en la línea de la promesa para producir a Cristo. Sara no fue la única. Por el otro lado, hubieron constantes intentos del diablo para destruir esa línea prometida para que así Cristo nunca hubiese nacido. En algunas ocasiones el diablo usó la apostasía para apartar a Israel de adorar a Dios para que así se perdiesen entre las naciones que adoraban a los ídolos. Una y otra vez los hombres malvados y los reyes malvados se encontraban en la línea que traería a Cristo. Sólo tenemos que pensar en Acab y Manasés. En ocasiones trató de eliminar la simiente de la faz de la tierra. Esto es lo que Faraón trató de hacer al asesinar a los hijos varones de los israelitas. Fue la misma intención de Atalia cuando ella exterminó toda la descendencia real excepto a Joas quien fue escondido. Este fue esencialmente el plan de Aman para matar a todos los judíos en su odio contra Mardoqueo. En el trasfondo estaba el diablo al acecho tratando en diferentes formas de evitar que Cristo fuera a nacer. Fue sólo Dios quien preservó esa línea en varias formas hasta que Cristo viniera.

Sin embargo, todo esto no era nada en comparación con el hecho de que al final la línea real de David de la cual Cristo iba a nacer terminó en una virgen. La línea llegó a un callejón sin salida. Llegó a un callejón sin salida en una virgen que nunca podría traer por sí misma la semilla prometida. Éste es indudablemente el significado de la palabra de María al ángel que le anunció el hecho de que ella debía ser la madre de Cristo. -¿Cómo va a ser, siendo que no conozco a un hombre? Si alguna vez la esperanza de cumplimiento de lo prometido pareciera imposible, fue entonces. Si alguna vez era humanamente imposible de que el hombre traería la semilla prometida, fue cuando María quedó sola al final de la línea.

Sin embargo lo que es imposible para el hombre es siempre posible con Dios. Pues Cristo nació no por la voluntad de los hombres, si no por el poder de Dios. "El Espíritu Santo vendrá sobre tí, y el poder del Altísimo te cubrirá con su sombra; por lo cual también el Santo Ser que nacerá, será llamado Hijo de Dios" (Lucas 1:35). Esta es la maravilla de todos los tiempos, el milagro central de todas las edades, el gran milagro de la gracia. Cristo nació. Nació y no por la voluntad del hombre, porque era imposible que el hombre lo lograra. Nació y no de una manera natural y terrenal, porque su nacimiento estaba fuera del alcance de la actividad humana. Nació de una virgen, por el poder del Altísimo actuando en el vientre de María aparte de cualquier padre humano. Este es el misterio de la encarnación, la maravilla de Belén. Dios con nosotros, Emmanuel.

Este Cristo es el heredero de las promesas de Dios. El heredero exclusivo de todas las promesas. Es la verdadera semilla de Abraham – del cual no hay otro. Central y principalmente, sólo Cristo aparece como la semilla de la promesa, el heredero de la herencia.

Estas promesas son las que Él también recibió como suyas. Las recibió porque Él era el siervo obediente de Jehová, el cual, mientras estaba en la tierra, cumplió toda la voluntad del Padre. Caminó por el camino solitario y desolado de la cruz. Entró en los portales del infierno e hizo de su propia vida un sacrificio perfecto sobre el altar de la ira de Dios. Fue al fondo del infierno donde las olas de ira se derramaban sobre su alma y lo consumían. Vino a hacer la voluntad de Dios y lo logró. Y como lo hizo todo, resucitó de entre los muertos y fue exaltado en los más altos cielos. Le fue dado un lugar de honor y poder a la mano derecha del Padre. Él fue hecho en el cielo heredero de todas las promesas de Dios. Él heredó la Canaán celestial como suya y se llenó de las bendiciones de la salvación como su propia posesión. Se hizo rico y glorioso mucho más allá de lo que se puede comparar. "Dios habiendo hablado muchas veces y de muchas maneras en otro tiempo a los padres por los profetas, en estos postreros días nos ha hablado por el Hijo, a quien constituyo heredero de todo" (Hebreos 1: 1-2).

Pero las escrituras nos dicen que esos que le pertenecen a Cristo son los verdaderos hijos de Abraham y herederos de la promesa.

Como los creyentes han hecho a lo largo de toda la historia, nosotros podemos tener muchos hijos. Pero nunca podremos dar a luz a los hijos de Dios. Para nosotros esto es como lo fue para Abraham una imposibilidad humana. Sólo podremos traer hijos al mundo como nosotros; hijos que están muertos en delitos y pecados. Tendremos niños que llevan en ellos la depravación de la caída de Adán, que serán hijos del mundo, ciudadanos del reino de las tinieblas, una generación que está bajo el poder y la influencia de las huestes del infierno, y están destinados a pasar una eternidad en el infierno. Esto es todo lo que podemos hacer. Nada más está dentro de nuestras posibilidades. La verdadera semilla de los prometidos, los herederos de la salvación nunca podrán ser producidos por nuestra voluntad o deseo.

Y así, el hecho sigue siendo que lo que es imposible con el hombre, es posible para con Dios. La semilla de la promesa nace por una maravilla de la gracia.

En conexión con esta verdad debemos notar que:
1. Si Cristo es el heredero de la promesa de Dios por excelencia, sólo los que están en Cristo, eso es, sólo los que

le pertenecen son los herederos de la promesa. Ellos son los que han sido escogidos en Cristo desde antes de la fundación del mundo y han sido dados a Cristo como su propia posesión. Estos son los elegidos, los escogidos por Dios. "El Espíritu mismo da testimonio a nuestro espíritu, de que somos hijos de Dios y si hijos también herederos; herederos de Dios y coherederos con Cristo, si es que padecemos juntamente con El seamos glorificados".

2. Si Cristo se hizo heredero de la promesa a través de su obra en la cruz, entonces aquellos por los cuales Cristo murió son los herederos de la promesa. Esto no debe ser separado de la elección. Hay aquellos que quieren separarlo. Ellos dicen que Cristo murió por todos. Esto inevitablemente lleva a negar la doctrina de la elección. Pero la cruz está arraigada en la elección; la cual tiene su fundación en el eterno e inmutable decreto de Dios. Esos que Dios escogió son dados a Cristo. Por ellos murió. Y través de la cruz ellos y sólo ellos son los herederos de las bendiciones que emanan de la cruz.

3. Los elegidos son herederos porque son hijos de Dios. Son hijos de Dios porque nacen de nuevo por una maravilla de la gracia -como Isaac nació; como Cristo nació. Esta maravilla de la gracia es la regeneración de la que se habla repetidamente en las Escrituras. Su nacimiento natural los deja hijos de la oscuridad, muertos en el pecado y cargados de culpa. Pero este nacimiento espiritual es de arriba. Es el nacimiento de la maravilla de la gracia. Es una obra milagrosa de Dios mediante la cual Él le da a su pueblo la nueva vida de resurrección de Cristo Jesús. Sí, esta obra también es a través de Cristo. Porque es por el Espíritu de Cristo que se imparte esta vida de resurrección por medio de la cual los electos nacen de nuevo. "Bendito sea el Dios y Padre de nuestro Señor, que según su misericordia abundante nos ha engendrado de nuevo a una esperanza viva por la resurrección de Jesucristo de entre los muertos" (1 de Pedro 1: 3). "Mas a todos los que le recibieron, a los que

creen en su nombre, les dio potestad de ser hechos hijos de Dios, los cuales nacieron no de sangre, ni de voluntad de carne, ni de voluntad de hombre, sino de Dios" (Juan 1:12-13).

4. Implícito en este nuevo nacimiento es el don de la fe. Porque la fe es ese lazo que une a los elegidos con Cristo. A través de ese vínculo de fe fluye la vida de Cristo en los corazones del pueblo de Dios. Esa fe coloca al pueblo de Dios en una comunión permanente con su Salvador. Como lo expresa el Catecismo de Heidelberg: "¿Son todos los hombres que perecieron en Adán, salvados por Cristo?" La respuesta: "No, sólo aquellos que son injertados en él, y recibe todos los beneficios, por una verdadera fe".

Esa fe es un llamado a la conciencia por el poder del evangelio para que el pueblo de Dios crea en Cristo y se apodere de Él y de todas las bendiciones de la cruz. Esta fe no es la obra del hombre como sostiene orgullosamente la herejía del arminianismo; sino es obra de Dios, "porque por gracia sois salvos por la fe, y eso no es de vosotros, es un don de Dios" (Efesios 2: 8). Por lo tanto, los herederos de la promesa son llamados en las Escrituras creyentes. Los que creen son los herederos de la promesa, porque reciben la promesa por la fe. Los que poseen esta fe son los verdaderos hijos de Abraham, la verdadera semilla de Abraham. Fue por medio de la fe que Abraham tomó la promesa de Dios y la vio a lo lejos. Pero esta misma fe es también la fe que vive en los corazones de todos aquellos que son la verdadera semilla de Abraham.

Esto se enfatiza en las Escrituras. Tan sólo citar algunos versículos basta para demostrar este énfasis. En Gálatas 3:7-9 leemos "Sabed por tanto, que los que son de fe, estos son hijos de Abraham. Y la Escritura previendo que Dios había de justificar por la fe a los gentiles, dio de antemano la buena nueva a Abraham, diciendo: en ti serán benditas todas las naciones. De modo que los que son de fe son bendecidos con el creyente Abraham". O en el mismo capítulo en versos 26 al 29 leemos: "pues todos sois hijos de Dios por fe en Cristo Jesús; porque todos los que habéis sido bautizados en Cristo, de Cristo estáis revestidos. Ya no hay judíos ni griegos; no hay esclavo ni libre; no hay varón ni mujer; porque todos vosotros sois uno en Cristo Jesús. Y si vosotros sois de Cristo, ciertamente linaje de Abraham sois, y herederos según la promesa".

Esta es pues hermosa cadena que presenta las Escrituras: Cristo es el heredero de la promesa y de la semilla de Abraham. La elección en Cristo, la expiación por la obra de Cristo, la regeneración por medio de Cristo, la fe para creer y aferrarse a Cristo, todo esto es la obra de la gracia soberana de Dios. Y por lo tanto, todos los que a través de Cristo, eso es, los que son elegidos y redimidos, regenerados y reciben fe para apoderarse de Cristo éstos y sólo éstos son los herederos de las promesas de Dios.

Capítulo 10
Los Creyentes y sus Hijos

╬

En el capítulo anterior consideramos la pregunta: ¿Quiénes son la simiente de Abraham? Esta pregunta la contestamos de manera triple:
1) Típica y figurativamente Isaac era la semilla de Abraham, el hijo nacido por la maravilla de la gracia de Dios.
2) Centralmente y anti-típicamente, Cristo es la simiente de Abraham y el heredero de todas las promesas de Dios. Porque "a Abraham fueron hechas las promesas, y a su simiente. No dice: Y a las simientes, como refiriéndose a muchos, sino a uno: Y a tu simiente, la cual es Cristo" (Gálatas 3:16).
3) Finalmente, todos los que están en Cristo también son la verdadera simiente de Abraham, y por consiguiente los herederos de las promesas de Dios. Los que están en Cristo son los escogidos en Él desde toda la eternidad, los que son redimidos por la sangre de Cristo, los que son injertados en Cristo a través de la fe, y los cuales por el poder de Dios creen en Cristo. "Y si vosotros sois de Cristo, entonces sois descendencia de Abraham, y herederos según la promesa" (Gálatas 3;29).

Hace falta ahora considerar las muchas y variadas otras opiniones concerniente a quienes constituyen la simiente de Abraham; y de ponerlas a prueba con la enseñanza de las Escrituras.

Para empezar hay aquellos que sostienen el punto de vista premilenial o dispensacional. No es nuestro propósito entrar en un análisis detallado de esas creencias, especialmente en lo que se refiere a la segunda venida de Cristo, el rapto secreto o el milenio. Nuestro interés se limita a demostrar el error premilenial en lo que se refiere a su concepción de quienes constituyen la verdadera simiente de Abraham. En su interpretación, sostienen una distinción entre el Antiguo Testamento y el nuevo pacto y por ende entre los judíos y los gentiles. Para ellos sólo los hijos naturales de Abraham son el verdadero pueblo de Dios. Los judíos son el verdadero pueblo del reino, pero han sido abandonados temporalmente por Dios cuando crucificaron al Mesías. Están durante esta dispensación en cautividad hasta que Dios termine de reunir a los gentiles en la iglesia. Pero cuando termine de juntar a los gentiles, regresará trayendo a los judíos para tratar con ellos como en el pasado. Los juntará y nuevamente les dará la tierra prometida de Canaán, les restaurará la teocracia, estableciendo el reino de David y la herencia de la tierra y entonces Jesús reinará con ellos por mil años en el Monte de Zion.

Los dispensacionales mantienen e insisten que esta es la verdad que enseñan las Escrituras y que por lo tanto hay un número de profecías en el Antiguo Testamento que nunca serán cumplidas a menos que sea literalmente.

Pero el punto fundamental, sin embargo, es si en verdad existe tal distinción entre el Antiguo Testamento y el Nuevo Testamento y por lo tanto entre judíos y gentiles. Si se puede enseñar en las Escrituras que las profecías del Antiguo Testamento tienen su cumplimiento en el Nuevo; si se puede demostrar que no hay diferencia esencial entre las dos dispensaciones, entonces toda la estructura dispensacional se viene abajo.

Y esto no es difícil de demostrar cuando estamos dispuestos a seguir el principio de que las Escrituras interpretan las Escrituras. Aunque será por supuesto imposible el mirar a todos los textos en el Antiguo Testamento que supuestamente se refieren al reinado de Cristo con los judíos en el Monte de Zion enseñando que los judíos son un pueblo separado y por tanto la única y verdadera simiente de Abraham, no obstante unos pocos ejemplos serán claves para la interpretación de todos ellos.

En primer lugar, es crucial para ellos, que se mantenga una diferencia entre lo que ellos llaman el "pueblo del reino" y la iglesia. Ellos mantienen que sólo los judíos constituyen el pueblo del reino, mientras que el término iglesia es un término limitado a los gentiles quienes son reunidos durante ese interino. Hasta mantienen que la palabra del Nuevo Testamento para iglesia "*ecclesia*" nunca es usada para los judíos, pero es reservada, específicamente sólo para los gentiles. Pero esto es absolutamente falso. Esteban en su alocución ante el Sanedrín al hablar de Moisés dice: "Este es aquel Moisés que estuvo en la congregación (*ecclesia*) en el desierto con el ángel que le hablaba en el Monte Sinaí y con nuestros padres y que recibió palabras de vida que darnos" (Hechos 7:38). Aquí el evangelista llama al pueblo de Dios en el Antiguo Testamento "iglesia" (*ecclesia*) y al hacerlo crea fundamentalmente una unidad entre la iglesia en la vieja y en la nueva dispensación. Sólo esto principio es suficiente para demostrar que hay una sola iglesia a través de la historia, compuesta por tanto judíos como gentiles.

En segundo lugar llamamos la atención a Oseas 1:10-11 "Con todo será el número de los hijos de Israel como la arena del mar, que no se puede medir ni contar. Y en el lugar en donde les fue dicho: vosotros no sois pueblo mío, les será dicho: Sois hijos del Dios viviente. Y se congregarán los hijos de Judá y de Israel y nombrarán un sólo jefe y subirán de la tierra porque el día de Jezreel será grande." A primera vista el texto parece enseñar que Dios volverá a tratar con Israel separadamente al traer de las naciones de la tierra a los que habían sido dispersados y los establecerá como una teocracia una vez más en la tierra de Canaán. En verdad este texto y otros parecidos son preferidos por los dispensacionalistas para ser citados como prueba de la validez de su argumento.

El problema con esta interpretación, sin embargo, es que contradice lo que Pablo escribe al comentar sobre el mismo. Pablo no encuentra nada en absoluto de que este pasaje tenga su cumplimiento en relaciones futuras con los judíos. Más bien, Pablo encuentra el cumplimiento de este pasaje en la conversión de los gentiles a lo largo de toda esta nueva dispensación. Al hablar en Romanos 9 sobre la profunda verdad de la elección y la reprobación, el apóstol se ocupa precisamente de la cuestión si es que Dios había permitido que su Palabra quedara sin efecto cuando la nación de Israel fue rechazada. Pero él nos dice que esto no es cierto. La palabra de Dios ciertamente se cumple. Él ha prometido salvar a Israel. Esto es ciertamente lo que tendrá lugar. Pero en relación con esta discusión de la verdad, Pablo llama la atención sobre el hecho de que Dios ha reunido una iglesia que consiste tanto de judíos como de gentiles. Y por tanto este es el cumplimiento de la profecía de Oseas. Él escribe: "¿Y que si Dios quisiera mostrar su ira y hacer conocer su poder, aguantó con mucha paciencia los vasos de la ira preparados para la destrucción? y que si Dios queriendo mostrar su ira y hacer notorio su poder, soportó con mucha paciencia los vasos de la ira preparados para la destrucción; y para hacer notorias las riquezas de su gloria, las mostró para con los vasos de misericordia que él preparo de antemano para gloria, a los cuales también ha llamado esto es, a nosotros, no sólo de los judíos, sino también de los gentiles?" Como también en Oseas dice: "llamaré pueblo mío al que no era mi pueblo, y a la no amada, amada y en el lugar donde se les dijo: Vosotros no sois mi pueblo; allí serán llamados hijos del Dios viviente" (versos 22-26) y Pedro aplica el mismo pasaje de Oseas a los gentiles en su primera epístola 2:10. Es muy claro que los apóstoles, bajo la inspiración del Espíritu Santo, encuentran el cumplimiento de la profecía de Oseas en la conversión con los gentiles durante la nueva dispensación y no en el establecimiento de mil años de reinado de Cristo con los judíos en la Palestina terrenal.

Otro de los pasajes favoritos de los dispensacionalistas es Amós 9:11-15 : "En aquel día yo levantaré el tabernáculo caído de David, y cerrare sus portillos y levantare sus ruinas, y los edificare como en el tiempo pasado; para que aquellos sobre los cuales es invocado mi nombre posean el resto de Edom, y a todas las naciones, dice Jehová que hace esto. He aquí vienen días, dice Jehová, en que el que ara alcanzara al segador, y el pisador las uvas al que lleve la simiente; y los montes destilarán mosto, y todos los collados se derretirán. Y traeré del cautiverio a mi pueblo Israel, y edificarán ellos las ciudades las ciudades azotadas, y las habitarán; plantarán viñas, y beberán el vino de ellas, y harán huertos, y comerán el fruto de ellos. Pues los plantaré sobre su tierra, y nunca más serán arrancados de su tierra que yo les di, ha dicho Jehová Dios tuyo."

Si existe un versículo que parezca apuntar al futuro regreso del reino mesiánico en Palestina para los judíos, sin dudas es este. Pero eso no puede ser correcto dado que en el Consejo de Jerusalén se discutía la salvación de los gentiles y si ellos estaban obligados a observar la ley y particularmente el rito de circuncisión. Santiago es el que insiste que eso no era necesario puesto que la nueva dispensación es el cumplimiento de la antigua, y Dios había profetizado sobre la salvación de los gentiles. Para probar su argumento Santiago cita precisamente este texto de Amós: "Y con esto concuerdan las palabras de los profetas, como está escrito: Después de esto volveré y reedificaré el tabernáculo de David, que está caído; y repararé sus ruinas. Y lo volveré a levantar, para que el resto de los hombres busquen al Señor. Y todos los gentiles sobre los cuales es invocado mi nombre, Dice el Señor que hace conocer todo esto desde tiempos antiguos" (Hechos 15:15-17).

Esto es llamativo. No es sólo sorprendente que Santiago cite este pasaje de Amós como prueba del hecho de que Dios recoge una iglesia de judíos y gentiles, pero que el Concilio de Jerusalén evidentemente reconozca la fuerza del argumento. Ellos entendieron mejor que los premilenialistas de hoy la fuerza del pasaje en Amós. Y, por lo tanto, se debe conceder que este pasaje, que parece hablar del establecimiento de un reino milenial, de hecho no hace tal cosa, o de otra manera estaríamos aprobando que Santiago y el Consejo de Jerusalén mal interpretaron la Palabra de Dios. Lo último, por supuesto, negaría la inspiración de las Escrituras y las palabras del propio Concilio: "Porque ha parecido bien al Espíritu Santo y a nosotros" (Hechos 15:28).

Debe recordarse que tenemos un principio fundamental de la interpretación bíblica. Estos pasajes no son tan sólo ejemplos raros de una interpretación única dada a algunas Escrituras escogidas del Antiguo Testamento. El punto es que las Escrituras mismas establecen una regla según la cual todos los pasajes similares deben de ser interpretados. Esto es claro por el hecho de que la iglesia primitiva, bajo la dirección del Espíritu, siguió este método de interpretación y esto se deduce de las palabras de Santiago: "Y con esto concuerdan las palabras de los profetas ..."

Pero hay otros pasajes en las Escrituras los cuales hablan literalmente del hecho de que los hijos de Abraham son ambos judíos y gentiles en ambas dispensaciones. "Pues no es judío el que lo es exteriormente en la carne sino que es judío el que lo es en lo interior, y la circuncisión es la del corazón, en espíritu, no en letra; la alabanza del cual no viene de los hombres, sino de Dios" (Romanos 2: 28-29). "Porque no por la ley fue dada a Abraham o a su descendencia la promesa de que sería heredero del mundo sino por la justicia de la fe. Porque si los que son de la ley son los herederos, vana resulta la fe y anulada la promesa. Pues la ley produce ira; pero donde no hay ley, tampoco hay transgresión. Por lo tanto, es por fe, para que sea por gracia, a fin de que la promesa sea firme para toda su descendencia, no solamente para la que es de la ley, sino también para la que es de la fe de Abraham, el cual es el padre de todos nosotros" (Romanos 4: 13-16). O nuevamente "Sabed por tanto, que los que son de fe, estos son los hijos de Abraham. Y las Escrituras previendo que Dios había de justificar por la fe a los gentiles, dio de antemano la buena nueva a Abraham, diciendo: En ti serán benditas todas las naciones. De modo que los de la fe son bendecidos con el creyente Abraham" (Gálatas 3:7-9). Repetidamente una y otra vez las Escrituras enseñan que en la nueva dispensación no hay en la iglesia ninguna diferencia entre judíos y griegos, ellos todos son uno. (Cf Gálatas 3:27-29, Efesios 2:11-16 etc).

La conclusión es que aquellos que limitan los hijos de Abraham sólo a sus hijos naturales y buscan un trato especial de Dios en el futuro milenio con los judíos cometen un error gravísimo. Esta es una visión la cual no se encuentra en las Escrituras. Al contrario lo que las Escrituras enseñan es que la iglesia de todas las edades es una. Ciertamente fue limitada en gran medida a Israel en la vieja dispensación de tipos y sombras. La iglesia es toda una, unida sólo por Cristo Jesús. Cristo es centralmente la semilla de Abraham; y esos que son la simiente son los que están en Cristo, ya sean judíos o gentiles tanto en la antigua como en la nueva dispensación.

Hay otros que mantienen que los verdaderos hijos de Abraham son aquellos que al llegar a la edad de discreción pueden dar evidencias de su nuevo nacimiento por medio de una confesión pública de su fe y por su promesa de caminar piadosamente, ya sean judíos o gentiles. Para ellos, sólo creyentes adultos pueden ser contados como simiente de Abraham. Infantes y niños que no han arribado a un punto donde puedan hablar consciente e inteligentemente sobre su salvación personal quedan excluidos.

Los que sostienen esto mantienen, con perfecta consistencia, la opinión de que el bautismo debe administrarse sólo a adultos o jóvenes maduros que puedan dar cuenta de su salvación. La cuestión es, por tanto, si los niños y los infantes también pertenecen a los hijos de Abraham. Si lo son, entonces también deben estar incluidos en el pacto de la gracia, y como tales deben llevar la señal del pacto, el sello del bautismo.

La prueba en las Escrituras para el bautismo de niños descansa sobre cuatro puntos:

1) En primer lugar, la doctrina del bautismo de niños se basa en la verdad que enseñan las Escrituras de que la iglesia en ambas dispensaciones es una y la misma. Ya hemos discutido esto más arriba en conexión con el dispensacionalismo y para nuestro propósito es suficiente notar ahora algo sorprendente y también históricamente verdad que los bautistas para ser consistentes deben de adoptar algún tipo de posición premilenial o dispensacional, aunque claro está hay algunos que niegan el bautismo infantil mientras reclaman una posición amilenial como en el caso de David Kingdom que escribió el libro *Los Hijos de Abraham*. Es falso que Kingdom evita caer en el error dispensacional. He cubierto todos los detalles sobre esto en mi libro *Nosotros y nuestros hijos*.

Si la iglesia tanto en la antigua dispensación como en la nueva es una, entonces es cierto que sólo hay un pacto que fue establecido con la iglesia. Este pacto se estableció primero que todo con Cristo y las promesas de ese pacto son hechas y dadas sólo a Cristo. Entonces a todos los que están en Cristo no importa si son de la vieja dispensación o de la nueva, ya sea judíos o griegos, están incluidos en ese pacto. Es verdad que el pacto en la vieja dispensación se revela en tipos y sombras. Es también verdad que por estos tipos y sombras se le llame el antiguo pacto o el pacto de la ley. Pero esto no altera el hecho de que las promesas de Dios y el pacto el cual Él estableció con su pueblo sean esencialmente las mismas entonces como lo es ahora. La promesa era que Dios salvaría a su pueblo a través de Cristo; esa promesa no ha cambiado. Dios juró que Él sería el Dios de su pueblo; y eso tampoco ha cambiado. No hay dos o tres o cuatro pactos; sólo hay uno: el eterno pacto de gracia.

2) Puesto que sólo hay un pacto, entonces también hay una señal del pacto. Este signo del pacto puede sufrir algunos cambios externos y en consonancia con el cambio en las dispensaciones. Pero como la esencia del pacto sigue siendo la misma, también lo es el significado esencial de la señal del pacto.

Esto significa que la circuncisión es el mismo signo, en cuanto a su significado como lo es el bautismo. Esta es la enseñanza de las Escrituras y que es evidente en el hecho que a ambos signos les es dado en las Escrituras el mismo significado.

La circuncisión era un signo externo que apuntaba a una realidad interna. Significaba que la salvación es obra de Dios mediante la cual Dios cortó el pecado y el mal del corazón de su pueblo y les dio corazones nuevos. Apuntaba a la purificación interior del corazón a través de la operación del Espíritu Santo.

Esto se enseña en muchos lugares de las Escrituras. En Deuteronomio 10:16 leemos: "circuncidad, pues, el prepucio de vuestro corazón, y no endurezcáis más vuestra cerviz". En Jeremías 4:4: "circuncidáos a Jehová y quitad el prepucio de vuestro corazón varones de Judá y moradores de Jerusalén no sea que mi ira salga como fuego, y se incendia y no haya quien la apague, por la maldad de vuestras obras." Y en Ezequiel 36:25-26: "esparciré sobre vosotros agua limpia y seréis limpiados de todas vuestras inmundicias; y de todos vuestros ídolos os limpiare. Os daré corazón nuevo y pondré espíritu nuevo dentro de vosotros; y quitaré de vuestra carne el corazón de piedra, y os daré un corazón de carne." Es cierto que aquí no se hace ninguna referencia específica a la circuncisión, pero la importancia del pasaje es que el antiguo signo dispensacional de aspersión como se prefigura en el sacramento del bautismo se mencione aquí. "Entonces yo rociaré agua limpia sobre vosotros, y seréis limpios: de toda vuestra inmundicia y de todos vuestros ídolos os limpiaré. También os daré un corazón nuevo, y pondré espíritu nuevo dentro de vosotros; y quitaré el corazón de piedra de tu carne, y yo te daré un corazón de carne."

De todo esto es evidente que la circuncisión era el signo del Antiguo Testamento de la limpieza interna del pecado y la renovación hacia la santidad. Ahora, las Escrituras muy claramente enseñan que el bautismo en la nueva dispensación ocupa el mismo significado que la circuncisión en la vieja. También es una señal de limpieza interna y renovación. También habla de quitar el corazón de pecado y la creación de un nuevo corazón que está lleno de la vida de Cristo.

Muchos textos pueden citarse para apoyar esta postura. Romanos 4:11-13 nos habla de la justicia por la fe que significa la circuncisión. Y mientras que este texto no menciona específicamente el bautismo, el punto es que la justicia que es por la fe pertenece a todos en la nueva dispensación como en la antigua. "Y recibió la circuncisión como señal, como sello de la justicia de la fe que tuvo estando aún incircunciso; para que fuese padre de todos los creyentes no circuncidados, a fin de que también a ellos la fe le sea contada por justicia y padre de la circuncisión, para los que no solamente son de la circuncisión sino que también siguen las pisadas de la fe que tuvo nuestro padre Abraham antes de ser circunciso. Porque no por la ley le fue dada a Abraham o a su descendencia la promesa de que sería heredero del mundo sino por la justicia de la fe."

El apóstol nos revela con lujo de detalle que esta justicia por la fe es representada en el bautismo en Romanos 6:3-11. Citaremos sólo la primera parte: "O no sabéis que todos los que hemos sido bautizados en Cristo Jesús hemos sido bautizados en su muerte. Porque somos sepultados juntamente con él para muerte por el bautismo, a fin de que como Cristo resucitó de los muertos por la gloria del Padre así también nosotros andemos en vida nueva. Porque si fuimos plantados juntamente con él en la semejanza de su muerte así también lo seremos en la de su resurrección; sabiendo esto, que nuestro viejo hombre fue crucificado juntamente con él para que el cuerpo del pecado sea destruido a fin de que no sirvamos más al pecado, porque el que ha muerto al pecado, ha sido justificado del pecado.

Pedro también habla de esta verdad en su primera epístola, 3:18-22, cuando dice que el bautismo no es la eliminación de la inmundicia del cuerpo (como si la aspersión externa limpiase exteriormente el cuerpo) sino que es la respuesta de una buena consciencia hacia Dios.

Juan el Bautista también habló de su bautismo como un signo de renovación interna, ya que fue un bautismo para el arrepentimiento y el perdón de los pecados.

El bautismo siempre simboliza la limpieza interna y la renovación del corazón. Siempre ha apuntado hacia la justicia que es por la fe en Jesucristo. Y así, tiene el mismo significado esencial que la circuncisión en la dispensación de tipos y sombras.

Y si todo esto no fuera suficiente, hay un pasaje en las Escrituras que literalmente habla del bautismo tomando el lugar de la circuncisión en la medida en que la señal exterior de la circuncisión se cumplió en la sangre de la cruz de Cristo. Este pasaje es Colosenses 2:11-12 donde leemos: "en el también fuisteis circuncidado con la circuncisión no hecha a mano, al echar de vosotros el cuerpo pecaminoso carnal, en la circuncisión de Cristo; sepultados con él en el bautismo, en el cual fuiste también resucitado con él, mediante la fe en el poder de Dios que le levantó de los muertos."

En estrecha relación con todo esto está la verdad de que los santos en la antigua dispensación fueron salvos de la misma manera que nosotros en la nueva. En Génesis 15:6 leemos: "Y creyó a Jehová y le fue contado por justicia". Si bien este pasaje se menciona más de una vez en el Nuevo Testamento, Pablo claramente lo conecta con la señal de la circuncisión en todo Romanos 4. Después de citar el pasaje en Génesis 15, Pablo continúa argumentando que Abraham nuestro padre fue justificado por la fe y esa circuncisión fue una señal de esto: "Y él recibió la circuncisión, como señal como sello de la justicia de la fe que tuvo estando aun incircunciso para que fuese el padre de todos los que creyentes, no circuncidados; a fin de que también a ellos la fe les sea contada por justicia y padre de la circuncisión para los que no solamente son de la circuncisión, sino que también siguen las pisadas de la fe que tuvo nuestro padre Abraham antes de ser circuncidado" (versos 11-12). Es claro entonces que la circuncisión y el bautismo son ambos señal y sello de una misma salvación.

No se puede negar que el bautismo ha tomado el lugar de la circuncisión como el sello, como la señal del pacto que Dios establece con su pueblo a través de las edades. Y si esto es verdad, entonces el mandamiento de circuncidar los niños en el Antiguo Testamento también es un mandamiento que se transfiere al bautismo en el Nuevo. Si los niños pertenecían al pacto en la antigua dispensación, pertenecen también al pacto en la nueva. Si tenían que llevar el signo del pacto en la antigua dispensación, tienen que llevarlo en la nueva.

3) La tercera prueba para el bautismo de infantes es el hecho que Dios, cuando establece su pacto con Abraham y le dio la marca de la circuncisión como una señal del pacto, habló enfáticamente de un pacto eterno. Leemos en Genesis 17:7-14: "Y estableceré mi pacto entre mí y ti, y tu descendencia después de ti en sus generaciones, por pacto perpetuo, para ser tu Dios, y el Dios de tu descendencia y te daré a ti, y a tu descendencia después de ti, la tierra en que moras, toda la tierra de Canaán en heredad perpetua; y seré el Dios de ellos. Dijo de nuevo Dios a Abraham: en cuanto a ti, guardarás mi pacto, tú y tu descendencia después de ti por sus

generaciones. Este es mi pacto que guardaréis entre mí y vosotros y tu descendencia después de ti: Será circuncidado todo varón de entre vosotros circuncidaréis, pues la carne de vuestro prepucio, y será por señal del pacto entre mí y vosotros." Aquí Dios específicamente habla del hecho que este glorioso pacto que estableció con Abraham y en el cual Él es el Dios de Abraham no era un pacto que un día vendría a su fin. Es un pacto para siempre que duraría a través del tiempo y por toda la eternidad. De este pacto, la circuncisión era una señal. Sin embargo, no continuaría como la señal ya que el bautismo toma su lugar continuando como la señal de ese eterno pacto de gracia. Pero una vez, nuevamente, si el pacto en ambas dispensaciones es uno y el mismo y si sólo hay una señal aunque esta difiera en forma externa, entonces ahora también los niños deben ser bautizados de la misma manera que los hijos de los creyentes eran entonces circuncidados. Esto no puede ser negado.

4) Finalmente llamamos la atención al hecho de que aunque es verdad que en la nueva dispensación no hay mención del bautismo de niños esto es con buena razón. Por un lado no se menciona porque se asume que puesto que los infantes debían ser circuncidados y puesto que el bautismo ha tomado el lugar de la circuncisión no había necesidad de hacer una mención especial. La iglesia primitiva sencillamente dio por sentado que este era el caso. Pero igualmente debemos de recordar que la iglesia durante este período, en el cual las Escrituras del Nuevo Testamento estaban siendo reveladas, la iglesia también estaba en el proceso de romper fuera de los estrechos confines del Israel nacional y se estaba esparciendo a través de todo el mundo conocido. El evangelio se había convertido en un evangelio sin distinciones de naciones que reunía a una iglesia universal, es decir, al pueblo de Dios compuesto de todas las naciones bajo los cielos. Así, esta nueva generación, o nuevas ramas, eran injertadas en el viejo árbol de olivo y traídas a la familia de Dios. Por esta razón el énfasis en el trabajo de los apóstoles recae en la predicación del evangelio a adultos con el consecuente bautismo de adultos.

Pero precisamente por esta razón es que las Escrituras hablan una vez y otra de casas que fueron bautizadas. Estamos muy consciente que los bautistas reclaman que estas casas no incluían niños; pero después de todo no hay razón porque no podían incluir niños. Y sería más que extraño si todas las familias no tuviesen niños o que fuesen compuestas de ancianos cuyos hijos se habían ya salido de la casa. Pablo bautizó la casa de Lydia en Filipos y la casa de Estefanas en Corinto. Esto era una práctica común. En Hechos 16: 31-34 leemos: "Ellos dijeron (al carcelero) cree en el Señor Jesucristo y serás salvo tú y tu casa. Y le hablaron la palabra del Señor a él y a todos los que estaban en su casa. Y él tomándolos en aquella misma hora de la noche, les lavó las heridas; y en seguida se bautizó él con todos los suyos. Y llevándolos a su casa, les puso la mesa; y se regocijo con toda su casa de haber creído en Dios."

Este pasaje en el libro de Hechos es especialmente significativo. Naturalmente la pregunta que debemos hacernos es por qué Pablo promete salvación a la casa del carcelero en base solamente a la fe de este hombre. La fuerza del argumento es evidente cuando recordamos que Pablo no conocía en ese momento absolutamente nada sobre la familia del carcelero. Ellos todavía estaban en ese momento en la cárcel. La única respuesta razonable que se puede dar es que Pablo conocía que Dios salva familias. Dios salvaría la familia del carcelero y no tan sólo al carcelero. Y finalmente esta verdad es declarada enfáticamente por Pedro en su emocionante mensaje en Pentecostés: "Porque para vosotros es la promesa y para vuestros hijos y para todos los que están lejos para cuantos el Señor nuestro Dios llamare" (Hechos 2:39).

Todo esto es ilustrativo de esa verdad fundamental que Dios establece su pacto en la línea de generaciones con los padres y sus hijos. Más adelante discutiremos esto en más detalle pero por el momento sea suficiente el decir que esta fue la forma en la antigua dispensación cuando el pacto siguió la línea de Adan, Set, Enoc, Noé, Sem, Abraham, Isaac, Jacob, Judá, David, Salomón, María. Pero esto no se altera en absoluto en la presente dispensación. El evangelio se extiende por todo el mundo y trae muchas ramas nuevas al olivo del viejo Israel; pero sigue siendo un hecho que las ramas que traen, las generaciones, se juntan en la iglesia y en el pacto de Dios. Los creyentes y sus semillas son salvos. Los hijos de los padres creyentes, así como los propios padres, están incluidos en la salvación de Dios a través de Cristo. Tanto ellos como los adultos deben llevar la señal de este pacto.

Estas creencias también tienen un significado práctico. Si bien trataremos estos asuntos más extensamente un poco más tarde, es importante notar ahora que se si uno está comprometido con la teoría del bautismo de adultos esto conlleva ciertas presuposiciones. El primer resultado es que la salvación de los bebés, especialmente aquellos que mueren en la infancia, se niega o, al menos, debe ser negada en aras de la consistencia. Algunos que niegan el bautismo infantil, sin embargo, enseñan que todos los niños que mueren en la infancia son salvos y llevados al cielo, a pesar del hecho de que creen que Dios no salva a los niños hasta que lleguen a la etapa de la madurez. Pero, después de todo, sin discutir la cuestión de si los bebés que mueren en la infancia van al cielo, debe ser obvio que no hay trivialidad de evidencia para esto sobre la base de la posición bautista, ni hay ningún fundamento sobre el cual basar tal convicción. Si nuestros hijos no son incluidos en el pacto hasta que sean mayores, si no son salvos hasta que lleguen a la llamada edad de discreción, no hay razón entonces para pensar que esto es alterado cuando mueren en la infancia. Sólo cuando creemos en base a la Palabra de Dios que Dios reúne a su iglesia de creyentes y de sus hijos es que podemos tener base para poseer una convicción de que cuando nuestros hijos son quitados de nosotros a una temprana edad ellos están incluidos en el pacto de gracia. Esto no quiere decir que este asunto tan personal y profundamente emocional para los padres que han perdido un hijo debe ser la base de la verdad, pero está arraigado en las Escrituras y, como tal, trae consuelo a los corazones del pueblo de Dios.

En estrecha relación con esto, siempre es un misterio cómo puede haber personas que mantienen los principios de la gracia soberana, pero niegan la salvación de los niños. Hay muchos que mantienen la verdad de la predestinación soberana, de la llamada irresistible, de la perseverancia de los santos y especialmente la verdad de la gracia soberana en la obra de la salvación, pero que niegan al mismo tiempo, sin embargo, que Dios pueda salvar desde las horas tempranas de la infancia y antes de llegar a los años de discreción. ¿No puede Dios, el Dios soberano de toda gracia, salvar a los niños si decimos creer que Dios salva a sus elegidos sin la cooperación de la voluntad del hombre? ¿No puede el Dios que es quien trabaja la obra de salvación por medio del Espíritu de Cristo, aplicar también las bendiciones de la cruz al corazón de los niños? Esto en verdad es el dilema que enfrentan los bautistas y precisamente debido a eso es la razón por la cual los bautistas en su gran mayoría han dejado atrás las doctrinas de la gracia para caminar en los laberintos de los arminianos. Y esto no es difícil de entender. Si en verdad Dios sólo salva a estos hasta que ellos puedan llegar a la edad de discreción es un salto muy pequeño el decir que la gracia Dios depende de la voluntad de ellos.

Pero la gracia soberana hace posible también la salvación de niños en la línea de las generaciones del pacto. Los niños también son herederos de salvación y del reino de los cielos.

Finalmente aquellos que niegan la necesidad del bautismo infantil carecen de toda buena base para proporcionar a los niños instrucción en el pacto. Es verdad, por supuesto, que aún los que niegan la necesidad de bautizar a los niños, les enseñaran los caminos del Señor a sus menores. Pero si esos niños no están ya salvos o si en su juventud no son salvos, esa instrucción es realmente una pérdida de tiempo. Hasta que nuestros hijos sean salvos (a menos que preferimos los caminos de Pelagio o de Arminio con su total negación de la depravación total), ellos carecen completamente de la gracia salvadora. Hasta que Dios comience la obra de gracia en sus corazones, no pueden hacer el bien y están inclinados a todo mal. Pero, entonces, no pueden oír las palabras de la verdad ni tampoco responder a la instrucción del pacto, ni tampoco esa instrucción de la verdad puede hacerles ningún bien. Ellos no tienen oídos para oír ni corazones para creer y entender. Podremos enseñarles en la piadosa esperanza que cuando sean salvos ellos recordarán algunas de las cosas que les hemos enseñamos. Pero esto es una base muy débil para instruir en el pacto. Cuánto más significativa e importante hace la instrucción del pacto desde que se basa en la verdad, eso es, que es a la semilla del pacto de Dios, a la que se está instruyendo que a los que se enseñan ya son los hijos salvos de Dios desde la infancia; que ya poseen oídos para escuchar y corazones para comprender y creer. Por lo tanto, hay buenas razones para dedicar todos nuestros mejores esfuerzos para que nuestros hijos sean criados en el temor de Jehová, que es el comienzo de toda sabiduría, para enseñarles la forma en que deben vivir, para que cuando sean viejos no se aparten del camino.

Capítulo 11
El Bautismo y los Hijos del Pacto

Nuestra discusión sobre el pacto con Abraham nos ha llevado hasta este punto – el tema del bautismo y los niños en el pacto. A este tema ahora le prestaremos atención.

Principalmente, entre aquellos en la fe reformada, que han sostenido la doctrina del bautismo infantil, están los que han prestado una considerable atención a lo concerniente sobre la pregunta ¿por qué deben ser bautizados los hijos de los padres creyentes? La Escritura enseña el bautismo infantil pero, ¿por qué ordena Dios que los hijos de los creyentes sean bautizados sin excepción? ¿Por qué hacerlo cuando obviamente no todos los que son bautizados serán salvos?

Esta pregunta es precisamente el punto sobre el cual se basan mayormente los que niegan el bautismo infantil. Argumentan que los niños que nunca alcanzarán la salvación, al ser bautizados se les da el signo y sello del pacto, cuando en verdad ellos no se encuentran entre los elegidos y que, por lo tanto, se favorece la idea de bautizar solamente a creyentes. Obviamente, entonces, es un grave error el bautizar a niños que llegando a los años de discreción nunca profesarán fe en Cristo Jesús.

Antes de presentar algunas respuestas a esta cuestión, respuestas que ya han sido dadas a través de los años por aquellos que confesamos la fe reformada, tendremos que admitir que este problema no se resuelve por aquellos que esperan hasta que los niños lleguen a la tal famosa edad de discreción y hagan profesión antes de ser bautizados. Se tendrá que admitir que tal espera no garantiza que sólo los verdaderos hijos de Dios reciban el bautismo. Aun cuando una persona confiese fe en Cristo por un tiempo, la historia nos da pruebas irrefutables que muchas de esas conversiones no son sinceras o nacidas del corazón y que resultan ser meras confesiones espurias. Nuestro Señor mismo enseña que esto es lo que pasa cuando la Palabra es predicada. En la llamada parábola del sembrador (Mateo 13:3-9, 18-23) Jesús habla de la semilla que cae sobre el camino o la que cae sobre pedregales o entre los espinos. Más adelante el Señor explica esto como el efecto de la predicación de la Palabra entre aquellos que en realidad nunca han sido salvos. Puede parecer que recibieron favorablemente la semilla de la verdad por un cierto tiempo. Puede ser que hayan sido conmovidos por la Palabra en una forma emocional y superficial de manera que parecen confesar la verdad. Pero cuando la persecución o las pruebas llegan y el peso total de la vida cae sobre ellos, rápidamente demuestran que les falta la fe en Cristo y revelan después de todo que nunca la poseyeron. El apóstol Juan se refiere a estos cuando dice: "Salieron de nosotros, pero no eran de nosotros, porque si hubiesen sido de nosotros, habrían permanecido con nosotros; pero salieron para que se manifestase que no todos son de nosotros" (1 Juan 2:19).

Así que el problema de bautizar sólo creyentes no se resuelve por aquellos que sólo bautizan niños maduros y adultos que confiesan fe en Cristo.

Sin embargo, entre los que sostienen la idea del bautismo infantil encontramos diferencias de opinión con respecto a lo que concierne a la base del bautismo de niños. Y es a esta pregunta que ahora consideraremos. Hay aquellos que tratan de resolver esto hablando de una presupuesta regeneración. Esta teoría fue primeramente avanzada por el Dr. Abraham Kuiper, un teólogo holandés de principios siglo XX. Esta idea sostiene que es el deber de los padres y de la iglesia el bautizar todos los hijos de los creyentes porque ellos deben de presuponer que todos los hijos de creyentes serán realmente salvos. Aunque sabemos que esto no es lo que las Escrituras o lo que la experiencia enseña, no obstante debemos asumir que es verdad y en base a esa suposición todos los hijos de creyentes deben ser bautizados. Presuponiendo que estos hijos de creyentes son sin excepción hijos del pacto, ellos deben llevar el signo y el sello del mismo.

Esta enseñanza no sólo es contraria a las Escrituras sino que también es extremadamente peligrosa. Es contraria a las Escrituras porque la Biblia enfatiza que no todos los hijos nacidos de padres creyentes son salvos. Y la experiencia nos confirma que las Escrituras tienen la razón.

Esto fue verdad en la nación de Israel. Desde sus primeros días de existencia, en Israel como nación, habían muchos malvados en la nación. Semilla mala, gente reprobada constantemente aparecían y se apartaban de los caminos de Jehová y se volvían a los ídolos y a las malas formas de las naciones paganas. Con ellos Jehová no estaba a bien. Es más, las Escrituras hablan de los hijos de Dios, los verdaderos hijos del pacto como un pequeño rebaño, una minoría, un número pequeño, una choza en un parche de pepino (una cabaña en un melonar) Isaias 1:8. Usualmente la mayoría eran malos y sólo "siete mil no doblaron sus rodillas a Baal." Dios preserva sólo a unos pocos en comparación con los grandes números que abandonan los caminos de Jehová, un remanente de acuerdo a la elección de gracia. Sin embargo, todos habían sido circuncidados como señal del pacto.

Lo mismo es verdad en la nueva dispensación. Las Escrituras insisten que "no todos los que descienden de Israel son Israelitas" (Romanos 9:6); que muchos se apartarán de la verdad aun en los días de los apóstoles y está ha sido siempre la experiencia de la iglesia. Muchos que han nacidos en la línea del pacto se vuelven al mundo y abandonan la iglesia. Aunque fueron nacidos de padres creyentes, ellos no eran parte de los elegidos de Dios. Aunque recibieron el bautismo e instrucción en la Palabra de Dios y son entrenados en los caminos de Jehová en sus hogares por padres creyentes, no obstante abandonan la iglesia y se van tras las mentiras del mundo. En verdad este es el gran pesar de todo padre creyente al ver a sus propios hijos, de su propia carne y sangre, abandonar lo que ellos tanto aman. ¿Cuántos padres y madres afligidos, en la angustia de sus corazones, han dicho: "hubiera preferido llevarlos antes a la tumba que verlos irse al mundo de los impíos"?

No podemos presuponer que lo que las Escrituras dicen que no es verdad.

Pero esta idea es también peligrosa desde un punto de vista práctico. Los Bautistas han acusado a los que sostienen el bautismo infantil con la de abrigar en el seno de la congregación, gente no regenerada y mantenerlos en la comunión de los santos a estos que serán instrumentos en la destrucción de la iglesia. Y es verdad que esta acusación puede ser usada contra los que sostienen la llamada regeneración presupuesta. El peligro de esta idea es real y conlleva a una negación del ejercicio de las llaves del reino. Si un niño es bautizado y se le presupone regenerado y entonces se aparta del camino del Señor, cayendo en las garras del diablo y se aleja de la verdad y va a los caminos del pecado y no los confiesa, entonces Cristo le dice a la iglesia que tiene que removerlo del cuerpo de Cristo. Pero si tal persona se presupone regenerada, el peligro existe que se le tolerará en la iglesia para evitar el disciplinar a un miembro regenerado. Entonces, contrario al mandamiento de Cristo y a un gran peligro espiritual para la iglesia, a este miembro de la misma le será dada la oportunidad de regar falsa doctrina o de ejercer una influencia mundana sobre otros miembros. Por tanto, la disciplina cristiana deja de existir.

Hay otros que encuentran otra base sobre la cual practicar el bautismo infantil para enfrentar la posibilidad de bautizar a gente no regenerada. Estos enseñan que todos los hijos de padres creyentes son miembros del pacto al cual son incorporados por medio del sacramento de bautismo. Como tal, estos niños se encuentran en una posición muy favorable. A ellos les es dado un lugar en la iglesia de el Señor al recibir la bendición de instrucción en el pacto, el oír la predicación de la Palabra y el ser entrenados en hogares y escuelas cristianas. Además de tener la revelación de la verdad de Dios en las Escrituras, tienen el conocimiento que les ha sido dado en sus años formativos durante su crecimiento y sobre todo la predicación de la cruz de Cristo. Ellos aún reciben más que eso. En el momento del bautismo Dios viene a ellos y les da todas las riquezas de la herencia de la promesa de salvación. Dios les dice "Yo seré tu Dios, te amaré y te bendeciré y te daré la salvación. Te haré un heredero de todas las bendiciones de la sangre de mi propio Hijo: el perdón de los pecados, la adopción como hijos, la herencia del cielo y te tomare conmigo en mi propia casa para que vivas por toda la eternidad."

Por supuesto, la pregunta surge inmediatamente de ¿cómo puede ser esto real cuando en verdad muchos de los hijos de padres creyentes al crecer abandonan la iglesia? ¿Cómo pueden recibir la promesa de Dios de ser salvos cuando en realidad nunca lo son? ¿Cómo pueden recibir la señal del bautismo como un signo de su incorporación al pacto cuando terminan viviendo y muriendo fuera de él?

Los que enseñan esta idea tienen una respuesta rápida a estas preguntas. Dicen que los niños reciben estas promesas objetivamente, pero que la promesa no es necesariamente realizada subjetivamente en sus corazones. Tienen la promesa, por así decirlo, en sus manos pero no en sus corazones. La tienen en la forma de una promesa objetiva, pero subjetivamente no está en su posesión.

Para estos niños hay dos posibilidades, cuando crezcan podrán rechazar estas promesa y si así hacen se convierten en merecedores del juicio divino, lo que los hace imposible de recibir esa promesa o por lo contrario, pueden aceptarlas y hacerlas suyas al tener fe y creer en el Señor Jesucristo.

Usan como ilustración la idea que Dios les ha dado a ellos un cheque. Este cheque está girado en nombre de la persona que recibe el bautismo y lleva la firma de Dios, con la promesa de pagar por la salvación a los que lo reciben. Hay un número de cosas que la persona puede hacer con el cheque. Puede ponerlo en un marco y colgarlo en la pared. Pero así, ese cheque no hará nada por él. Esto representa a los que se enorgullecen que fueron bautizados pero nunca han recibido la promesa de salvación en sus corazones. También es posible que la persona ponga el cheque en la basura. Ese cheque no le ayudará en nada puesto que la persona es un quebrantador del pacto que lo desprecia, pisoteando bajo sus pies la sangre del pacto. Pero también es posible que ese niño, cuando llegue una edad en la que él sabe lo que está haciendo lo endorse y lo presente al banco para redimirlo. Seguramente, recibirá el valor completo del cheque. Esto es comparable al hombre que presenta el cheque al banco del cielo y obtiene la fe y las riquezas de la promesa.

Y así todos los niños del pacto reciben la marca del pacto convirtiéndose en herederos de la promesa. Pero sólo aquellos que aceptan la promesa por fe son salvos.

De vistazo, puede parecerse esta una aceptable explicación a un problema bastante perplejo. Sin embargo, hay serias objeciones que se pueden presentar en contra de esta idea.

En primer lugar, debe plantearse la pregunta: ¿es esta promesa de Dios es realmente dada a todos los niños en el momento del bautismo? ¿Quiere decir Dios lo que dice cuando promete la salvación a un niño que nunca aceptará lo prometido? ¿Realmente quiere Dios salvarlo? ¿Es la intención y el deseo de Dios de salvarlo? Al considerar estas preguntas, nos damos cuenta que esta visión es idéntica a lo que se llama la "oferta gratuita y bien intencionada del evangelio." En realidad no es más que una transferencia de esa idea a la doctrina del pacto. Como tal, por lo tanto, está sujeta a la misma crítica que la oferta gratuita y bien intencionada del evangelio merece.

Pues de acuerdo a esta idea lo que realmente hace es crear un conflicto en Dios que, por un lado, quiere salvar a todos a quienes les llega la promesa, pero por otro lado quiere según el decreto de elección, salvar sólo a algunos de ellos. Además, esta idea representa a Dios como un estafador de su promesa, como un Dios que realmente nos está tratando de engañar. Dios promete lo que no tiene intención de dar. Es como si le prometo a mis hijos $10,000 dólares cuando sé muy bien en mi propio corazón que no tengo absolutamente ninguna intención de dárselos jamás. Me estoy burlando de ellos. Atribuir tal conducta a Dios equivale a la blasfemia.

Pero si en cambio Dios es sincero en su promesa a todos los hijos del pacto, entonces surge otra dificultad. Si es verdad que Dios intenta dar ese maravilloso regalo de salvación a todos los que son bautizados, entonces ¿Por qué no son todos salvos? ¿Es que acaso la promesa de Dios queda sin efecto en esos casos? ¿O es que Dios no tiene éxito en lo que sinceramente intenta hacer? ¿Por qué es, entonces, que no todos son llevados a la salvación y la gloria?

La respuesta que usualmente se da a esta pregunta es que la promesa que es hecha en el bautismo es una promesa condicional. Lo que Dios promete a cada niño bautizado es que Él lo salvará solamente si ese niño cree y acepta la promesa cuando llega a los años de entendimiento.

Pero varias objeciones pueden levantarse en contra de esta idea. Para empezar, esto hace del pacto algo que es entonces de un carácter bilateral con condiciones, obligaciones y promesas para ser cumplidas por ambas partes, algo que ya hemos criticado y contestado anteriormente. En segundo lugar esa idea nos dice que la condición de fe debe ser cumplida por el hombre. La decisión final descansa en el niño que recibió la promesa condicional. El niño debe finalmente decidir si es que él desea aceptarla o no. Dios promete sinceramente dársela, pero el niño tiene la última palabra. Dios en verdad no puede cumplir lo que Él ha prometido hasta que el hombre lo acepte. La fe, entonces, es una obra del hombre que es quien determina su destino final mientras que Dios espera pacientemente por la decisión del hombre. Nuevamente estamos de vuelta en un arminianismo que deshonra a Dios.

Los que sostienen este punto de vista objetan que, si bien la fe es la condición de la promesa, es Dios mismo el que cumple esta condición. De esta forma, se espera que el error del arminianismo pueda pasarse por alto sin ser notado. Pero esto nunca funcionará. Es una estratagema que simplemente no funciona. La pregunta central permanece: ¿Promete Dios, sinceramente, a todos los niños la salvación? Si lo hace, entonces esa salvación debe estar disponible para ellos. Sería yo un monstruo si les prometiera a cada uno de mis hijos $10,000 cuando mis activos totales estuvieran más cerca de $100. ¿Prometió Dios una salvación que no está disponible? La única forma de evitar esto es enseñando que, en efecto, Cristo murió por todos, o al menos por todos aquellos a quienes se les hizo la promesa, cuando en realidad algunos de ellos eventualmente irán al infierno. Pero aún hay más. ¿Puede una promesa condicional ser realmente una promesa? La pregunta que debe ser contestada es: ¿Promete Dios la salvación? Y si Dios promete la salvación, entonces ¿también promete la fe? Y si Él promete fe, ¿es la fe su regalo? Pero entonces no puede ser una condición para esa salvación, porque entonces la fe es una condición para la fe. Y como podemos ver, uno termina diciendo puras tonterías. La única solución que les queda es hacer de la fe la obra del hombre. Y así, de acuerdo a ellos Dios promete en verdad dar salvación, pero es el hombre el que tiene que ejercer la fe. Y esto niega la soberanía de la gracia.

Pero la enseñanza de las Escrituras es diferente. La Biblia enseña que la promesa de Dios sobre el pacto es particular e incondicional. Dios no sólo promete sino que también cumple lo que Él intenta hacer. Después de todo, es la promesa del Dios viviente. Es el juramento que Dios jura por sí mismo de que sin lugar a dudas Él salvará a su pueblo hasta el final. Por lo tanto, esta promesa es sólo para los elegidos. El hecho de que todos sean bautizados no establece ninguna diferencia. La promesa de Dios viene sólo a aquellos a quienes Dios ha elegido desde toda la eternidad. Esta promesa viene prometiendo las grandes bendiciones de la cruz de Cristo. Pero sólo para aquellos por quienes Cristo murió. Y esa promesa es incondicional. Llega como la Palabra del Dios de gracia soberana para su pueblo. Viene sin ataduras. Viene como el gran regalo de gracia y amor de Dios para aquellos a los cuales Él ha decidido salvar. Si se duda que está es la enseñanza general de todas las Escrituras, hay textos que lo afirman explícitamente. Uno de estos textos se encuentra en Hechos 2:39: "Porque para ustedes es la promesa, y para vuestros hijos, para todos los que están lejos; para cuantos el Señor nuestro Dios llamare." Ahora, la primera parte de este texto, puede parecer que esta promesa de Dios es general para todos aquellos a quienes

Pedro está hablado y para todos sus hijos. Pero el propio Pedro limita esto severamente a través de la última cláusula del texto. Él enfáticamente nos declara allí que esta promesa no es para todos los que escuchan, sino solamente para aquellas personas y sus hijos que son llamados por Dios. Por lo tanto, el llamado soberano y eficaz de Dios es la limitación divina también de los herederos de la promesa.

Pablo enseña esta misma verdad en Romanos 9:6-8 donde discute exactamente quienes son "los hijos de la promesa." Él está enfrentando la cuestión del rechazo de Israel. No todos los que recibieron el signo de la circuncisión fueron salvos; de hecho, la gran mayoría estaba perdida. Esto no se debe, dice el apóstol, a que la Palabra de Dios no tenga efecto. Dios nunca dijo que iba a salvar a todo Israel. Nunca prometió tal cosa. Además, "no son todos Israelitas los que son de Israel: ni porque sean la simiente de Abraham, son todos hijos, sino que en Isaac se llamará tu descendencia. Esos que son hijos de la promesa son contados como simiente." Así, el apóstol argumenta que no todos los nacidos en la línea del pacto, aunque recibieron la marca de la circuncisión son hijos de la promesa. Tanto Ismael como Isaac fueron circuncidados. Pero ambos no eran herederos de la promesa. Las promesas no fueron hechas a ambos. Sino que sólo "en Isaac será llamada tu descendencia."

Esta verdad también puede ser defendida desde ese bello texto en Gálatas 3:16, el cual hemos citado anteriormente. Dios hace su promesa centralmente a Cristo, y es sólo a través de Cristo que Dios hace su promesa al hombre. Pero entonces esta promesa sólo le llega a aquellos hombres que pertenecen a Cristo según el decreto de elección, y por quienes Cristo murió. No todos los niños que nacen y se bautizan reciben estas promesas; sólo aquellos que están en Cristo Jesús.

La promesa de Dios no depende del hombre ni de lo que él pueda hacer. Cuando Dios establece su pacto con David, esta misma verdad quedó en claro. Leemos esto en el Salmo 89:28-35. Dios está hablando de su promesa de darle a David un hijo, típicamente Salomón, pero en realidad Cristo. Él le dice a David:

"Mi misericordia le guardaré para siempre, y mi pacto se mantendrá firme con él. Pondré su descendencia para siempre y su trono como en los días de los cielos. Si dejaren sus hijos mi ley y no anduvieren en mis juicios, si profanaren mis estatutos, y no guarden mis mandamientos, entonces castigaré con vara su rebelión y con azotes sus iniquidades. Mas no quitaré de él mi misericordia. Ni falsearé mi verdad. No olvidaré mi pacto, ni mudaré lo que ha salido de mis labios." ¡Oh cuan hermoso es esto! Dios dice que aún cuando su Ley sea quebrantada y su pacto violado por la desobediencia de su pueblo, Él castigará las iniquidades con azote pero nunca quitará su amorosa bondad o romperá su pacto con su pueblo. El pacto de Dios es mantenido por su poder y por su gracia soberana sin necesidad de condición alguna de los hombres.

La idea de una promesa condicional a todos los niños que son bautizados nunca resistirá la prueba de las Escrituras.

Pero ahora debemos de enfrentar esta pregunta: ¿Por qué deben ser bautizados todos los niños del pacto? Sabemos que no todos son salvos. No todos están incluidos en el pacto. Sin embargo es la voluntad de Dios que ellos lleven la marca del pacto. ¿Cuál es la razón para esto?

Noten que nuestra pregunta no es ¿cuál es la base para el bautismo de infantes? Esa pregunta ya la hemos contestado con anterioridad. La pregunta es: ¿Por qué deben ser bautizados todos los hijos de los creyentes, cuando sabemos que no todos se encuentran entre los elegidos y en verdad entre ellos se encuentran niños reprobados?

Para contestar esa pregunta debemos entender que las Escrituras enseñan que Dios siempre trata a los hombres orgánicamente. Mientras que esta palabra quizás no sea un término familiar, el significado es lo suficientemente claro y la idea se enseña a través de toda la Escritura.

Quizás la mejor forma de entender este término es en referencia a su diferencia con el término individualista. Aunque Dios escoge elegidos y reprobados individualmente y aunque el trata con los hombres individualmente, esto no altera el hecho de que en los tratos de Dios con los hombres deben de ser considerados orgánicamente. Eso es, y éste es el significado del término orgánico, Dios siempre trata con el hombre en su relación con sus compañeros hombres en todas las facetas de la vida. Dios trata con los hombres como parte de las unidades dentro de la sociedad, ya sea en nuestras relaciones familiares, o en nuestra relación en la iglesia, o en nuestras relaciones nacionales y étnicas. Pero esto no solamente es verdad en lo que se refiere a la relación que concierne a un hombre y sus contemporáneos, pero también es así en lo que concierne las relaciones de un hombre y sus antepasados y sus sucesores. Dios trata con los hombres no sólo como individuos, sino también como parte de la unidad completa de la sociedad.

Los tratos de Dios con los hombres en todas estas relaciones son tratos en las esferas morales y éticas de la vida, ya que el hombre se encuentra por encima de todo en relación con Dios. Dios mira a un hombre no sólo como individuo, sino también como parte de una unidad entera de la sociedad.

Esta es una doctrina muy importante de las Sagradas Escrituras, una que si la ignoramos lo haremos sólo con la más grave de las consecuencias, aunque a menudo no se reconoce como tal. De hecho, se puede decir que uno de los principales errores del pelagianismo y del arminianismo es precisamente su negación de esta verdad. Y si podemos interponer esto por un momento, la negación de esta verdad fundamental conduce a una serie de errores muy graves en la doctrina y en la vida de las iglesias que han caído en el error del arminianismo. El arminianismo es completamente individualista. Niega de entrada la verdad fundamental de que Dios trata con los hombres y los juzga también de acuerdo a la relación en que el hombre se encuentran con sus semejantes.

Esto es cierto en toda la vida. Podemos ilustrarlo brevemente con algunos ejemplos. En la Segunda Guerra Mundial, era muy posible que no todos los ciudadanos de Alemania estuvieran de acuerdo con Hitler en sus políticas expansionistas y su determinación de someter a toda Europa a su gobierno. Si hubieran votado en el asunto, se hubieran negado a aceptarlo. Pero ellos eran parte de una nación, y ellos como parte de una nación tuvieron que sufrir las terribles calamidades de toda la nación. Sus hijos fueron llamados al servicio y tal vez murieron en el campo de batalla. Sus casas fueron bombardeadas y sus vidas destruidas por los estragos de la guerra. Las dificultades y los sufrimientos que sufrieron las personas no dejaron ilesos a los que objetaban la guerra. Debido a que eran Alemanes, todos los graves horrores de la guerra fueron visitados sobre ellos. Lo mismo es cierto de un hogar donde el padre es un borracho. Tal vez la esposa y los hijos de este hombre no sólo se oponen a la embriaguez y la consideran un pecado, sino que hacen todo lo que pueden para luchar contra este gran mal. Sin embargo, son parte de la unidad familiar, y el pecado del padre tiene sus consecuencias en sus propias vidas. Todos sabemos cuánto sufre la familia de un adicto al alcohol a pesar de que la esposa y los hijos sean inocentes del pecado.

Si bien estas no son sino ilustraciones de lo que queremos decir, la misma verdad fundamental es válida para el trato de Dios con los hombres a lo largo de la historia. El trato de Dios, para con toda la raza humana en Adán. Adán fue creado por Dios, como notamos en el capítulo 11, como el representante orgánico y legal de toda la raza humana. Como la cabeza orgánica de la cual salió toda la raza humana, él también era el representante federal. Adán estaba en el paraíso como el representante de todos los hombres. Todos los hombres incurrieron en la culpa de las transgresiones de Adán y todos los hombres nacen en depravación debido a la corrupción de la naturaleza de Adán. Entramos al mundo depravado y totalmente perversos porque somos culpables ante Dios por lo que hizo Adán. Alguien podría decir: "¿Cómo puede Dios hacerme culpable por lo que hizo Adán? Ni siquiera estuve allí. No tuve nada que decir sobre si Adán debería o no comer del árbol prohibido." Todo esto no hace ninguna diferencia; Dios juzga a todos los hombres como culpables y los castiga con total corrupción de la naturaleza debido a esto.

Los arminianos niegan esto. Pero nunca será suficiente quejarse de que esto nos parezca injusto. Nunca servirá plantear objeciones. El hecho es que es verdad. Dios trata con los hombres en sus relaciones mutuas entre ellos; y Dios es justo y correcto en todo lo que hace.

Este principio se encuentra a través de las Escrituras. Dios le asegura a Israel en la ley, que visitará las iniquidades de los padres sobre los hijos hasta la tercera y cuarta generación de los que le odian. Cuando Israel, por incredulidad, se negó a entrar en la tierra prometida, toda la nación fue castigada y obligada a vagar durante cuarenta años en el desolado y árido desierto donde murió toda una generación. ¿No había en Israel quienes querían entrar a la tierra prometida? Por supuesto que sí – Moisés, Josué y Caleb por mencionar algunos. Pero Dios se ocupó de la nación como un todo. El resultado fue que la nación entera se mantuvo lejos de Canaán durante cuarenta largos años.

Esto no cambió durante el resto de la historia de Israel. Cuando la nación se apartó de los caminos de Jehová, Dios envió sobre ellos toda clase de pestilencia y tribulación. Sus campos no produjeron su aumento; naciones paganas vinieron contra ellos, y cayeron en batalla. Finalmente, los llevaron a una tierra extranjera donde sólo podían colgar sus arpas sobre los sauces, porque no podían cantar las canciones de Sión en una tierra extraña. Pero también habían personas fieles a Dios en este número, pero los pecados de la nación llevaron a todo el pueblo al cautiverio. Cuando Israel entró en Canaán y luchó contra Hai, los ejércitos de Israel fueron derrotados en la batalla y algunos de los soldados murieron. La razón de esto fué el pecado de Acán que se había tomado los tesoros prohibidos de Jericó. Es sorprendente que nadie en Israel siquiera supiera de este pecado, pero Dios castigó a toda la nación por eso. De hecho, cuando Josué, angustiado, pregunta al Señor sobre el motivo de esta aplastante derrota, el Señor le dice: "Israel pecó, y han transgredido mi pacto que yo les mandé; porque tomaron de lo maldito, y también han robado, y también lo han disimulado, y lo han mezclado incluso entre sus cosas" (Josué 7:11). De hecho, el capítulo comienza con las palabras: "Pero los hijos de Israel cometieron traspasos en el anatema ... y el enojo del Señor se encendió contra Israel." ¿Cómo puede ser esto? La única respuesta es que el pecado de un hombre, el cual era desconocido a los otros hombres fue cargado a la cuenta de toda una nación. Esta verdad es bellamente repetida en la oración de Daniel en el capítulo nueve donde lo encontramos de rodillas confesando sus pecados. Un hombre piadoso y fiel a Dios en su servicio pero a través de su oración el no titubea en usar el primer pronombre plural: "Y oré a Jehová mi Dios e hice confesión diciendo, Ahora, Señor, Dios grande, digno de ser temido, que guardas el pacto y la misericordia con los que te aman y guardan tus mandamientos; hemos pecado, hemos cometido iniquidad, hemos hecho impíamente, y hemos sido rebeldes, y nos hemos apartado de tus mandamientos y de tus ordenanzas" (Daniel 9:4-5). Daniel considera el pecado de la nación, como suyo propio, aun cuando él no ha sido parte de ellos.

Este principio se mantiene vigente en la nueva dispensación. Cuando Jesús, durante la semana de la pasión, pronuncia sus terribles ayes sobre la casa de Israel. Habla de los pecados de los fariseos y de los pecados de sus padres, todos relacionados entre sí: "¡Ay de vosotros, escribas y fariseos, hipócritas!, porque edificaron los sepulcros de los profetas y adornaron los sepulcros de los profetas justos, y digamos que si hubiésemos sido en los días de nuestros padres, no habríamos sido partícipes de ellos en la sangre de los profetas. Por tanto, sed testigos de vosotros mismos, que sois hijos de los que mataron a los profetas. Hasta la medida de tus padres: serpiente, generación de víboras, ¿cómo escaparéis de la condenación del infierno? Por tanto, he aquí, os envío profetas, sabios y escribas, y a algunos de ellos mataron y crucificaron, algunos de ellos fueron azotados en sus sinagogas y los perseguían de ciudad en ciudad: para que ahora venga sobre ustedes toda la sangre justa derramada sobre la tierra, desde la sangre del justo Abel hasta la sangre de Zacarías, hijo de Baraquías, a quien mataron entre el templo y la altar" (Mateo 23: 29-35). Es evidente en este texto que el castigo que estaba por venir sobre la casa de Israel era un castigo no sólo por los pecados de aquellos que vivieron en los días de Jesús, sino como un castigo por todo los pecados de toda la nación desde los días de Caín en adelante.

Esteban dice más o menos lo mismo en su poderoso discurso ante el Sanedrín: "Duros de cerviz, e incircuncisos de corazón y de oídos! Vosotros resistís siempre al Espíritu Santo; como vuestros padres, así también vosotros. ¿A cuál de los profetas no persiguieron vuestros padres?. Y mataron a los que anunciaron de antemano la venida del Justo, de quien vosotros ahora habéis sido entregadores y matadores" (Hechos 7: 51, 52).

Toda la vida está llena de esta verdad. Una nación es responsable en conjunto por lo que la nación; a través de sus líderes hace. Cualquier organización es una comunidad corporativa que asume la responsabilidad corporativa ya sea que estén de acuerdo o en desacuerdo. Los pecados de los padres a menudo se magnifican en sus hijos. El juicio de Dios viene sobre los niños de los niños en el forma de estos pecados. Una familia puede abandonar la iglesia de Dios y unirse a otra iglesia donde la verdad no se predica. El resultado es que los hijos y los nietos se alejarán más allá de la verdad de lo que sus padres alguna vez pensaron que era posible.

Así también Dios trata con las naciones en la predicación del evangelio. No todos oyen la predicación del evangelio en cualquiera nación dada. Y sin embargo Dios juzga a la nación en total en base a lo que hicieron con la predicación del evangelio. Jesús habla de Tiro y de Sidón como entidades corporativas levantándose en juicio en contra de Israel. Siempre la conclusión es la misma. Dios no trata con los hombres solamente como mero individuos, pero también en la relación orgánica de la vida.

Pero esto no sólo es verdad en el sentido negativo del juicio de Dios. También es verdad en el sentido positivo de la salvación. Dios salva en la línea de generaciones continuas. Dios trata con su pueblo en el sentido orgánico de la palabra, eso es, en las generaciones del pacto con creyentes y su semilla. Es verdad que en esas líneas hay creyentes y no creyentes por igual; la línea de la elección y la de la reprobación corren juntas con la línea del pacto, pero esto no altera el hecho de que los que nacen dentro del pacto deben ser tratados en la misma manera.

Esto también es claramente enseñado en las páginas de las Sagradas Escrituras. En el Salmo 80:8-15 esta verdad descansa como fundación del quejumbroso llanto de Asaf: "Hiciste venir una vid de Egipto; echaste las naciones, y la plantaste. Limpiaste sitio delante de ella, e hiciste arraigar sus raíces y llenó la tierra. Los montes fueron cubiertos de su sombra, y con sus sarmientos los cedros de Dios. Extendió sus vástagos hasta el mar, y hasta el río sus renuevo. ¿Por qué aportillaste sus vallados y la vendimian todos los que pasan por el camino?. la destroza el puerco montés, y la bestia del campo la devora. Oh Dios de los ejércitos, vuelve ahora; Mira desde el cielos y considera, y visita esta viña. La planta que planto tu diestra, Y el renuevo que para ti afirmaste". Nadie puede negar que la viña de la cual se habla aquí es la nación entera de Israel desde los tiempos de su liberación de Egipto hasta el tiempo en que la calamidad cayó sobre la nación en los días de Asaf. Esa nación con miles de años de existencia en los cuales los elegidos y los reprobados eran parte de ella, es considerada aquí como una viña.

Isaías usa la figura de la viña para describir la nación: "Ahora cantaré por mi amado el cantar de mi amado a su viña. Tenía mi amado una viña en una ladera fértil. La había cercado y despedregado y plantado de vides escogidas; había edificado en medio de ella una torre, y hecho también en ella un lagar; y esperaba que diese uvas, y dio uvas silvestres. Ahora, pues, vecinos de Jerusalén y varones de Judá, juzgad ahora entre mí y mi viña. ¿Qué más podía hacer a mi viña, que yo no haya hecho en ella? ¿Cómo, esperando yo que diese uvas, ha dado uvas silvestre? Os mostraré, pues, ahora lo que haré yo a mi viña: le quitaré su vallado, y será consumida; aportillaré su cerca, y será hollada. Haré que quede desierta; no será podada ni cavada, y crecerán el cardo y los espinos; y aun a las nubes mandaré que no derrame lluvia sobre ella. Ciertamente la viña de Jehová de los ejércitos es la casa de Israel, y los hombres de Judá planta deliciosa suya" (Isaias 5: 1-7).

Es imposible el poder interpretar un pasaje como este a menos que lo tomemos en el sentido orgánico. La nación como una unidad entera se ha apartado de los caminos del Señor. Pero esto no descarta la realidad que siempre queda un fiel remanente de acuerdo al decreto de elección por gracia al cual Dios llama su viña muy amada. Pero esto no significa que Dios ama a cada Israelita cabeza por cabeza. La nación como nación es amada por Dios. Pero siempre dentro de esa nación había los reprobados destinados al infierno como también los granos elegidos y amados. Ellos son Israel. El pueblo de Dios, su viña, su herencia, su muy amada. No porque todos sean el verdadero Israel, pero porque son considerados en su unidad orgánica.

Estas mismas figuras se encuentran en el Nuevo Testamento. Pablo habla del hecho que la nación entera fue bautizada en las nubes y en el Mar Rojo. ¿Quiere esto decir que los reprobados que perecieron en el desierto fueron bautizados? Por supuesto que sí. Ellos nacieron en la línea del pacto y por tanto llevaban el signo del pacto en su propia carne. "Porque no quiero, hermanos, que ignoréis que nuestros padres todos estuvieron bajo las nubes, y todos pasaron el mar, y todos en Moisés fueron bautizados en la nube y en el mar, y todos comieron el mismo alimento espiritual, y todos bebieron la misma bebida espiritual; porque bebían de la roca espiritual que los seguía, y la roca era Cristo. Pero de lo más de ellos no se agradó Dios; por lo cual quedaron postrados en el desierto" (1 de Corintios 10:1-5).

Jesús enseña esta misma verdad cuando habla en relación a su pueblo como la relación de una viña y sus ramas: "Yo soy la vid verdadera y mi Padre es el labrador. Todo pámpano que en mí no lleva fruto, lo quitará; y todo aquel que lleva fruto, lo limpiará, para que lleve más fruto. Ya vosotros estáis limpio por la palabra que os he hablado. Permaneced en mí, y yo en vosotros. Como el pámpano no puede llevar fruto por sí mismo, si no permanece en la vid, así tampoco vosotros, si no permanecéis en mí. Yo soy la vid, vosotros los pámpanos; el que permanece en mí, y yo en él, este lleva mucho fruto; porque separados de mi nada podéis hacer. El que en mí no permanece, será echado fuera como pámpano, y se secará; y los recogen, y los echan en el fuego, y arden" (Juan 15: 1-6).

Es obvio en este pasaje que Jesús mira a la iglesia desde el punto de vista orgánico y las generaciones del pacto son consideradas pámpanos o ramas. Y entre estas ramas hay aquellas que no producen frutos y por lo tanto deben ser cortadas. En un sentido ellos están en Cristo, aunque sólo porque son nacidos en la línea del pacto de padres creyentes. Pero como no producen fruto deben ser podados de la vid de Cristo por medio de la disciplina cristiana. Sin embargo, ellas crecen en la vid y se les llama a ser parte de ella. Al número total de las ramas, incluyendo las ramas muertas se les llama una vid. Pero a la vid no se ve desde el punto de vista de las ramas muertas, a pesar de que estas ramas muertas están allí, sino porque enfáticamente es una vid. Igualmente, esto también se aplica a la iglesia. La iglesia es la reunión de creyentes y su simiente. Dentro de la iglesia hay elegidos y reprobados. Pero esta es la iglesia de Dios, porque no se habla de la iglesia sólo desde el punto de vista del elemento réprobo, sino desde el punto de vista de los elegidos. La presencia de los reprobados no altera esto en lo más mínimo.

Pablo usa la misma figura en Romanos 11 cuando habla de la iglesia de la antigua y nueva dispensación como un olivo. El viejo olivo es la nación de Israel. Pero cuando la nación rechazó a Cristo, estas ramas fueron cortadas del árbol, y los gentiles (ramas de un olivo silvestre) fueron injertados en el olivo. Este olivo es la iglesia de Cristo en ambas dispensaciones.

De igual manera usamos el mismo idioma en relación con ciertos fenómenos de las Escrituras. Podemos, por ejemplo, trabajar en un huerto. En este huerto hay muchos árboles con ramas que, por una razón u otra, deben ser eliminadas. No hablamos de estos árboles desde el punto de vista de las ramas cortadas. Sabemos muy bien que estas ramas son inútiles para el árbol; que, de hecho, el árbol crecerá mejor y producirá más si se les cortan estas ramas que sólo están impidiendo su crecimiento. Pero estas ramas no son en sí el árbol. El árbol es un manzano o un cerezo, aparte del hecho de que contiene ramas sin valor. Lo mismo ocurre con la dispensación histórica del pacto de Dios. Siempre, en su manifestación histórica, está el núcleo electo y la capa exterior réproba. Pero igualmente es el pacto de Dios y el pueblo en él es considerado orgánicamente como el pueblo del pacto de Dios.

Lo mismo puede decirse de un campo de trigo. El agricultor puede tener tantas malezas en el campo, pero el campo es enfáticamente un campo de trigo, incluso si las malezas superan al trigo, ya que el agricultor observa su campo desde el punto de vista de su propósito final; y ese es el cultivo del trigo. Él sabe que las malas hierbas finalmente serán destruidas y el trigo cosechado. Esto es incluso cierto cuando fertiliza el campo, lo irriga y hace todo lo que es importante para que crezca el trigo. Aun el mismo fertilizante y el agua, y la luz del sol del cielo hace que la hierba crezca tan bien como el trigo. El granjero lo sabe, pero este es su campo de trigo el cual cuida con miras a la cosecha final. Igualmente Dios envía la lluvia y la luz del sol de su Palabra y los sacramentos sobre su iglesia. En esa iglesia hay reprobados y elegidos, y deben, según Jesús en la parábola de la cizaña del campo, crecer juntos hasta la cosecha. Pero no obstante esta es la iglesia, porque Dios mira a la iglesia desde el punto de vista de su propio propósito. Esta misma figura se encuentra en las Escrituras en pasajes tales como Isaías 55: 8-11 y Hebreos 6: 4-8.

Las Sagradas Escrituras a menudo usan una figura idéntica cuando hablan del trigo y la paja. (Ver por ejemplo Salmo 1:4 y Mateo 3:12). En un campo de trigo o maíz se encuentra el tallo individual de estas plantas. Cuando finalmente el trigo o el maíz está maduro, sólo se guarda una pequeña fracción de la planta entera para su uso. En una planta de trigo, todo el tallo, la borla, la cáscara, incluso la mazorca se tiran. De una planta de seis o siete pies de altura con orejas grandes, sólo se guarda un pequeño puñado de maíz, mientras que el resto se descarta. El propósito de la totalidad es producir ese pequeño puñado de maíz. Lo mismo ocurre con la iglesia. Los impíos son como la paja que se lleva el viento, mientras que los elegidos, como el trigo, que se juntan en los graneros. Y esta figura enfatiza también una verdad tan a menudo enseñada en las Escrituras: la semilla reprobada existe con el propósito de los elegidos. Estos sirven a la elección como la paja al trigo, de acuerdo al propósito de Dios. Ellos, son en relación con los elegidos, como el andamio de un edificio, que cuando se termina la edificación, el andamio se derriba y se descarta. Pero la planta de trigo y la planta de maíz son una sola planta.

Esta verdad es tan importante que sin ella uno no podrá entender las Escrituras si no las toma en cuenta. ¿Cómo es posible leer a los profetas, con sus alternantes bendiciones y maldiciones, a menos que uno entienda que los profetas estaban hablando a la nación de Israel, con ambas semillas dentro de ella, cuando se considera orgánicamente? Todos los apóstoles se dirigieron a las iglesias a las cuales escribieron de la misma manera. Estaban muy conscientes del hecho de que hombres malvados estaban presentes en las iglesias, pero esto no les impidió dirigirse a las iglesias como "santos en Cristo Jesús." De hecho, estos apóstoles aconsejan a las iglesias que corten a los miembros malvados. Pero la iglesia es vista desde el punto de vista orgánico como la única iglesia de Cristo. Jesús también hace esto en las cartas que ordena a Juan que escriba a las siete iglesias en Asia Menor. Algunas de estas iglesias tenían miembros malvados y pecados muy graves que el Señor castiga. Pero se dirigen a la iglesia como un todo, considerada orgánicamente. Y las admoniciones y advertencias, las promesas y el aliento están dirigidas a toda la congregación.

Cualquier ministro del evangelio hace lo mismo. Se dirige a su congregación como "amados en el Señor Jesucristo". Por supuesto que sabe que en la iglesia hay aquellos que no son verdaderos hijos de Dios, que nunca han sido regenerados. Pero sería una gran injusticia a la congregación si él se dirigiese a ellos en cualquier otra forma que no fuera como amados por Cristo. Considera la congregación desde el punto de vista de los elegidos de la misma forma que hace Dios. El ignorar esto y tratarlos como una mezcla o el dirigirse a ellos desde el punto vista de un elemento reprobado entre ellos sería un grave error. De hecho, distorsionaría todo su ministerio y arruinaría el evangelio de consuelo y esperanza que trae al pueblo de Dios. Él, como los profetas de antaño, habla en nombre de Dios: "consolaos, consolaos pueblo mío, dice vuestro Dios. Hablad al corazón de Jerusalén; decidle a voces que su tiempo es ya cumplido, que su pecado es perdonado; que doble ha recibido de la mano de Jehová por todos sus pecados" (Isaias 40:1-2).

Y todos esos que han nacidos en la dispensación histórica del pacto son tratados de igual manera. Ellos deben recibir el sello exterior del pacto en el bautismo. Todos deben estar bajo la predicación del evangelio. Deben recibir el privilegio de pertenecer a la dispensación histórica del pacto. No hay diferencia en estas cosas externas. Dios desea que sea así.

Esto no niega la verdad que el reprobado sólo recibe el pacto en una forma exterior de la palabra, mientras los elegidos reciben las promesas en sus corazones. Tampoco significa esto que la iglesia no deba ejercer su deber de usar las llaves del reino por medio de la disciplina. Pero el hecho permanece que mientras la iglesia está aquí en la tierra, habrán miembros malvados y apóstatas en medio de esa iglesia a través de todos los tiempos. No puede ser de otra manera. Es sólo al final que los elegidos son traídos a la orilla de la eternidad y habrá una separación final entre los impíos y los justos.

Pablo nos habla de esto en los primeros versículos de Romanos 9 sobre la expulsión de la nación de Israel. Describe esta nación de la siguiente manera: que son israelitas, de los cuales son la adopción, la gloria, el pacto, la entrega de la ley, el culto, y las promesas, de quienes son los patriarcas, y de quienes según la carne vino Cristo, el cual es Dios sobre todas las cosas, bendito por los siglos. Amén.

Pero cuando Dios desechó a la nación de Israel, ¿desechó también a su pueblo? Esto no es verdad. Porque "no todos los que descienden de Israel son israelitas" (versículo 6). Y "Dios no ha desechado a su pueblo, el cual desde antes conoció. Así también aun en este tiempo ha quedado un remanente escogido por gracia" (11: 2a, 5). Pero el hecho es que la nación como un todo recibió la adopción, y la gloria, y el pacto, y la entrega de la ley, y el culto a Dios, y las promesas. El caparazón reprobado compartía estas cosas pero sólo exteriormente porque eran parte de la unidad orgánica de la nación.

Esta es la razón por la cual los niños nacidos en la línea de las generaciones del pacto son bautizados. Ellos son orgánicamente una parte de la iglesia. Ellos pertenecen al desarrollo histórico del pacto de Dios. Ellos todos reciben el signo externo del pacto y son criados bajo la administración del pacto.

Pero debemos entender claramente que Dios lo quiere de esa manera. Nosotros podemos inclinarnos a concluir que esto es meramente una triste pero necesaria parte de la vida. Podemos estar inclinados a desear que fuese de otra manera pero erramos puesto que es lo que Dios desea. Y es que Dios tiene un propósito en esto. Cuando los beneficios externos de la administración del pacto cae sobre todos los que nacen dentro del pacto, Dios usa esos beneficios externos para cumplir su propósito soberano en la salvación de su pueblo y la condenación de los impíos. De la misma forma en que el sol y la lluvia caen sobre el trigo y la maleza en forma igual causando que ambos crezcan y se manifiesten como ellos realmente son, así estos beneficios externos del pacto causan que los elegidos y reprobados crezcan y se manifiesten como ellos son en realidad. Su verdadera naturaleza se hace aparente. La marca del bautismo, la predicación del evangelio, la instrucción que reciben, todos estos beneficios causan que los reprobados crezcan en odio y aversión del pacto y que manifiesten ellos mismo su naturaleza como maleza, como lo que son, mala hierba. Pero al contrario, estos mismos beneficios, sirven para trabajar en los corazones de los elegidos, a través de la operación del Espíritu, llevándolos al arrepentimiento y el amar a Dios con todo su corazón, confesando a Dios en medio del mundo.

Por esta razón debemos de tener cuidado en llamar a estos beneficios como gracia, como los proponentes de la mal llamada gracia común, desean. Dios cumple sus propósitos soberanamente, y los mismos beneficios que reciben los impíos hacen que su juicio y condenación aún más grande. Después de todo, será más tolerable en el día del juicio para Sodoma y Gomorra que para Corazín y Betsaida (Mateo 11: 21-22) debido a que las primeras nunca oyeron la predicación de Jesús y las últimas sí lo oyeron y vieron sus obras maravillosas.

Los sacramentos operan de acuerdo al propósito de Dios en la misma manera que la predicación, y ambos están inseparablemente conectados. De la misma forma que la predicación tiene un doble efecto, el de salvar a unos y endurecer a otros (ver 2da de Corintios 2:14-17) así también los sacramentos cumplen con este propósito soberano de Dios.

Debemos entender, sin embargo, que en la nueva dispensación, cuando la iglesia llega a ser una verdadera iglesia, ella es universal, donde las líneas del pacto son reunidas de cada nación y de cada tribu y lengua. Mientras que algunas generaciones están siendo sacadas de la línea del pacto a través de los apóstatas y la infidelidad, nuevas generaciones son añadidas. Cuando el evangelio llega a una nación la cual nunca lo había oído, Dios no sólo salva individuos, sino que injerta nuevas generaciones en el viejo árbol de olivo: los creyentes y sus hijos.

La historia de la línea del pacto puede ser comparada con un gran río. En el Antiguo Testamento ese río corría exclusivamente a través de la nación de Israel. Pero en la nueva dispensación esa línea corre a través de cada nación, tribu y lengua. En el curso de su camino, es siempre un río de la misma forma que el Misisipi es uno que corre desde Minnesota hasta su desembocadura en el Golfo de México en el estado de Luisiana. Pero mientras que ese río progresa hacia el sur mucha de sus aguas nunca llegan a la desembocadura. Mucha se pierde a través de la evaporación, a través del bombeo para uso fuera del río, a través del agua que se absorbe en el suelo y a través del agua atrapada en remolinos. Pero al mismo tiempo, agua es añadida al río a través de cañadas y riachuelos de lluvia y de otros ríos. Cuando el río Misuri llega al Misisipi es absorbido por éste y deja de ser Misuri. El Misisipi permanece en todo tiempo como un río llamado por ese nombre. De igual manera, el pacto permanece a través de la historia. Muchos nacidos dentro de ese pacto y arrastrados por un tiempo, en realidad no son parte de él . Pero nuevas generaciones constantemente son agregadas, no individuos, sino creyentes y su semilla. Y siempre este es el único pacto de Dios. Finalmente son tan sólo los elegidos, la verdadera semilla del pacto quienes son llevados a su destino final, la gloria del pacto eterno de gracia de Dios en el cielo. Por lo tanto, de acuerdo con las Escrituras, todos los niños de los creyentes deben ser bautizados. Esta es la enseñanza de las Escrituras en todo momento, y esta es la verdad del bautismo como una señal del pacto.

Capítulo 12
El Pacto y la Predestinación

☩

En el prefacio de este libro hicimos la observación que desde el comienzo del desarrollo de la teología del pacto – desde los tiempos de la Reforma Protestante hasta nuestros días – los teólogos del pacto se han encontrado en tensión entre la verdad de la teología del pacto y la verdad de la predestinación. Esto se debe en gran parte a que la mayoría de los teólogos del pacto consideran al pacto como un acuerdo debido a una mala definición y por lo tanto no pueden armonizar el pacto con la soberana predestinación. Tan pronto se define el pacto como un acuerdo, al hombre se le concede una participación por pequeña que sea en el establecimiento y mantenimiento del mismo: el hombre debe estar de acuerdo a las provisiones antes que el pacto pueda entrar en efecto al igual que en el mantenimiento de ciertas estipulaciones para hacer el pacto una realidad continua. Por lo tanto si el pacto no es más que un acuerdo por necesidad debe ser un pacto condicional. De esa forma, tendría que depender en ciertas condiciones que el hombre debe llenar.

Es verdad que, como todos sabemos, los que desean mantenerse como reformados en la concepción del pacto deben por necesidad insistir que es Dios el que cumple con todas las condiciones a través de su obra de gracia en el corazón de su pueblo. Pero esa insistencia, por buena que parezca, no evita el peligro de caer en darle un papel al hombre no sólo en el establecimiento del pacto sino también en su mantenimiento y continuación. Y esto nos lleva inevitablemente a caer en el error arminiano de ver al hombre como responsable en alguna medida por su salvación.

El resultado de esta tensión fue que teólogos genuinamente reformados como Turretin no le dieron al pacto el lugar prominente que debería tener en su teología. Con el interés de mantener la soberanía de la gracia, la verdad del pacto se descuidó un tanto y no formó parte integral de todo el sistema de la verdad. Por otro lado, aquellos que enfatizaron fuertemente la verdad concerniente al pacto (los cuales fueron en el sentido más profundo de la palabra teólogos del pacto procediendo en su tratamiento de la teología desde el punto de vista del pacto) no pudieron mantener ni armonizar la verdad de la predestinación soberana en su pensamiento. El resultado fue que, o bien fallaron en enfatizar apropiadamente esta verdad, o bien mantuvieron esta verdad en tensión en relación con la verdad del pacto.

Sumada a esta dificultad estaba el problema total del lugar de los niños en el pacto. Con esto también los teólogos del pacto lucharon. Es lógico que si el convenio es un acuerdo, ningún niño puede tener un lugar en ese pacto porque todavía no puede llegar a un acuerdo. Esto, a su vez, planteó la cuestión del bautismo de infantes, ya que el bautismo es una señal y sello del pacto. Los teólogos reformados, por lo tanto, encontraron difícil mantener el bautismo de infantes y definir el lugar que ocupaban en el convenio.

Es nuestra postura que en las Escrituras no se enseña el pacto como un acuerdo pero se presenta como un enlace de amistad y comunión entre Dios y su pueblo, aquellos que están en Cristo y que por tanto son sus hijos e hijas. Procediendo de esa verdad central de las Escrituras, no es difícil ver que la verdad de la soberana predestinación armoniza perfectamente con la verdad del pacto. Dios escoge desde toda la eternidad aquellos que serán su pueblo. Con ellos, Él soberana y graciosamente establece su pacto al tomarlos dentro de su propia comunión y se hace amigo de ellos. Desde esta perspectiva la cuestión del lugar de los infantes también obtiene una respuesta: tanto infantes como adultos están incluidos en el pacto de gracia.

Las Escrituras muy claramente enseñan esta verdad de la soberanía en la predestinación con relación al pacto. Tenemos una detallada descripción de esta verdad en la historia de Jacob y Esaú, los hijos de Isaac y Rebeca. La historia se encuentra en Genesis 25-28 y le pedimos a los lectores a que la lean antes de continuar con este capítulo.

Aunque no hay otra verdad de las Escrituras que haya sido más atacada y resentida que la verdad de la predestinación, ésta ha sido incorporada a la confesión de la iglesia casi desde el principio de la historia de la misma. Ya para el siglo V, Agustín desarrolló y defendió esta verdad en oposición a la herejía del pelagianismo. En esto fue seguido por Lutero y Calvino y todos los reformadores y por aquellos que se han mantenidos fieles a los principios de la Reforma Protestante.

Esta verdad no es simplemente corolario de la fe de la iglesia, ni tampoco una doctrina insignificante o sin mucha importancia. La iglesia siempre ha mantenido que la predestinación soberana se encuentra en el corazón mismo de la fe cristiana. y esta es también la enseñanza de las Escrituras: "sin embargo, el fundamento de Dios está seguro, teniendo este sello, el Señor conoce a los que son suyos" (2da de Timoteo 2:19).

Sin embargo, a pesar de que han habido tiempos, en los que la iglesia ha defendido esta verdad consistentemente y a una voz, estos han sido pocos y distantes. Aunque siempre ha habido quienes la mantuvieron, la iglesia misma ha sido menos que fiel. Esto no sólo es cierto para aquellas iglesias que han repudiado descaradamente el principio de la Reforma; también ha sido cierto para las iglesias que han afirmado ser herederas de la Reforma y se hacen llamar calvinistas. Con engaño, han contrabandeado las herejías que socavan esta doctrina y destruyen una verdad tan preciosa para los santos.

A pesar de que Agustín la desarrolló y luchó por ella, sus puntos de vista se perdieron con la llegada del énfasis en las obras para obtener la salvación del catolicismo romano. Aunque

Gottschalk la creyó y defendió apasionadamente, por su fidelidad a la verdad se pudrió en prisión por su fe. Aunque todos los reformadores la enseñaron, los arminianos de los siglos XV y XVI casi robaron a las iglesias de esta preciosa verdad. Aun cuando el Sínodo de Dort fuera una poderosa victoria en defensa de ella, no pasaron muchos años antes de que estas mismas iglesias reformadas comenzaran a escuchar los cantos de sirena del arminianismo nuevamente. El mismo Jacobo Arminius sin duda hubiese estado sorprendido (aunque muy complacido) si hubiese conocido el éxito que llegaría a tener su herejía al capturar la mente de la iglesia. Y hoy parece como que han sido victoriosos pues la verdad pura es casi inexistente en la mayoría de las iglesias.

Mirando ahora la cuestión de la predestinación desde el punto de vista de nuestra discusión pasada, surge la pregunta: si es verdad que Dios salva a su pueblo en la línea de generaciones continuas, ¿cómo se explica que no todos los hijos de los creyentes sea salvos? Nadie niega el hecho. Ya en la antigua dispensación esto se hizo evidente. Adán y Eva dieron a luz no sólo a Abel, sino también a Caín, el asesino. Noé tuvo tres hijos, pero las líneas del pacto continuaron al menos durante la antigua dispensación, en una sola: la línea de Sem. Abraham fue el padre de Isaac, el hijo de la promesa, pero él no fue menos el padre de Ismael. E Isaac mismo y su esposa Rebeca tuvieron gemelos Jacob y Esaú, pero sólo Jacob se salvó. Durante toda la antigua dispensación, este hecho permaneció. De ninguna manera fueron salvos todos los niños nacidos en las líneas históricas del pacto. De hecho, el número más grande de ellos no lo eran. En toda la historia de Israel, por lo general, sólo un remanente se salvó, tanto que Isaías habla lastimosamente de la iglesia como una choza en un jardín de pepinos, una ciudad sitiada, un remanente muy pequeño, y Dios le dijo a Elías que sólo había 7,000 que no le había doblado la rodilla a Baal.

La nueva dispensación no es nada diferente. Muchos niños, nacidos de padres creyentes, criados en los caminos del pacto, sin embargo, se apartan del pacto y abandonan la verdad. Reciben el signo del bautismo, son instruidos en la Palabra de Dios, crecen bajo la fiel predicación del evangelio, llegan a tener un vasto conocimiento de las Escrituras y sin embargo odian lo aprendido y le dan las espaldas a todo lo que tenga que ver con Dios y se unen a los enemigos del evangelio y se hacen uno con los impíos.

¿Qué explicación hay para esto? Es que acaso mientras que Dios quiere salvarlos, ellos rechazan la oferta de salvación? ¿Es que acaso vamos a tratar de explicar esto con que Dios sinceramente deseaba salvarlos e hizo todo lo que pudo para lograrlo y fue imposible ante el rechazo de ellos? Nada puede estar más lejos de la verdad. Dios siempre cumple sus propósitos. Y ese propósito se encuentra en la verdad de la predestinación.

La relación entre la predestinación y el pacto se ve con mayor claridad en la historia de Esaú y Jacob, hijos de Isaac y Rebeca.

En esta historia, es casi como si Dios mismo hiciera todo lo posible para enfatizar la soberanía de su propia elección eterna. Habían tan pocas diferencias entre Jacob y Esaú como es posible haber entre hermanos. Para empezar, eran gemelos, concebidos y nacidos juntos. y lo que es más, Esaú nació antes que Jacob y en virtud de su nacimiento, era el heredero de las bendiciones de primogenitura. Él, desde un punto de vista humano y natural, debería haber sido el hijo de la promesa. Ambos se criaron juntos en el mismo hogar, recibieron la misma educación del pacto, el mismo entorno de un hogar temeroso de Dios. Incluso es cierto que, desde un punto de vista natural, Esaú era un candidato mucho más probable para la promesa que Jacob. Esaú era fuerte y robusto, un hombre de campo, el favorito del padre, en general, era agradable de conocer. Jacob, en cambio, era tímido y retraído de otros, algo así como un chico de mamá, con una veta de traición y engaño en su forma de ser, algo que permaneció con él toda su vida. Desde todo punto de vista, Esaú fue la elección lógica para tener el honor de ser el heredero de la promesa del pacto.

Sin embargo ese no fue el caso. Jacob era el hombre que Dios escogió mientras que Esaú fue cortado de la línea del pacto.

Después de veinte años de casados era evidente a Isaac que Rebeca, su esposa, era estéril; el Señor había retenido el privilegio que ella fuese una madre. Esto fue una gran decepción para ambos y una gran lucha espiritual. Ellos sabían que el Señor había decretado el continuar su línea del pacto a través de ellos, la cual culminaría en Cristo. Por lo tanto Isaac oró a Dios que le diese hijos.

Dios contestó esa oración de su fiel siervo, y Rebeca concibió. Pero algo extraño sucedió antes de que ella diera a luz. Tenía en su vientre mellizos y estos luchaban (evidentemente en una forma palpable) allí. Ella interpretó esto como una señal proveniente de Dios e inquirió del Señor a qué se debía esto. Y Dios le respondió "dos naciones hay en tu seno, y dos pueblos serán divididos desde tus entrañas; un pueblo será más fuerte que el otro pueblo y el mayor servirá al menor" (Genesis 25:23).

Estos dos signos apuntaban a un patrón que determinaría la vida entera de estos gemelos. Para comprender esto, debemos entender cuál era el significado en el Antiguo Testamento de ser el primogénito. Tres ventajas distintas pertenecían al primogénito: 1) era el heredero de una doble porción de todas las posesiones de su padre, de modo que recibía el doble de cualquier otro hermano; 2) recibía la bendición del pacto que significaba que estaba en la línea en la cual algún día vendría Cristo; 3) él era, por derecho de nacimiento, el gobernante de sus hermanos.

Como regla general, este derecho de nacimiento era para el hijo primogénito. En ciertas ocasiones, el Señor dispuso lo contrario y señalaba a los padres del pacto que no sería el primogénito sino otro quien debía recibir el derecho de nacimiento. Este fue más tarde el caso en la familia de Jacob. En esta familia, el derecho de nacimiento estaba dividido, pero el hijo mayor no recibió ninguna parte de él. A Rubén se le negó la primogenitura por su pecado de incesto (Génesis 49: 3-4). A Leví y Simón, los siguientes dos niños mayores, se les negó la primogenitura porque tenían en sus manos la sangre de los hombres de Siquém (Génesis 49: 5-7). La porción doble le fue dada a José, porque él recibió dos tribus en la tierra de Canaán (Efraín y Manases) (Génesis 48: 13-22).

El Eterno Pacto de Gracia de Dios

Lo mismo era cierto en la familia de David. No fue su hijo mayor quien recibió la bendición de la primogenitura, sino Salomón, el hijo de Betsabé la cual había sido la esposa de Urías Heteo (1 Reyes 1:1-40).

Dios mismo se apartaría del patrón normal para mostrar a su pueblo que sólo Él realiza la elección soberana del primogénito, y que esta elección no depende de las circunstancias del nacimiento o de cualquier bondad que se encontrara en los propios niños. Llama la atención que debido a que toda la idea de la primogenitura señalaba hacia Cristo, Él es llamado en las Escrituras el verdadero primogénito. Él es el primogénito desde el punto de vista del propósito eterno del consejo de Dios. "El cual nos ha librado de la potestad de las tinieblas, y trasladado al reino de su amado Hijo, en quien tenemos redención por su sangre, el perdón de pecados. Él es la imagen del Dios invisible, el primogénito de toda creación. Porque en él fueron creadas todas las cosas, las que hay en los cielos y las que hay en la tierra, visible e invisibles; sean tronos, sean dominios, sean principiados, sean potestades; todo fue creado por medio de Él y para Él. Y Él es antes de todas las cosas, y todas las cosas en Él subsisten; y Él es la cabeza del cuerpo que es la iglesia, el que es el principio, el primogénito de entre los muertos, para que en todo tenga la preeminencia; por cuanto agradó al Padre que en Él habitase toda la plenitud" (Colosenses 1:13-19).

Cristo como el Primogénito recibe la bendición del pacto de toda salvación. Recibe la posición de ser Señor sobre todos sus hermanos, desde que es exaltado y se sienta a la diestra del Padre en los cielos. Como el primogénito de su pueblo, él les otorga las riquezas y posesiones con las cuales Él ha sido encargado. Él es el cumplimiento de todos los primogénitos en la dispensación o tiempo de los tipos y las sombras.

Fue este derecho de nacimiento el motivo de lucha en toda la vida de Jacob y Esaú. Esaú fue el primero en nacer y tenía el derecho natural a la primogenitura. Isaac porque su fe era a veces débil y porque a él personalmente quería mucho más a Esaú que a

Jacob (Génesis 25:28), también se determinó que Esaú debería tener esta bendición de la primogenitura.

Pero Rebeca entendió mejor. Cuando ella fue a preguntar por el Señor en ese momento los gemelos estaban luchando en su vientre, ella entendió muy bien que el Señor quiso decir (cuando explicó el signo) que no era Esaú sino Jacob el heredero de la bendición de la primogenitura. Y ella determinó que él debería tenerlo.

La fe de estos santos de antaño no era tan fuerte como debería haber sido. Nos parecemos mucho a ellos. No esperaron a que el Señor le diera esta bendición de primogenitura a Jacob a su manera y en su propio tiempo. En cambio, toda su ocupada vida fue absorta en planear cómo podrían arrebatarle el derecho de primogenitura a Esaú. Jacob lo intentó una vez comprándolo por un plato de sopa de lentejas (Génesis 25: 29-34). Pero aprendió que estas bendiciones no se podían comprar con dinero. Más tarde, cuando parecía que Isaac tenía la intención de bendecir a Esaú a pesar de lo que Dios había dicho, Rebeca y Jacob formaron un plan para engañar a Isaac y obtener el derecho de primogenitura mediante una estratagema ingeniosa. Sólo cuando Jacob finalmente fue bendecido a través de este engaño, Isaac también confesó que así era como debía ser. Cuando se dio cuenta de que ya no podía bendecir a Esaú, concluyó con una palabra, sacada de su alma: "Sí, y será bendecido" (Génesis 27:33).

Pero incluso esto no aseguró para Jacob la bendición de la primogenitura por completo. Se vio obligado a huir de la casa de su madre y vivir en el exilio de Padan-aram durante veinte años. Sólo cuando Dios mismo lo bendijo, finalmente se convirtió en el heredero.

Pero la pregunta es: ¿por qué Dios eligió a Jacob por encima de Esau como el heredero de la bendición de la primogenitura? ¿Fue acaso porque Jacob había realizado buenas obras y Esaú no? Y esta pregunta se intensifica cuando recordamos que, aunque Esaú demostró su perversidad despreciando el derecho de nacimiento, Jacob fue igualmente perverso cuando trató de obtenerlo por medio de trucos y engaños. Pero debemos recordar que, a pesar de lo que sucedió durante los primeros años de vidas de estos dos niños, Dios había tomado la decisión aún antes que ellos nacieran. Las Escrituras nos señalan el hecho de que Dios está llevando a cabo su propósito eterno, eligiendo a Jacob y no a Esaú. Y si insistes y preguntas, pero ¿por qué Dios eligió a Jacob y no a Esaú?, la respuesta no se encuentra en el hecho de que uno se hizo digno mientras que el otro no lo hizo, sino en la simple declaración de las Escrituras: Dios amó a Jacob y aborreció a Esaú. Ahora bien, ¿este amor por Jacob y el odio por Esaú estaba basado en algo de lo que cada uno había hecho en el camino de merecer tal actitud de Dios? Las Escrituras nos dicen que la única respuesta se encuentra en el propósito inescrutable y soberano de Dios que Él determinó en su consejo eterno. Es el misterio de la predestinación soberana.

Malaquías, muchos años después, habla de este sorprendente hecho cuando en los primeros tres versículos de su profecía dice: "Profecía de la palabra del Señor a Israel por medio de Malaquías, yo os he amado, dice el Señor. ¿En que nos amasteis? ¿No era Esaú (y este es el Señor hablando de nuevo y respondiendo a la pregunta de Israel) hermano de Jacob? Dice el Señor: yo amé a Jacob, y a Esaú aborrecí y convertí sus montes en desolación y su patrimonio en ruinas para los chacales del desierto." Dios explica su amor por Israel, no en términos de lo que merecían, sino en términos de su propósito soberano al comienzo de la historia de Israel, cuando hizo una distinción soberana entre Jacob y Esaú.

Muchos años después de Malaquías, Pablo se remonta a la historia de Jacob y Esaú, y cita estas palabras del profeta Malaquías, en ese asombroso y profundo noveno capítulo del libro de Romanos. Pablo está hablando aquí sobre el rechazo de Israel como nación. ¿Por qué, pregunta Pablo, la nación de Israel ha sido rechazada? ¿Es que acaso que la palabra de Dios no ha tenido efecto? ¿Es tal vez porque el propósito de Dios se ha visto frustrado por la maldad de Israel al crucificar a Cristo, evitando que Dios hiciera lo que Él quiso? ¿Es porque Israel, por su pecado, derrotó lo que Dios mismo deseó? Esto difícilmente podría ser el caso. De hecho, Pablo dice que es toda una manifestación del propósito soberano de Dios. Y este propósito es la predestinación soberana. Pero el apóstol quiere que notemos, que aunque la nación de Israel como nación es rechazada, de acuerdo con la reprobación soberana, sin embargo, un remanente se salvara según la elección soberana; mientras que al mismo tiempo esta elección soberana se extiende también a los elegidos de entre los gentiles.

Nunca fue el propósito de Dios salvar a todos los niños nacidos de padres creyentes. Esto es debido a que, "los que son hijos de la carne, estos no son hijos de Dios; mas los hijos de la promesa son contados por simiente" (versículo 8). Y los hijos de la promesa están determinados, no en base a sus obras, sino debido al decreto de elección, como fué el caso en la familia de Isaac y Rebeca: "y no sólo esto también cuando Rebeca concibió de Isaac nuestro padre (pues no habían nacido aún, ni habían hecho nada ni bien ni mal para que el propósito de Dios conforme a la elección permaneciese, no por obras sino por la llama), se le dijo: el mayor servirá al menor. Como está escrito, a Jacob amé más a Esaú aborrecí." (Romanos 9: 10-13).

Es precisamente en este punto que Pablo anticipa una objeción por parte de sus lectores (una objeción, por cierto, que ha sido repetidamente planteada por los enemigos de la predestinación soberana): "¿qué diremos entonces? ¿Hay injusticia con Dios?, Dios no lo quiera" (versículo 14). Y que esta objeción no es válida, dice Pablo, está probada por lo que Dios le dijo a Moisés: "tendré misericordia del que tenga misericordia y me compadeceré del que yo me compadezca" (verso 15). Es Dios, no el hombre, quien determina a los que han de ser objeto de su misericordia. La conclusión es: "así que no depende del que quiere, ni del que corre, sino de Dios que muestra misericordia" (verso 16).

Se entiende claramente que esta determinación soberana de mostrar misericordia a quien Dios quiera, también implicará la opción soberana de odiar a Esaú, y negarse a mostrar misericordia a quien Él quiere; de hecho, para endurecer a aquellos a quienes Dios elige endurecer. Faraón, nos dice Pablo, es un buen ejemplo: "Porque la Escritura dice a Faraón: Para esto mismo te he levantado, para mostrar en ti mi poder, y para que mi nombre sea anunciado por toda la tierra" (verso 17). Entonces Dios elige a quiénes Él bendecirá y Dios escoge a quién Él endurecerá: "de manera que de quién quiere, tiene misericordia, y al que quiere endurecer, endurece" (verso 18). Aquí también los impíos tienen objeciones a la mano, objeciones que acusan a Dios de injusticia. Y Pablo enfrenta estas objeciones de frente: "Pero me dirás: ¿por qué, pues, inculpa? porque ¿quién ha resistido a su voluntad? Mas antes, oh hombre, ¿quién eres tú para que alterques con Dios? ¿Dirá el vaso de barro al que lo formó: ¿por qué me has hecho así? ¿O no tiene potestad el alfarero sobre el barro, para hacer de la misma masa un vaso para honra y otro para deshonra?" (Versos 19-21).

Siempre la elección pertenece soberanamente a Dios. Y esta elección es su decreto de predestinación soberana.

Para entender el decreto de la predestinación debemos recordar que la predestinación es un decreto en el consejo de Dios. Las Escrituras, a menudo, hablan de este consejo de Dios. Necesitamos señalar sólo algunos textos para mostrar cuán cierto es esto. Asaf canta en el Salmo 73:24: "Me has guiado según tu consejo, Y después me recibirás en gloria." Isaías habla la Palabra de Dios que vino a él, que dice: "acordaos de las cosas pasadas desde los tiempos antiguos; porque yo soy Dios, y no hay otro Dios, y nada hay semejante a mí, que anuncio lo por venir desde el principio, y desde la antigüedad lo que aún no era hecho; que digo: mi consejo permanecerá, y haré todo lo que quiero" (Isaías 46:9-10). Pedro atribuye la crucifixión de Cristo al eterno consejo de Dios cuando dice en su gran sermón el día de pentecostés: "a éste, entregado por el determinado consejo y anticipado conocimiento de Dios, prendisteis y matasteis por manos de inicuos, crucificándole" (Hechos 2:23). Pablo asegura a los ancianos en Éfeso que era fiel en la predicación "porque no he rehusado anunciarles todo el consejo de Dios"(Hechos 20: 27). Al escribirles a la iglesia de Éfeso, Pablo no vacila en decirles a los santos que las causas más profundas de su salvación se encuentran en el consejo de Dios: "en quien también hemos obtenido una herencia, siendo predestinados según el propósito del que hace todas las cosas según el consejo de su propia voluntad" (Efesios 1:11), y el escritor a los Hebreos conecta el consejo de Dios con la promesa del pacto cuando escribe: "Por lo cual queriendo Dios, mostrar abundantemente a los herederos de la promesa la inmutabilidad de su consejo, lo confirmó con un juramento; para que por dos cosas inmutables, en las cuales es imposible que Dios mienta, tengamos un fortísimo consuelo los que hemos acudido para asirnos de la esperanza puesta delante de nosotros" (Hebreos 6: 17-18).

Hay varias verdades que las Escrituras nos revelan con respecto al consejo de Dios que tienen una relación directa con el decreto de predestinación. En primer lugar, el consejo de Dios es su propia voluntad viviente. No es un manuscrito muerto que está escondido en el casillero de algún escritorio en el cielo para ser consultado ocasionalmente. Dios es el Dios viviente, y su consejo, las Escrituras nos dicen, es su voluntad. Es la voluntad viviente del Dios viviente.

Por esta razón, el consejo de Dios es eterno. Dios mismo es eterno, y su voluntad también es eterna. Por lo tanto, debido a que su consejo es su voluntad, su consejo también es eterno. Hay dos verdades implicadas en esto. Por un lado, Dios siempre poseyó su consejo. Él nunca estuvo sin ello. No hubo un momento, por así decirlo, cuando Dios estaba sin su consejo. Por otro lado, la eternidad del consejo de Dios también significaba que no formaba parte de nuestra historia temporal. No se ve afectado con el pasar del tiempo ni está sujeto a cambios, como sucede con todo lo que pertenece al tiempo.

Por lo tanto, la eternidad del consejo de Dios también implica su inmutabilidad. El consejo de Dios es incambiable. Esto es razonable. Si sus decretos fueran parte del tiempo o influenciados por el tiempo, cambiarían. El tiempo es cambio. El tiempo es como una corriente en flujo continuo que lleva a todos sus hijos lejos. Ellos vuelan olvidados como cuando un sueño muere en el despertar del día. Pero Dios nunca cambia. "Porque yo Jehová no cambio; por esto, hijos de Jacob, no habéis sido consumidos" (Malaquías 3: 6). El consejo de Dios no se modifica para adaptarse a las cambiantes circunstancias de la historia. No es un plan flexible que pueda adaptarse a lo que sucede aquí en la tierra. Dios no incorpora decretos adicionales en su consejo porque descubre que las cosas no salen como había anticipado originalmente. Dios no reacciona a lo que sucede en el mundo y a lo que hace el hombre.

Ni aún nuestras oraciones pueden alterar el consejo de Dios. Hay una expresión que es muy popular: "las oraciones cambian las cosas." Si lo que se quiere decir con esta expresión es que nuestras oraciones pueden altera los planes del Dios soberano, entonces estamos diciendo algo completamente falso. A veces uno tiene la impresión que esto es lo que la gente quiere decir con tal expresión. Ante tal creencia se organizan círculos de oración para orar toda una noche y de esa forma bombardear al cielo con peticiones para influenciar a Dios para que haga otra cosa distinta a la que Él originalmente desea. Las oraciones pueden y deben cambiarnos a nosotros para aprender a someternos humildemente ante la voluntad de Dios, pero el propósito eterno de nuestro Dios siempre permanece incambiable en los cielos.

Ahora todas estas cosas que son verdad del consejo de Dios se aplican igualmente al decreto de predestinación. La determinación de Dios de salvar a su pueblo en Cristo, así como su determinación de revelar su justicia mediante la condenación justa de los impíos, es un decreto eterno. No está sujeto a cambios. En el pasaje citado anteriormente de Romanos 9, Pablo enfáticamente afirma que antes de que Jacob y Esaú hubieran hecho el bien o el mal, para que el propósito de Dios según la elección se mantuviese, Dios le dijo a Rebeca: "el mayor servirá al menor." No es sólo que el decreto soberano de Dios no depende en ningún aspecto del bien o mal que los hombres hacen, sino que también sigue siendo el decreto inmutable de Dios que Él determinó y que nunca está sujeto a alteración. "Muchos pensamientos hay en el corazón del hombre; Mas el consejo de Jehová permanecerá" (Proverbios 19: 21).

Por lo tanto, ese consejo es también soberanamente libre. Esto significa simplemente que Dios determina su consejo de acuerdo con su propio placer. Dios eligió hacer todo su consejo, ya que le pareció bueno. Él no necesitaba ni tomó ningún consejo de nadie. Él no Hizo su consejo después de deliberaciones con otros, sino según le place. "Porque ¿quién entendió la mente del Señor? O ¿quién fue su consejero? O ¿quién le dio a Él primero, para que le fuese recompensado? Porque de Él y por Él y para Él son todas las cosas. A Él sea la gloria por los siglos. Amén" (Romanos 11: 34-36).

El consejo de Dios es también, por lo tanto, eficaz. Ese consejo de Dios es seguramente realizado a tiempo. No hay nada que pueda evitar que eso suceda. Es cierto que esto está implícito en todo lo que dijimos, pero necesita énfasis. Nada puede frustrar el propósito eterno de Dios. Todo deberá suceder infaliblemente. El consejo de Dios es, después de todo, su propia voluntad soberana e inmutable. Lo que Él quiere también se efectúa.

Entonces lo mismo también es cierto de la predestinación. El decreto de elección y reprobación son parte un mismo decreto. Aquellos que son elegidos seguramente serán salvos y llevados a la gloria, y el consejo mismo es la causa final de la salvación del pueblo de Dios. El número completo de los elegidos será rescatado del pecado y de la muerte. Los elegidos en Cristo serán reunidos ante el trono. Ningún poder en la tierra en el infierno podrán prevenir esto. Pero lo mismo es verdad de la reprobación. "Mi consejo permanecerá, y haré todo lo que quiero" (Isaías 46: 10).

Finalmente el consejo de Dios abarca todo. Todo lo que toma lugar en la historia está determinado por el consejo de Dios. No hay nada que pueda escapar su voluntad o ser determinada sin su aprobación. Los eventos no sólo en la tierra sino también en el cielo son determinados por Dios. Y no solamente esto, sino que también todo lo que transpira en el infierno está bajo la dirección y el control del Todopoderoso que ha ordenado todo lo que ocurre. Jesús habla de esto cuando nos dice que aún los cabellos de nuestra cabeza están numerados y no podrán caer al suelo a menos que ésta sea la voluntad de nuestro Padre celestial. Todo no es más que la realización histórica de lo que Dios ha dispuesto eternamente.

Esto también se relaciona con la predestinación. Las Escrituras son muy claras en el sentido de que todo lo que Dios determina hacer es, finalmente, realizado, porque todas las cosas deben servir para la salvación del pueblo de Dios. Después de todo, "Sabemos, que a los que aman a Dios, todas las cosas les ayuda a bien, esto es, a los que conforme a su propósito son llamados" (Romanos 8: 28).

Hemos considerado esta verdad en algo de detalle por varias razones. Para empezar, ésta es quizás la verdad más violentamente rechazada de todas las verdades de la Palabra de Dios. Es atacada con acusaciones viciosas y difamatorias. Es negada por muchos que profesan ser estudiantes de las Escrituras y que deben saber mejor. Es ignorada e incluso deliberadamente evitada por hombres de convicciones "reformadas" que claman pertenecer a la tradición de la Reforma Protestante mientras ignoran el hecho de que todo reformador sin excepción la mantuvo.

Sin duda, en gran parte, la respuesta a este hecho puede encontrarse en el deseo perpetuo del hombre de atribuirse una parte del trabajo de la salvación. El arminianismo y el pelagianismo siempre han sido plagas en la iglesia. Una y otra vez se han hecho intentos para preservar algo de la gloria para el hombre. Siempre tratando de salvar algún último remanente de su orgullo pecaminoso, el hombre ha intentado constantemente de quitarle a Dios lo que le pertenece a Él y sólo a Él para dárselo a sí mismo. La predestinación se interpone en el camino de todo esto. Si Dios es soberano y si Dios soberanamente elige y reprueba, entonces toda la obra de la salvación pertenece sólo a Dios. No hay lugar para el hombre y su trabajo. Todo lo que le queda al hombre es humillarse ante el rostro de Dios Todopoderoso.

Después de todo la pregunta que demanda de nosotros una respuesta es, si en verdad deseamos a un Dios soberano, pues ese es el Dios de las Escrituras. Él es el Señor de los cielos y la tierra. Él es el creador y sustentador de toda existencia. No podemos ni respirar desde que esto es un regalo que Él nos otorga. Dios hace lo que a Él le agrada hacer con sus propias criaturas que le deben sus vidas. Él hace todas las cosas por el honor y la gloria de su propio nombre. A nadie debe dar cuenta. Todo lo que hace es su prerrogativa soberana.

La alternativa es un dios (un ídolo) que abandona su trono y entrega su poder a la humanidad. Él quiere salvar a todos los hombres, pero no es capaz de salvar siquiera a uno. Él hace posible la salvación de alguna manera, pero permanece impotente mientras el hombre es el que toma la decisión. Él no sabe quién será salvo y quién no. Todo depende de la elección voluble y cambiante del pequeño hombre. Esta puede ser la clase de dios que usted quiere, pero inclinarse ante él es hacer lo mismo que Israel y los paganos que se postraron ante ídolos de madera y piedra que habían moldeado por sus propias manos

Ciertamente, hay otros puntos que debemos hacer antes de abandonar el tema.

La elección es el decreto divino de Dios según el cual Él elige a su pueblo en Cristo Jesús para ser los objetos de su amor y los herederos de la vida eterna. Él determina de acuerdo a su propio placer, quiénes serán parte de su pueblo los cuales serán salvos. El decreto de elección no es sólo un decreto personal, según el cual Dios elige a personas individuales; sino que también es un decreto que elige una iglesia, el organismo del cuerpo de Cristo del cual Él es la cabeza. No hay elección aparte de Cristo. De hecho, así como no hay iglesia aparte de Cristo, no hay Cristo aparte de la elección de la iglesia. Cristo y su iglesia son uno en el decreto de elección. No sólo esto, sino que Dios determina todo el proceso por el cual esa iglesia será salva. Por medio de la elección, Dios fija en su consejo inmutable todo el camino de la vida con todas sus detalladas circunstancias como el medio para preparar a los elegidos para el lugar que Él ha determinado para ellos en su propio reino eterno. Y de este decreto, por lo tanto, fluyen todas las bendiciones de la salvación. La rica herencia que Pedro llama "una herencia incorruptible e inmaculada que no se desvanece" (1 Pedro 1: 4), incluyendo todas las ricas y gloriosas bendiciones de la salvación, que brota de la fuente de eterna elección como una poderosa corriente de la gracia. Sin elección no hay bendiciones debido a este decreto, todas estas bendiciones son el tesoro de los santos.

A este decreto pertenece la reprobación.

Siempre han habido aquellos que dicen aceptar la doctrina de la elección pero insisten que no quieren ninguna parte de la reprobación. Esto es imposible. La elección implica la reprobación. Escoger a algunos es rechazar a otros. Elegir a algunos significa que otros son reprobados. No hay otra alternativa.

Esta verdad también se enseña en las Escrituras, no solamente en el capítulo de Romanos 9, pero en otros pasajes como en 1 Pedro 2: 4-8 donde Pedro compara la iglesia a un templo donde las piedras son escogidas y Cristo es la piedra angular. Pero ante esto muchos tropiezan y van a la destrucción: "Piedra de tropiezo y roca que hace caer, porque tropiezan en la palabra siendo desobedientes; a lo cual fueron también destinados." Este es un lenguaje claro. Aquellos que tropiezan en su desobediencia han sido destinados a ello.

Esto también se enseña por nuestro Señor en varios lugares de acuerdo al Evangelio de Juan. Cuando Jesús explica la incredulidad de los Judíos impíos, se refiere a la reprobación como la razón de su incredulidad. "Pero vosotros no creéis, porque no sois de mis ovejas, como os he dicho" (Juan 10: 26). No debemos de distorsionar esto como algunos han hecho ni leer el texto como si dijera "ustedes no son mis ovejas porque no creen en mí." Esto sería simplemente decir que su falta de fe los hacía no ser merecedores de ser parte del rebaño del gran Pastor. Pero la razón por la cual ellos no podían creer era precisamente por no pertenecer al rebaño. Esta verdad se presenta en Juan 12:37-41: "Pero a pesar de que había hecho tantas señales delante de ellos, no creían en Él; para que se cumpliese la palabra del profeta Isaías, que dijo: "¿Señor quien ha creído a nuestro anuncio? ¿Y a quién se ha revelado el brazo del Señor?" Por eso no podían creer, porque también dijo Isaías: "vendo los ojos de ellos; y endureció su corazón; Para que no vean con los ojos, y entiendan con el corazón, y se conviertan, y yo los sane". Isaías dijo esto cuando "vio su gloria, y habló cerca de Él". Los judíos incrédulos no podían creer. Y la razón era lo que Dios había dicho a Isaías, que Dios mismo había cegado sus ojos y endurecido sus corazones. El decreto de reprobación no es algo fácil de discutir. Se trata de un profundo misterio y no debemos tratar de ir más allá de lo que las Escrituras enseñan. Y Dios no es menos soberano en este trabajo que en ningún otro.

Sin embargo al mismo tiempo debemos entender que la reprobación no es realizada en la misma manera que la salvación. Como hemos dicho anteriormente, la elección es la fuente y causa de la salvación. Pero no debemos cometer el error de dibujar una imagen paralela entre elección y reprobación. La reprobación no es la causa del pecado. Esto sería hacer a Dios el autor del pecado y, a la vez, correr el peligro de blasfemar.

Por otro lado, sin embargo, no es cierto que el pecado y la incredulidad sean la causa de la reprobación. Esto es lo que propone el arminianismo al decir que la reprobación depende de la libre voluntad del hombre. Un hombre no se vuelve réprobo porque peca y persiste en rechazar el evangelio. Él está eternamente reprobado, según el decreto de Dios. Debemos y podemos sostener que Dios ha reprobado soberanamente pero él no cumplió el decreto de reprobación a causa del pecado. El pecado que comete el hombre es del hombre. Se va al infierno, no porque sea réprobo, sino porque elige pecar; porque ama el pecado y lo busca. E incluso cuando por fin recibe la justa recompensa por todos sus pecados, debe admitir que recibe lo que justamente le corresponde; Dios lo ha juzgado justamente y le da lo que merecía. El decreto de reprobación de Dios está detrás de todo, pero esto no altera el hecho de que el decreto de Dios no obligue al hombre que sea un pecador ni le exige pecar en contra de su voluntad.

Todo esto involucra la cuestión de la relación entre el decreto soberano de Dios y el pecado del hombre. Y las Escrituras en múltiples lugares insisten tanto en que Dios es soberano sobre el pecado, y que el hombre sigue siendo responsable por sus propias obras. La expresión más clara de estas dos verdades se encuentra en la crucifixión de nuestro Señor, de la cual las Escrituras dicen: "Porque verdaderamente se unieron en esta ciudad contra tu santo Hijo Jesús, a quién ungiste, Herodes y Poncio Pilato, con los gentiles y el pueblo de Israel, para hacer cuanto tu mano y tu consejo habían antes determinado que sucediera" (Hechos 4: 27-28). Y con esta verdad debemos de estar satisfechos.

Sin embargo, la elección y la reprobación son parte de un mismo decreto. Y son un decreto porque la reprobación sirve a la elección. Los reprobados están para el propósito de los elegidos. Su condenación sirve a la salvación del pueblo de Dios. Son la paja que sirve al trigo, pero que se queman con fuego cuando el trigo se recoge y se pone en el granero. Son como el andamio usado para erigir el templo de la iglesia que, cuando el templo se termina de edificar, el andamio es derribado y destruido. Están en esta tierra por el bien de aquellos a quienes Dios ama. Para ellos hay un lugar en el sabio e inescrutable consejo de Dios, el de servir a la redención.

Esta verdad se enseña en varios lugares en las Escrituras, pero quizás en ninguna parte tan claramente como en Isaías 45:1-4. Dios está hablando aquí de Ciro el rey de Persia y es interesante notar que esta profecía fue escrita muchos años antes de que Ciro fuera el medio en la mano de Dios para devolver a Judá del cautiverio. "Así dice Jehová a su ungido, a Ciro, al cual tomé yo por su mano derecha, para sujetar naciones delante de él y desatar lomos de reyes; para abrir delante de él puertas, y las puertas no se cerrarán: Yo iré delante de ti, y enderezará los lugares torcidos; quebrantaré puertas de bronce, y cerrojos de hierro haré pedazos; y te daré los tesoros escondidos, y los secretos muy guardados, para que sepas que yo soy Jehová, el Dios de Israel, que te pongo nombre. Por amor a mi siervo Jacob, y de Israel mi escogido, te llamé por tu nombre; te puse sobrenombre, aunque no me conociste."

Y seguramente todo esto está implícito en Romanos 8:28 y 1 de Corintios 3: 21-23 donde las Escrituras expresamente declaran que todas las cosas son por el bien de los elegidos. ¡Cuán maravillosamente se reveló esto en la cruz cuando Dios usó las malas obras de Herodes, Pilato y los judíos para lograr la salvación de los elegidos a través de la sangre de expiación!

Aunque muchas objeciones se han levantado repetidamente contra esta doctrina, es interesante notar que estas objeciones ya habían sido planteadas en el tiempo del apóstol Pablo (ver Romanos 9) las cuales siempre surgen de la razón del hombre. La persona que humildemente se incline ante las enseñanzas bíblicas podrá darse cuenta que las Escrituras afirman estas verdades.

Debemos concluir con algunas observaciones.

La verdad de la predestinación está íntimamente conectada con la verdad del pacto de Dios. Recordarán que comenzamos nuestra discusión haciendo la pregunta: ¿por qué no todos los niños nacidos dentro de las líneas del pacto se salvan? La respuesta a esa pregunta es que las líneas de elección y reprobación corren a través de las líneas del pacto. Dios soberanamente determina quiénes son la verdadera simiente del pacto y quiénes no. Esto es enfatizado en el caso de Jacob y Esaú y sigue siendo verdad para todos los tiempos.

Pero debe recordarse que no sólo hay niños réprobos nacidos dentro del pacto, sino también que Dios tiene a sus elegidos en cada nación, tribu y lengua. Esta es la razón por la cual el evangelio debe ser predicado a todas las criaturas según el mandato de Cristo. A veces se dice que la verdad de la predestinación imposibilita el trabajo misionero. Esto es una necedad y es completamente falso. De hecho, es sólo por esta verdad que el trabajo misionero puede y debe ser hecho por la iglesia. El arminianismo es la visión que hace que el trabajo misionero sea finalmente imposible. Deja todo el asunto de la salvación a la voluntad y decisión del hombre. Dios desea salvar a todos, pero la verdad del asunto es que a lo largo de la historia del mundo, han habido incontables millones que nunca tuvieron la oportunidad de ser salvos, porque nunca escucharon el evangelio. Dios no hizo posible que se salvaran a pesar de que quería salvarlos. ¿Qué clase de necedad es esta? Pero la realidad es que el mundo se puede comparar con un gran montón de basura en el que se encuentran muchas limaduras de hierro. El evangelio tal como es predicado por la iglesia y según avanza bajo la dirección y el control de Dios, es como un imán que extrae de la pila de basura las limaduras de hierro de los elegidos y los incorpora a la iglesia.

En otras palabras, mientras hay generaciones de personas que, aunque nacidas en el pacto, son cortadas por la determinación soberana, hay otros que a través de la predicación del evangelio vienen a formar parte del pacto y así por medio del trabajo misionero no simplemente individuos son salvos sino que generaciones de creyentes y su descendencia. Esto fue lo que el apóstol Pablo dijo al carcelero de Filipos: "Cree en el Señor Jesucristo y serás salvo tú y tu casa." Y así Dios recoge una iglesia universal y los trae dentro de su pacto.

A veces se dice que la verdad de la predestinación soberana no debe ser predicada. Nos dicen que las cosas ocultas pertenecen al Señor nuestro Dios, mientras que las cosas reveladas nos pertenecen a nosotros y a nuestros hijos. Y esto lo interpretan como que la predestinación pertenece a las cosas ocultas de Dios. Pero esto no es más que una mutilación de las Escrituras. ¿Por qué, si, como dicen, la predestinación pertenece a las cosas ocultas, está escrita en una gran cantidad de páginas de las Escrituras? Es verdad que quienes somos elegidos y quienes no, no es algo conocido por nosotros. Lutero tenía razón cuando dijo que en el cielo encontraremos allí a muchos de los que no esperábamos encontrar, y descubriremos que no hay muchos a quienes esperábamos encontrar más allá de la tumba. Por lo tanto, no debemos juzgar. Pero la verdad misma debe ser predicada enfáticamente. Porque es esta verdad la que nos explica las grandes y gloriosas obras de Dios cuando nos damos cuenta del consejo de su voluntad.

Y es exactamente en la predicación de la verdad de esta doctrina que el creyente encuentra su consuelo. La verdad de la elección no es una doctrina fría y sin vida, un punto teológico que uno puede tomar o dejar a su antojo. Es la confesión viviente, cálida, vibrante y palpitante de la iglesia de Cristo. Es la verdad que forma la base final de toda su comodidad y esperanza en medio del mundo. Ellos están rodeados y son atacados por todo tipo de enemigos, el diablo, el mundo y su propia carne malvada, que constantemente los amenaza y busca su destrucción. Saben que son miserables pecadores, que no merecen la menor de las bendiciones de Dios. Saben que carecen por completo de la capacidad de salvarse a sí mismos o de protegerse de las hordas amenazantes que podrían abrumarlos fácilmente. ¿Sobre qué base pueden entonces encontrar ese consuelo que les dé esa paz y esperanza en esta vida en todo tiempo y para toda la eternidad? Es sobre la roca, esa sólida roca que es la inmutable elección soberana. Dios los ha escogidos desde toda una eternidad. Ellos están escritos sobre la palma de su mano y están siempre presente delante de Él. Todas las cosas trabajan para el bien de ellos, pues han sido llamados de acuerdo a su propósito. Nada los puede separar del amor de Dios en Cristo Jesús. Dios perfeccionará el trabajo que Él ha comenzado en sus corazones.

Y sí deberíamos preguntar: ¿por qué Dios me ha elegido? Hay muchos otros. ¿Soy yo mejor que los miles que perecen? ¿Por qué yo? La respuesta es por el buen placer soberano de Dios. Y la doxología de alabanza que brota en el corazón del creyente humilde es: "Bendito sea el Dios y Padre de nuestro Señor Jesucristo, que nos ha bendecido con todas las bendiciones espirituales en los lugares celestiales en Cristo: según nos escogió a nosotros en Él antes de la fundación del mundo" (Efesios 1: 3-4).

Capítulo 13
El Pacto con Israel – La Esclavitud en Egipto

╬

La base de esta discusión sobre el desarrollo del pacto de gracia en la antigua dispensación se encuentra en la promesa que Dios hizo a nuestros primeros padres Adán y Eva inmediatamente después de la caída. "Y pondré enemistad entre ti y la mujer, y entre tu simiente y la simiente suya; ésta te herirá en la cabeza, y tú le herirás en el calcañar" (Genesis 3:15).

Esta promesa contiene en principio toda la verdad de la promesa de Dios. Todo lo que Dios ha determinado dar a la iglesia en Cristo Jesús se encierra en esta promesa. Incluye la salvación en esta vida al igual que en la vida que viene como la salvación obtenida para la iglesia en la cruz a través de los méritos de Cristo Jesús.

Sin embargo esto no fue claro para Adán y Eva en ese momento inmediato, y así la historia de la iglesia en la antigua dispensación es la historia de la promesa que se va desplegando en una forma para que la iglesia poco a poco llegara a ver con más detalle las riquezas que Dios había preparado para su pueblo por medio de la gracia. Cada paso en el camino, mientras la iglesia era conducida a través de la historia, el Señor les daba más luz enseñándoles más claramente y con más lujo de detalle lo que la promesa realmente significaba.

Hay dos suposiciones en esto. En primer lugar, la historia de la antigua dispensación fue reveladora, por ejemplo, la historia misma reveló el propósito de Dios con respecto a la promesa.

Como tenemos el registro infalible de esa revelación en las Escrituras, hablamos de esa historia como "historia sagrada," porque a través de ella Dios habló de su promesa. En segundo lugar, la revelación de la promesa de Dios en el Antiguo Testamento fue en forma de tipos y sombras. Dios habló, no en la claridad, que iba a venir con la nueva dispensación, sino a través de imágenes. Podemos comparar a las personas en el Antiguo Testamento con niños que aprenden a través de un libro ilustrado. Dios les dio este libro lleno de muchas bellas y maravillosas imágenes: el diluvio, el arco iris, el sacerdocio de Aarón, el tabernáculo y el templo, el altar del holocausto, etc. En estas imágenes, la iglesia miró y tuvo una idea de las bellezas de la promesa de Dios. Pero no eran más que ilustraciones, representaciones y a pesar de su belleza no eran la imagen misma de las cosas. Una cosa es ver imágenes del Gran Cañón del Río Colorado; otra cosa es pararse sobre su borde, oler los pinos, ver los colores, escuchar el lejano rumor del río que se encuentra muy abajo y sentir el tamaño impresionante de esta magnífica obra de Dios. Los santos del Antiguo Testamento "conforme a la fe murieron todos estos sin haber recibido lo prometido, sino mirándolo de lejos, y creyéndolo" (Hebreos 11:13). Los patriarcas vivieron en Canaán como peregrinos y extranjeros, pero deseando "un mejor país, eso es uno celestial" (Hebreos 11:16).

    Una observación más prescinde antes de entrar en la discusión sobre la nación de Israel. Los eventos que hemos mencionado anteriormente son tan sólo los eventos principales en la historia de la dispensaciones. Muchas otras verdades que no hemos discutido también se registran en las páginas de las Escrituras. Esto no debe interpretarse como si estas otras verdades no tienen importancia en la historia de la promesa de Dios. Cada evento registrado para nosotros en la Sagrada Escritura muestra algún aspecto de la verdad de la promesa de Dios. Por ejemplo, ni siquiera hemos mencionado eventos históricos tan importantes como el sacrificio de Isaac por Abraham. La huida de Jacob a Padan-aram y su regreso a Canaán, su lucha con el Ángel de Jehová, u otros eventos afines. Estos eventos también tienen su lugar en el despliegue de la promesa de Dios. Pero discutir todos los detalles, tan interesantes e importantes como son, requeriría un comentario sobre todo el Antiguo Testamento. Por supuesto esto está fuera de nuestro propósito. Sólo podemos trazar las líneas generales, y el resto debe dejarse al estudio individual. Pero debe recordarse, como alguien dijo una vez: "cuando se corta la arteria de la Escritura, esta fluye con la sangre del Cordero."

Para pasar ahora a la historia de Israel, recordarán que Jacob fue el padre de doce hijos, que se convirtieron en los doce patriarcas de Israel y cuyos nombres fueron dados a las doce tribus. José, hijo de Raquel, era odiado por sus hermanos porque era favorecido por su padre. En un ataque de ira celosa, sus hermanos lo vendieron como esclavo en Egipto. En Egipto, José, después de muchas pruebas fue elevado a la posición más alta en el gobierno bajo el rey faraón. En esta posición, jugó un papel decisivo en la preparación de Egipto para los siete años de hambre que llegaron a la tierra. Pero esta hambruna no sólo se limitaba a Egipto; se extendió también a Canaán, donde vivía la familia de Jacob. No tenían alimentos para comer. Todas estas cosas fueron un medio para traer a toda la familia de Jacob a Egipto. Esto es lo que el Señor ya le había dicho a Abraham que sucedería: "Ten por cierto que tu descendencia morará en tierra ajena, y será esclava allí, y será oprimida cuatrocientos años" (Genesis 15:13).

Entonces se hizo evidente que el Señor tenía un propósito más grande para la estancia de José en Egipto. El Dios soberano anuló los celos de los hermanos de José y causó que su pecado obrara para la salvación de "los herederos de la promesa." José mismo habla de esto cuando le dice a sus hermanos después de que Jacobo había muerto, "pero en cuanto a ustedes, pensaron en hacer el mal contra mí, mas Dios lo encamino a bien, para mantener en vida a muchos" (Génesis 50:20).

Todo esto ocurrió mientras José ocupo una posición favorecida en la corte del Faraón. Muerto Jacob fue enterrado en la tierra de Canaán, pero no antes de que le diera la bendición de primogénito a Judá: "Te alabaran tus hermanos; Tu mano en la cerviz de tus enemigos; Los hijos de tu padre se inclinaran ante ti.... No será quitado el cetro de Judá, Ni el legislador de entre sus pies, hasta que venga Siloé; y a Él se congregaran los pueblos" (Genesis 49: 8, 10).

Varios de los reyes que siguieron al Faraón también trataron bien a los hebreos pues recordaban todo el bien que José había hecho a la tierra de Egipto.

Pero por fin se levantó un rey que ya no recordaba estas cosas, y estaba profundamente preocupado por estas personas extrañas que habitaban en la tierra de Gosén. Eran un lote extranjero; pastores, por oficio, los cuales eran despreciados por los Egipcios; ellos estaban creciendo en número rápidamente amenazando en convertirse en una gente poderosa. Una solución a este problema tenía que encontrarse.

La solución que se presentó ante el Faraón era obviamente la de integrar a estos israelitas con la nación de Egipto. A través de matrimonios mixtos, las razas podrían mezclarse. La religión de los egipcios y los hebreos podría entrelazarse, sus culturas mezclarse; sus vidas se unirían de tal manera que los hebreos se convertirían en parte de la nación de Egipto y aumentarían su poder.

Pero había un serio obstáculo ante este plan: Israel, como un todo, no tendría nada que ver con todo esto. Los hebreos eran peculiares ante esto. Ellos no permitirían matrimonios mixtos. De hecho, si una de sus mujeres se casaba con un Egipcio, era excluida de la nación a menos que a través de la circuncisión, el signo del pacto, se convirtiera el esposo para formar parte de Israel. No tolerarían ninguna sugerencia de fusionar su cultura y su religión con la de los egipcios. Los hebreos adoraban a Jehová. Tenían una tradición heredada de sus padres que fue la revelación de las promesas de su Dios. A través de las cuales eran mandados por Dios para seguir siendo un pueblo distinto, separado, de todos los pueblos de la tierra. Su fuerza y pureza en la fe residía en su aislamiento. Así que todas las ideas de integración con los Egipcios fracasaron. Ésto molestó a Faraón en gran manera y, de hecho, lo llenó de miedo. Vio que la nación de Israel aumentaba rápidamente de tamaño, y consideró la posibilidad que ellos en algún momento podrían unirse con uno de los enemigos de Egipto para expulsar a los egipcios de su país.

Algo tenía que hacerse para solucionar este problema imperante. Si los hebreos resistían los esfuerzos de integración a la sociedad egipcia, entonces la única solución era destruirlos. Y Faraón adopto ese camino al hacer a los hebreos sus esclavos forzándoles a trabajar para él. Cuando este plan fracasa al darse cuenta que aun en esa condición la población hebrea continuaba en aumento, entonces trata de matar los niños varones que les nacían. Pero aun así Israel continuaba manteniendo sus principios distintivos y resistiría los esfuerzos que buscaban destruirlos.

Citaremos varios pasajes en relación a la dura esclavitud que sufrieron, y que forman una parte importante de nuestra discusión.

"Pero las parteras temieron a Dios, y no hicieron como les mando el rey de Egipto, sino que preservaron la vida a los niños. Y el rey de Egipto hizo llamar a las parteras y les dijo: ¿Por qué habéis hecho esto, que habéis preservado la vida a los niños? Y las parteras respondieron a Faraón: Porque las mujeres hebreas no son como las egipcias; pues son robustas, y dan a luz antes que las parteras vengan a ellas. Y Dios hizo bien a las parteras; y el pueblo se multiplico y se fortaleció en gran manera. Y por haber las parteras temido a Dios, Él prosperó sus familias. Entonces Faraón mandó a todo su pueblo, diciendo: echad al río a todo hijo que nazca, y a toda hija preservad la vida" (Éxodo 1:17-22).

Esta esclavitud empeoró a medida que pasaban los años. "Aconteció que después de muchos días murió el rey de Egipto, y los hijos de Israel gemían a causa de la servidumbre, y clamaron, y subió a Dios el clamor de ellos con motivo de su servidumbre" (Éxodo 2:23). Incluso cuando el Señor estaba comenzando a hacer preparativos para la liberación de su pueblo, esta esclavitud empeoró. Otros reyes siguieron la misma política: "Entonces el rey de Egipto les dijo: Moisés y Aaron, ¿por qué hacen cesar al pueblo de su trabajo? Volved a vuestras tareas. Dijo también Faraón: He aquí el pueblo de la tierra es ahora mucho, y vosotros les haces cesar de sus tareas. Y mando Faraón aquel mismo día a los cuadrilleros del pueblo que lo tenían a su cargo, y a sus capataces, diciendo: De aquí en adelante no daréis paja al pueblo para hacer ladrillo, como hasta ahora; vayan ellos y recojan por si mismo la paja" (Éxodo 5:4-7). Pero el número de ladrillos que hacían debían ser el mismo.

Toda esta esclavitud severa era necesaria para el propósito del Señor. Porque pronto se hizo evidente que Dios tenía un propósito más elevado en la estadía de Israel en la tierra de Egipto, un propósito que tenía que ver con las promesas de Dios. "Y oyó Dios el gemido de ellos, y se acordó de su pacto con Abraham, Isaac y Jacob. Y Dios miró a los hijos de Israel, y los reconoció" (Éxodo 2: 24-25). Más luz tuvo que brillar sobre la promesa de Dios para que la verdadera naturaleza de esa promesa se aclarara. A través de la esclavitud de Israel, a través del fondo oscuro, sombrío y sin esperanza de esta esclavitud, Jehová hizo brillar la luz de su promesa en la gloriosa liberación de su pueblo.

Durante el tiempo de sufrimiento, Moisés nació en la casa de Amirán y Jocabed, dos piadosos santos de la tribu de Levi. Al ver su vida amenazada ellos lo pusieron en un canasto el cual pusieron en las aguas del Río Nilo. Allí lo encontró la hija del Faraón quien lo adoptó como su propio hijo. Cuarenta años estuvo Moisés en la corte del Faraón y otros cuarenta en el desierto cuidando las ovejas de Jetro después de su escape de Egipto. Esto fue un tiempo de preparación para el trabajo que le esperaba como líder de Israel para sacar al pueblo de Dios de la esclavitud en la cual vivían.

Al llegar a la edad de ochenta años Dios se le aparece a Moisés en el desierto: "Habló todavía Dios a Moisés, y le dijo: Yo soy JEHOVÁ. Y aparecí a Abraham, a Isaac y a Jacob como Dios Omnipotente, mas en mi nombre JEHOVÁ no me di a conocer a ellos. También establecí mi pacto con ellos, de darles la tierra de Canaán, la tierra en que fueron forasteros, y en la cual habitaron. Asimismo yo he oído el gemido de los hijos de Israel, a quienes hacen servir los egipcios, y me he acordado de mi pacto. Por tanto, dirás a los hijos de Israel: Yo soy JEHOVÁ; y yo os sacaré de debajo de las tareas pesadas de Egipto, y os libraré de su servidumbre, y os redimiré con brazo extendido, y con juicios grandes; y os tomaré por mi pueblo y seré vuestro Dios; y vosotros sabréis que yo soy Jehová vuestro Dios, que os sacó de debajo de las tareas pesadas de Egipto. Y os meteré en la tierra por la cual alcé mi mano jurando que la daría a Abraham, a Isaac y a Jacob; y yo os la daré por heredad. Yo JEHOVÁ" (Éxodo 6:2-8). Hay muchos aspectos de este relato de los cuales no trataremos. No podemos tratar con los cuarenta años que Moisés habito en la corte de Faraón que culminó en la elección de la fe de Moisés cuando "rehusó ser llamado hijo de la hija de Faraón, escogiendo antes ser maltratado con el pueblo de Dios, que gozar de los deleites temporales placeres del pecado, teniendo por mayores riquezas el vituperio de Cristo que los tesoros de los egipcios, porque él tenía puesta la mirada en el galardón" (Hebreos 11: 24-26). No podemos hacer una mención detallada de su huida de Egipto cuando "por la fe dejó a Egipto, no temiendo la ira del rey, porque se sostuvo como viendo lo invisible" (Hebreos 11:27). No podemos hablar de los cuarenta años que pasó en el desierto cuidando las ovejas de su suegro, Jetro – un período de tiempo en el que se estaba preparándose espiritualmente para su llamado. Por muy interesante que sea, no tenemos el espacio para discutir su llamado por el Señor que se le apareció en un arbusto en llamas que no se consumió; o del mandato que le vino de regresar a Egipto y demandar del Faraón que dejara ir a Israel. Incluso las diez plagas que Dios envió a Egipto debemos pasar por alto para que no nos lleven demasiado lejos del punto principal de esta historia.

El pensamiento principal en toda esta historia se encuentra en la liberación real de Israel de la esclavitud de Egipto. La pregunta a la que nos hemos enfrentado reiteradamente y que nuevamente nos enfrenta es: ¿qué nueva verdad revela Dios con respecto a su pacto en esta liberación milagrosa de su pueblo? ¿Qué mayor luz nos da para que brille sobre esa promesa de Dios de establecer su pacto con su pueblo? La respuesta a esta pregunta la encontramos en la verdad de que Egipto era tan sólo una imagen de la esclavitud del pecado y la liberación de Egipto era una representación de la salvación en Cristo. Esto era una nueva luz que Dios reveló, algo que no había sido declarado previamente. Dios estaba diciendo algo nuevo, algo adicional de lo que ya había revelado, algo que aún no había dicho. Dios estaba hablando sobre la realidad del pecado. Él estaba presentando ante su pueblo, maravillas cada vez mayores de la salvación que él había preparado para ellos. Les estaba diciendo que la salvación era liberación del pecado, del pecado que los ataba en una terrible esclavitud.

Antes que entremos de lleno en este punto, hay otro detalle al que debemos de prestar atención.

Lo primero tiene que ver con la negación de Faraón en dejar que Israel abandonara la tierra de Egipto.

Previamente habíamos discutido, en conexión con la historia de Jacobo y Esaú, el decreto soberano de Dios de la predestinación, que incluye tanto la elección como la reprobación. Enfatizamos que Dios es soberano aún sobre el pecado.

Faraón es un ejemplo que enfatiza y claramente ilustra esta verdad. Oh, es verdad, que Faraón rehusó dejar a Israel ir. Endureció su corazón, negándose rotundamente a obedecer la Palabra de Dios, y se interpuso al mandato de Dios, persistiendo en su malvada determinación de mantener a los israelitas como sus esclavos, y por tanto recibió el terrible castigo de Dios como resultado de este pecado. Pero a lo largo de la narración se nos recuerda que Dios es soberano sobre el pecado de Faraón, que Dios mismo endureció el corazón del Faraón; y que Dios estaba ejecutando soberanamente su propósito en todo esto. Las Escrituras son muy claras en este punto. Desde que antes de que Moisés fuera a Egipto, cuando se paró frente a esa zarza que ardía milagrosamente, el Señor declaró que Faraón se negaría a dejar que Israel abandonara la tierra: "Mas yo sé que el rey de Egipto no os dejará ir sino por manos fuerte. Pero yo extenderé mi mano, y heriré a Egipto con todas mis maravillas que haré en él, y entonces os dejara ir" (Exodo 3:19-20). Pero para ser más explícito el Señor le dice a Moisés más tarde: "Y dijo Jehová a Moisés: Cuando hayas vuelto a Egipto, mira que hagas delante de Faraón todas las maravillas que te puesto en tus manos; pero yo endureceré su corazón, de modo que no dejará ir al pueblo" (Éxodo 4:21). Nuevamente el Señor repite las mismas palabras cuando a Moisés le es dicho que anuncie la primera plaga: "Y yo endureceré el corazón de Faraón, y multiplicaré en la tierra de Egipto mis señales y mis maravillas. Y Faraón no os oirá; mas yo pondré mi mano sobre Egipto, y sacaré a mis ejércitos, mi pueblo, los hijos de Israel, de la tierra de Egipto, con grandes juicios. Y sabrán los egipcios que yo soy Jehová, cuando extienda mi mano sobre Egipto, y saque a los hijos de Israel, de en medio de ellos … Y el corazón de Faraón se endureció y no los escuchó, como Jehová lo había dicho" (Éxodo 7:3-5, 13).

El significado de estas palabras no deja duda al respecto. Aunque es verdad que leemos repetidamente que Faraón endureció su corazón, esto no altera el hecho que detrás del rechazo pecaminoso de Faraón se encontraba el soberano decreto de Dios siendo ejecutado soberanamente. Por esta razón, no podemos aceptar las palabras de un conocido comentarista que, al comentar sobre Romanos 9:18, dice: "a quien él quiere endurecer" no puede significar que Dios endurece a algunos de los que están perdidos y miserables como consecuencia de un absoluto decreto eterno … El único endurecimiento que se efectúa por Dios y que las Escrituras conocen es judicial, los únicos objetos de este endurecimiento son los hombres que primero se han endurecido a si mismo contra toda la misericordia de Dios y lo han hecho a tal punto que están más allá del alcance de la misericordia … Éxodo reporta que diez veces Faraón se endureció a sí mismo y entonces y sólo entonces a consecuencia de su endurecimiento que Dios endureció a este endurecido hombre. Las puertas de la misericordia no están cerradas … La puerta de la misericordia no se cierra de inmediato sobre el hombre endurecido por sí mismo, de modo que se estrellan contra la puerta cerrada de golpe. Nosotros podríamos apresurarnos a cerrarla así. Pero la misericordia de Dios la cierra gradualmente y Él está listo para abrirla nuevamente al menor arrepentimiento en respuesta a su misericordia; y no es hasta que todas las advertencias de la puerta que se cierra gradualmente son totalmente ignoradas, que la puerta se hunde lamentablemente en su cerradura" (R.D.H. Lenski, *Comentario de la Epístola a los Romanos*).

Esta exégesis es una tergiversación del texto que habla enfáticamente que fue el Señor quien endureció el corazón de Faraón antes de que la orden llegara a él a través de Moisés. Esto no es más que un intento de evasión y sofismo del sinergismo. El hecho es que Dios endureció el corazón de Faraón. Y esto está exactamente corroborado por el texto en Romanos 9: "Porque la escritura dice a Faraón: Para esto mismo, te he levantado, para mostrar en ti mi poder, y para que mi nombre sea anunciado en toda la tierra. De manera que de quien quiere, tiene misericordia, y al que quiere endurecer, endurece" (Romanos 9: 17-18). Es difícil imaginar cuando se pueda encontrar palabras que sean más entendibles que estas. Muy claramente Dios actuó soberanamente en todo. Y el propósito era, como el Señor dijo a Moisés y como Pablo señala que Dios podría usar a Faraón para revelar su poder. Esto fue exactamente lo que sucedió en los terribles juicios que vinieron sobre Faraón y la poderosa liberación por medio de la cual Dios sacó a su pueblo de la esclavitud de Egipto.

Pero regresando a la idea principal de todo esto en lo que respecta a las promesas del pacto de Dios, la esclavitud de Egipto representa la esclavitud del pecado en el que nacemos y del cual Dios nos libera. Es un hecho triste que la palabra "pecado" casi ha pasado de moda en el vocabulario teológico de la iglesia. Hoy se insta a las personas a tener una auto-imagen positiva, a mirarse a sí mismas con orgullo. Se les dice que preocuparse por el pecado conduce a un complejo de culpa que puede ser perjudicial para su salud psicológica. Por tanto se les insta a desarrollar buenos pensamientos y buenos sentimientos hacia ellos mismos. O si por casualidad se llega a discutir el pecado, se le describe en términos de meros malos hábitos que uno adquiere debido a malas influencias, una pobre educación o malos ejemplos por aquellos que nos rodean.

Este es el fruto del arminianismo que ha corrompido gran parte del pensamiento moderno. El arminianismo minimiza la importancia del pecado y quiere sobresaltar la idea de todo lo bueno que reside en el hombre, particularmente su capacidad de contribuir de alguna manera a su salvación. El arminianismo produce el fruto del orgullo.

Y esto es atractivo para el hombre. Predicar y enseñar que el pecado hizo al hombre completamente corrupto, feo y repulsivo, totalmente depravado e incapaz de hacer el bien humilla al hombre. A él no le gusta oír esto. Él prefiere que los ministros y los maestros le digan que él es básicamente bueno; que los otros lo acaricien con una palmada por la espalda; le gusta que le digan que no es tan malo como algunos lo harían ver.

Pero las Escrituras son muy enfáticas sobre el poder omnímodo y totalmente corruptor del pecado. De hecho las Escrituras dejan bastante claro que no hay conocimiento de la salvación sin antes reconocer que somos pecadores. El reconocer el pecado siempre es primero. La admisión de nuestra depravación total siempre precede al conocimiento de la salvación en Cristo. Sólo cuando comprendemos y confesamos nuestra absoluta pecaminosidad, y nuestra total impotencia es que podremos ver la maravilla de la cruz. Decir: "Dios se misericordioso conmigo, pecador" debe preceder a nuestra confesión: "Soy justo en Cristo delante de Dios." Sólo cuando primero confesamos, "¡Miserable de mí! ¿Quién me librará de este cuerpo de ¿muerte?" podremos decir: "Gracias doy a Dios, por Jesucristo Señor nuestro" (Romanos 7:24).

De esta sombría realidad, Egipto era una imagen. En la tierra de Egipto, Israel estaba bajo el yugo cruel de un poder pagano. La nación fue sometida a la esclavitud por sus amos egipcios. Los israelitas eran esclavos de esta potencia extranjera, siempre perteneciendo a sus amos que controlaban por entero sus vidas. Estaban literal y completamente en manos de aquellos que tenían el látigo sobre ellos. Trabajando para sus opresores, fueron sometidos constantemente al trato cruel de amos que no tenían corazón. No existía ninguna esperanza por ellos mismos de liberación. Fue la voluntad de Dios que así fuese. Dios había guiado a sus padres a Egipto para demostrar vívidamente esta misma verdad. Egipto era "la casa de la esclavitud," la esclavitud del pecado. Dios dejó esto en claro cuando le dio a Israel su ley que fue introducida con las palabras: "Yo soy el Señor tu Dios, que te saque de la tierra de Egipto, de casa de servidumbre" (Éxodo 20:2).

Cuán terrible y completo es el poder del pecado en nuestras vidas. Es una esclavitud mucho más horrible y abarcadora que cualquier esclavitud física nunca pueda ser. Un amo terrenal solamente puede sostener nuestros cuerpos en su mano; el pecado sostiene nuestro corazón, nuestra mente y nuestra voluntad, en sus pesadas cadenas. Al pecado estamos obligados a servir incluso mientras nos arrastra más profundamente al sufrimiento y finalmente al infierno. De eso no hay escape. Es una prisión sin puertas, grilletes, sin llaves, un pozo que se abre súlo al infierno. No podemos huir del pecado porque no podemos huir de nosotros mismos. No, lo que es aún peor, no queremos huir de él, porque amamos a este horrible monstruo que controla nuestras vidas por completo. Mientras nos arruina, nos mata con su poder, gobierna sobre nosotros para destruirnos, hace que nuestra existencia sea insoportablemente miserable, y nos arrastra a la destrucción, sin embargo lo elegimos y fuertemente nos aferramos a esta esclavitud con todo el deseo de nuestros corazones, desde que lo apreciamos como nuestra posesión más querida, y no deseamos que deje ser parte de nosotros por ningún precio.

El pecado es, ante todo, una corrupción total de nuestra naturaleza. Cuando Adán pecó en el Paraíso, Dios lo castigó por este pecado. Este castigo consistió en muerte espiritual. Adán se hizo culpable ante Dios, y esta culpabilidad le trajo la justa sentencia de un Dios justo. La ejecución de esta oración es la corrupción total de la naturaleza de Adán.

Pero en Adán todos pecamos y todos los hombres somos culpables de comer del árbol prohibido. Y debido a esta culpa universal, el mismo castigo que sufrió Adán viene sobre toda la raza humana. Cuán claramente se enseña esto en las Escrituras. Cuando David busca la razón más profunda por su pecado de adulterio y asesinato, lo encuentra en su naturaleza corrupta que recibió de sus padres en el momento de su nacimiento: "He aquí en maldad he sido formado, y en pecado me concibió mi madre"

(Salmo 51:5). Cuando Jesús nos relata la parábola del fariseo y el publicano, Él nos dice que el publicano llorando clama "ten misericordia de mi pecador" (Lucas 18:13). El publicano no dice "Dios ten misericordia de mi pues he pecado." El punto es que el publicano pecó porque era un pecador, porque su naturaleza era una naturaleza corrupta que lo hizo un hombre pecador. Esta fue la causa de su angustia y dolor.

Este es siempre el patrón con el pueblo de Dios. Sus pecados los perturban profundamente, y odian sus pecados con un odio eterno. Pero la realidad es que sus pecados no son más que la evidencia externa de una naturaleza corrupta dentro de ellos. Ellos no pueden hacer nada más que el pecar. Ellos no pueden vencer sus pecados. No pueden escapar del poder del pecado (como alega el orgulloso arminiano) porque son corruptos en su ser. La liberación debe comenzar con su naturaleza. Es precisamente aquí donde quienes sostienen las Escrituras se separan de los arminianos. Los arminianos ven el pecado sólo como el acto; las Escrituras enseñan que es una cuestión de naturaleza. No es sólo que a veces pecamos, sino que el pecado es la corriente sucia que procede de una naturaleza que esta muerta en delitos y pecados.

Con toda claridad esto es lo que las Escrituras enseñan. La Palabra de Dios no nos dibuja una muy buena imagen de nosotros, y mucho menos esa imagen color de rosa que nos pintan los predicadores de la radio moderna. "El buey conoce a su dueño, y el asno el pesebre de su señor; Israel no entiende, mi pueblo no tiene conocimiento. ¡Oh gente pecadora, pueblo cargado de maldad, generación de malignos, hijos depravados! Dejaron a Jehová, provocaron a ira al Santo de Israel, se volvieron atrás" (Isaías 1:3-4). Pero aun peor: "Desde la planta del pie hasta la cabeza no hay en él cosa sana, sino herida, hinchazón y podrida llaga; no están curadas ni vendadas, ni suavizadas con aceite" (Isaías 1:6). Un poco después el mismo profeta dice: "todos nosotros somos como suciedad, y todas nuestras justicias como trapo de inmundicia; y caímos todos nosotros como la hoja, y nuestras maldades nos llevaron como viento" (Isaías 64:6). El apóstol Pablo citando de los Salmos nos dice: "Como está escrito: No hay justo, ni aun uno;

No hay que entienda, no hay quien busque a Dios. Todos se desviaron, a una se hicieron inútiles; No hay quien haga lo bueno, no hay ni siquiera uno. Sepulcro abierto es su garganta; con su lengua engañan. Veneno de áspide hay debajo de sus labios; su boca está llena de maldición y de amargura. Sus pies se apresuran para derramar sangre; Quebranto y desventura hay en sus caminos; Y no conocieron camino de paz. No hay temor de Dios delante de sus ojos" (Romanos 3: 10-18). Job se aborrece a sí mismo y se arrepiente en polvo y ceniza (Job 42:6). Pablo habla francamente y dice que estamos "muertos en delitos y pecados" (Efesios 2:1).

Las Escrituras enseñan que el hombre es incapaz de hacer nada bueno. Continuamente todas sus obras están inclinadas al mal. Tal vez él no va por ahí disparando con su revolver para matar a sus vecinos. Pero lo bueno que haga lo hace por su propio bien, no por el amor a Dios. Y Dios dice que esto es pecado. ¿Pero es que acaso el hombre no construye hospitales, e instituciones de aprendizaje? No obstante es corrupto, porque Dios exige la verdad en su interior, y el hombre hace estas cosas por su propio honor y fama, para que su nombre pueda sobrevivir después de él. Pero ¿no da su sobrante de alimentos a los pobres e intenta alimentar a los hambrientos en el mundo? Sin embargo es malo, porque se olvida de Dios en su orgullo. Pero ¿no avanza con grandes zancadas en las fronteras de la ciencia y somete las fuerzas de la creación a su uso con poderosos inventos? Sin embargo, hace esto para establecer un reino que se oponga a Dios. ¿No busca paz en la tierra? Dios odia sus esfuerzos, porque tan sólo quiere la paz sin la sangre de la cruz. ¿No desarrolla él poderosos sistemas de filosofía? Incluso Agustín llamó a todas estas obras como los "espléndidos vicios" paganos.

Sin embargo, sus obras son sólo las expresiones externas de una naturaleza perversa y vil. Él es concebido en iniquidad. Su corazón es una fuente que sólo arroja las aguas sucias del pecado. Su voluntad está completamente bajo el dominio de la cruel esclavitud del pecado, de modo que ni siquiera puede hacer el bien. Su mente está entenebrecida para que se llene de mentira. Él no puede ni desear hacer el bien porque es malvado en todo momento.

Todo lo que ama en el mundo es el pecado. Todo lo que disfruta es la enemistad contra Dios. Él no hará bien por nada; él no puede hacer el bien. Definitivamente esta no es la imagen de un hombre humilde, sino todo lo contrario es la de un hombre miserable y desvergonzado que esta en el peldaño más bajo de la escala social, un ser de la peor calaña. Esta es la verdadera imagen y realidad de cada hombre donde quiera que lo encuentres en todo este mundo.

Esta enseñanza no es popular. No es la opinión propia que el hombre tiene de sí mismo. Él siempre se jacta de su propia bondad. Esto no es algo que a los hombres les agrade decir, ya que lo señalan en todos los aspectos aun en las llamadas obras de amor y caridad de todos ellos. Pero este es el veredicto de Dios. Por lo tanto debemos escuchar.

Predique esto desde el púlpito y nadie querrá escuchar. Mantén este testimonio de Dios en el mundo y se burlarán y le rechazarán. Pero lo que Dios dice es lo que en definitiva cuenta.

No es, en primer lugar, lo que hace el hombre, sino lo que el hombre es: ¿qué tipo de hombre es que necesita ser salvo? ¿Es él, después de todo, capaz de algo bueno? Entonces seguramente puede contribuir también a su salvación. Él puede desear ser salvo. Él puede buscar a Dios. Él puede aceptar a Cristo. Él puede tomar la iniciativa en su propio rescate.

Pero de este arminianismo tenemos que separarnos – el arminianismo que nos dice que el hombre se salva enteramente debido en alguna medida a lo que él hace. Si el hombre no es totalmente depravado entonces puede ser salvo por algo que él haga por sí mismo. Pero puesto que el hombre no desea hacer el bien, entonces tampoco puede hacer nada para salvarse a sí mismo. Está atrapado en la esclavitud del pecado, una esclavitud de tal magnitud que aun su voluntad está obligada a pecar, por tanto necesita ser salvo por un poder que no es suyo. Dios debe venir con su poder irresistible para destruir toda la resistencia humana y echar abajo las puertas del pecado, y romper sus cadenas, forzando su entrada al corazón del hombre para echar fuera al pecado. Dios trabaja aun cuando el hombre no lo desea ni tampoco contribuye en forma alguna. Es sólo cuando el hombre ha sido liberado del pecado que él puede anhelar por su salvación. No tiene hambre por el pan de vida hasta que Dios lo hace tener hambre. Él no tiene deseo por el agua de vida sino hasta que Dios lo hace sediento. El hombre es un tonto pecaminoso. Él se hunde en el cenagal del pecado y le encanta. Está bailando en camino al infierno y canta a medida que avanza. Sólo Dios puede rescatarlo por gracia soberana.

Cada uno debe ver todo esto como una realidad por si mismo. Debemos ver que no somos nada. Debemos confesar lo que las Escrituras dicen para poder ser humillado. Debemos clamar por la salvación desde el fondo del pozo fuera del cual no podemos salir por nuestras propias fuerzas.

O para decirlo de otra manera, cuando Dios salva a su pueblo, lo hace en tal forma que ellos conocen sus pecados antes de conocer su salvación. El pecado es tan grande que el hombre no lo ve sin la gracia de Dios. Es pecador pero no lo confesará. Está tan completamente en las garras del pecado que no puede verse tal cual es y mucho menos confesar su miserable condición. Saber que somos pecadores y confesar este pecado es también el fruto de la obra de la gracia de Dios. Sólo cuando Dios comienza a salvarnos es que podemos ver y confesar que somos totalmente depravados. Dios guía a su pueblo de esta manera para que su primera experiencia sea siempre la de ver su gran pecado. Sólo entonces podrán disfrutar de la salvación. La misericordia se revela donde no hay esperanza. La luz de la salvación brilla en medio de la depravación total. Un amor y una gracia que son inimaginablemente inmensos se nos muestran cuando reconocemos nuestra propia indignidad. El camino a la cruz es un camino de lágrimas de tristeza y arrepentimiento. Sólo cuando conocemos nuestro gran pecado podemos ver la necesidad total que tenemos para la salvación obrada por Dios a través de la cruz de nuestro Señor Jesucristo.

> "Cuando contemplo la cruz de Jesus, donde el rey de gloria murió, mi ganancia más valiosa entrego yo a Él, Y de mi orgullo me despojo también"

O para cita otro bien conocido himno:

"Allá en la cruz de Cristo mis ojos pueden ver la imagen de aquel que allí por mi sufrió y su vida dio y con un corazón contrito, en lágrimas dos cosas sólo puedo hacer confesar la maravilla de su redentor amor y mi propia inutilidad e inmensa pequeñez"

Todo esto se reveló en forma de tipos en la esclavitud de Egipto. Y no tan sólo fue revelado a Israel, sino también a la iglesia, para que tanto ellos como nosotros pudiéramos saber que la salvación es sólo de Dios. Ser traído al pacto eterno de amistad y comunión con Dios es algo que se obtiene únicamente por medio de gracia. Y cuando llegamos a conocer el gran horror de nuestros pecados, también podemos conocer la gran gracia que se nos muestra, que nosotros, pecadores indignos seamos llevados a tener comunión con el Dios viviente.

Capítulo 14
El Pacto con Israel y la Liberación de Egipto

╬

Mucho se ha esforzado por representar la vida del cristiano en el mundo. Quizás el esfuerzo más famoso de todos sea el Progreso del Peregrino de Juan Bunyan. Cualquiera que lo ha leído no puede hacer otra cosa que impresionarse con las muchas verdades de la vida cristiana que ese autor nos presenta en el viaje de "Cristiano" para llegar a las puertas de la ciudad celestial.

Sin embargo nosotros tenemos en las Escrituras del Antiguo Testamento una mucho más clara y precisa descripción de la vida de un hijo de Dios que cualquiera novelista nos pueda dar. En esa descripción somos confrontados cara a cara con la diaria batalla con la que tenemos que vivir con nosotros mismos, en todas nuestras luchas y fracasos, con todos nuestros pecados y la necesidad diaria de perdón, con todas nuestras tentaciones y debilidades, con todas las abundantes manifestaciones de la misericordia de Dios hacia a nosotros.

Me refiero a la historia de la nación de Israel desde el momento en que partieron desde la tierra de Egipto hasta el día en que entraron de manera segura a la tierra prometida de Canaán.

Algunos podrán pensar que esta analogía no es correcta, que no es verdad que la vida del hijo de Dios se represente aquí. Pero considere 1) que la nación en la antigua dispensación era, de hecho, la iglesia de ese tiempo y una imagen de toda la iglesia de Jesucristo (Hechos 2:38); 2) que la tierra de Egipto es una imagen del Antiguo Testamento de la esclavitud del pecado, mientras que en la tierra de Canaán, la tierra que fluye leche y miel, es una imagen del cielo (Hebreos 3: 11-19 4: 1-11 11 : 9,10 13: 6); 3) que el desierto en el que Israel peregrino durante tantos años es una imagen de la esterilidad espiritual de la vida en este mundo presente de pecado y muerte, en el cual, como lo expresa el salmista, "vagamos por la tierra desértica, donde todos los arroyos están secos"; 4) que las repetidas rebeliones de Israel a lo largo de esta historia se convierten, en el Nuevo Testamento, en ocasiones para emitir a la iglesia fuertes advertencias contra la incredulidad y la mundanalidad (1 Corintios 10: 6-11); 5) que la entrada de Israel en Canaán es un hermoso despliegue de la misericordia de Dios. Esa misericordia que Dios les mostró a ellos no es más que la que ahora nos muestra a nosotros cuando llegamos salvos, a pesar de nuestros pecados, al cielo.

Aunque no pretendemos entrar en todos los detalles de esta historia fascinante e importante, no obstante debemos tratar algunas fases de la misma que hablan especialmente del pacto de Dios.

La liberación de Israel de Egipto fue una poderosa obra de Dios. A través de diez terribles plagas, Egipto fue destruido. Durante la terrible medianoche, cuando el ángel de la muerte acechó la tierra de Egipto y mató a todos los primogénitos de hombres y ganado, Israel fue liberado. Sin embargo, se libraron de los estragos del ángel de la muerte sólo porque estaban celebrando silenciosamente la fiesta de la Pascua, protegidos por la sangre del cordero con la cual cubrieron los umbrales de las puertas.

Fue la sangre del cordero de la Pascua la que hizo división y separación entre Israel y Egipto. La sangre marcó a Israel como el pueblo de Dios, mientras que también distinguió a Egipto, como los enemigos de Dios, que iban a ser destruidos. Precisamente por esta razón, la sangre se convirtió en el poder de la liberación de Israel.

No es difícil ver el significado que tiene todo esto, ya que la sangre del cordero no era más que una imagen de la sangre del Calvario. Y seguramente la sangre del Calvario es la marca distintiva entre la iglesia y el mundo a través de todos los tiempos.

Cristo murió sólo por su pueblo, no por todos los hombres. Y la marca de su propia preciosa sangre se coloca sobre su pueblo para distinguirlos del mundo por su poder purificador.

La cruz es, por lo tanto, el poder de la salvación. Así como la sangre del cordero en Egipto significaba el poder por el cual Israel fue separado y liberado de los egipcios, así también es la sangre del verdadero Cordero de Dios el poder de la liberación de la iglesia. Toda su salvación está en la cruz. La fuerza necesaria para todo el viaje del peregrino cristiano se encuentra sólo en la expiación del Calvario. El viaje completo desde su comienzo, hasta sus largos días en llegar al destino final, es un viaje que el creyente puede caminar sólo porque está fortalecido por la sangre de su Cristo. No es nuestra voluntad la que pone a un hombre en el camino de la salvación; ni tampoco el aceptar a Cristo es lo que comienza el viaje a la gloria. La cruz es el único poder para nuestra salvación. Es Dios alcanzando a través de la cruz por medio del Espíritu de Cristo que nos inicia en el camino al cielo. Nacemos en pecado, espiritualmente en la tierra de Egipto, la casa de esclavitud. Somos liberados a través de la sangre de la expiación. Estamos en el camino hacia la Canaán celestial a través del poder del trabajo terminado de Cristo.

En vez de llevar a Israel a la tierra prometida por el camino más corto y directo, Dios los guío a través del Mar Rojo y de allí al Monte de Sinaí, donde Israel recibió la ley.

El que conoce la historia Antigua Testamentaria sabe que la liberación de Israel a través del Mar Rojo ocurre sobre tierra firme y la destrucción del Faraón y sus ejércitos al volver el mar a cubrir esas tierras. Pablo nos habla de esto como una señal del bautismo. En 1 Corintios 10:1-2 dice: "Porque no quiero, hermanos, que ignoréis que nuestros padres todos estuvieron bajo la nube, y todos pasaron el mar; y todos en Moisés fueron bautizados en la nube y en el mar."

Mientras que el propósito de Pablo en este pasaje es el de enseñar que el sello del pacto fue administrado a todos los que habían nacidos dentro de las líneas históricas del pacto, (algo que discutiremos más adelante), y que no todos los que recibieron el bautismo fueron salvos (1 Corintios 10:1-10), deseamos ahora concentrar nuestra atención sobre el significado de este evento.

El bautismo en el Mar Rojo hablaba el mismo idioma a Israel que la sangre del cordero pascual. Representa la sangre de Cristo que destruyó el poder del pecado y libra a la iglesia del pecado y de la culpa. Esta parte del viaje del peregrino es importante para entender el lugar de Israel en el pacto. A un lado del Mar Rojo se encontraba la esclavitud de Egipto que típicamente representa la esclavitud del pecado. En el otro lado estaba la tierra de Canaán, o sea la imagen terrenal del cielo. Lo que hizo la separación para el pueblo de Dios fue el agua del Mar Rojo, que destruyó el poder que antes los mantenía en esclavitud y que los libró de sus opresores. Y esta agua es típica, según 1 Corintios 10, al agua del bautismo que es el símbolo en el Nuevo Testamento del poder purificador de la sangre de Cristo que nos libera del pecado y nos lleva a la gloria.

La liberación de Egipto a través de las aguas del Mar Rojo condujo a la nación al Sinaí. Israel vino a la montaña de la ley.

No tenemos intención de entrar en una larga discusión de la ley que vino a Israel de la mano de Moisés; ni de su significado para Israel, por importante que esto sea. Sólo queremos hacer algunas observaciones sobre la relación entre la ley y el pacto de gracia. Y lo hacemos debido a un considerable mal entendido en lo que concierne al lugar de la ley en la vida de Israel y de la iglesia. Por un lado es muy común en nuestros días aquellos que insisten que la ley de Dios todavía está en vigencia total en esta dispensación. Bajo el atractivo nombre de *teonomía*, los posmilenialistas mantienen que la observancia de toda la ley es el fundamento necesario para que en el mundo moderno, surja una sociedad donde el cristianismo sea triunfante aunque sólo por un tiempo. Por otro lado, ha sido la costumbre de algunos en la historia de la teología del pacto establecer una distinción entre la ley y el evangelio. Los que sostienen esta teología han afirmado que la ley como fue dada en Sinaí era, en verdad una reiteración del pacto de obras, el cual fue dado por Dios para enfatizar el fracaso de aquel viejo pacto establecido con Adán y de esta forma hacer espacio para la introducción del pacto de gracia. Hemos criticado anteriormente esta idea comúnmente mantenida por los que sostienen este llamado pacto de obras y hemos señalado que esta idea es en verdad contraria a las Escrituras.

Entonces, ¿qué es la ley? y ¿cuál es su propósito?

Normalmente el cuerpo de la legislación dada por Dios a través de Moisés se divide en tres partes: la ley civil, la ley ceremonial y la ley moral. Si bien en cierto sentido esta distinción se mantiene, nunca debemos olvidar que la ley es básicamente un solo cuerpo de legislación, y que su unión interna y orgánica debe mantenerse. Podemos imaginar todo el cuerpo de la legislación mosaica como tres círculos concéntricos, siendo el círculo interno la ley moral que se encarna en los diez mandamientos, el siguiente círculo la ley ceremonial y el círculo exterior la ley civil. Pero estos tres círculos estaban relacionados orgánicamente entre sí. La ley moral estaba en el corazón de toda la ley de Dios e impregnaba todos los demás preceptos de la ley. Hacía esto con su mandamiento central de amar al Señor Dios con todo el corazón y mente, alma y fuerza. El no guardar ninguna parte de la ley, ya sea moral, ceremonial o civil, no tenía ningún valor sin el mantenimiento de ese precepto central. Además, la ley civil y ceremonial eran, por una parte, la encarnación concreta de cómo Israel debía, en una manera específica y concreta, amar a Dios; y por otro lado, marcaba a Israel como el propio pueblo de Dios, distinto de todos los demás pueblos de la tierra, un pueblo en cuyo medio Dios escogió vivir en comunión en lazos amor y amistad.

Teniendo esto en cuenta, debemos recordar que Dios nunca dio la ley con la intención de enseñar a Israel un camino por medio del cual ellos podrían por sí mismo obtener salvación. Es cierto que repetidamente la ley decía: "Haz esto y vivirás." Pero la implicación del mandamiento y su promesa no era la de prescribir una forma o un camino de salvación para que Israel conociera como llegar al cielo. Más bien fue este mandato el que conectó toda la ley, en el contexto que se describió anteriormente, con la ordenanza original de la creación que estableció ante el hombre su obligación como una criatura creada por Dios llamada a servir al propósito para el que fue creado. Dios nunca anula las demandas de su ley. Si la criatura obedece o no, no hace ni una partícula de diferencia. Dios es Dios, bueno y justo en todos sus caminos. Él siempre insiste y debe insistir en que el hombre cumpla su ley. Él debe hacerlo porque Él es Dios, de mantener la justa demanda que Él establece en su santa voluntad para la criatura. Dios no dio la ley para que sirvieran como señales que marcan con claridad la carretera del cielo.

Pablo describe todo el propósito de la ley en Gálatas 3:24: "por tanto, la ley era nuestro maestro de escuela para llevarnos a Cristo, para que seamos justificados por la fe." La ley vino a Israel con la exigencia de que Israel la guardase. La ley puso a Israel en un aula y se convirtió en un severo maestro sobre ellos. Llegó a Israel como si ellos fueran un aula de niños muy desobedientes, como de hecho lo fueron. Y la lección que la ley repetía todo el día fue: "guarden la ley para hacerlas." Esta ley siguió a Israel en toda su vida. Ingresó en sus propias casas para decirles cómo comer y beber, cómo vivir juntos como familia, cómo construir sus casas y preservarlas. Les siguió a sus tareas en los campos y les decía cómo arar, cómo sembrar, cómo cosechar, qué hacer con la cosecha. Siguió sus pasos en todo su caminar insistiendo en cómo deben vestirse, lo que deben hacer para preservar las relaciones con sus compañeros israelitas. Miró por encima de sus hombros mientras enseñaban a sus hijos, mientras conversaban y trataban con sus semejantes, cuando entraban en sus armarios interiores, cuando iban al tabernáculo o al templo a adorar a su Dios. Y siempre la ley exigía perfecta obediencia y santidad en toda su vida.

Pero Israel nunca podría cumplir la ley. Ni siquiera podían comenzar a cumplirla en sus partes más pequeñas. Y cuando fallaron, la ley tronó sus maldiciones, los golpeó con sus fuertes golpes y gritó sus maldiciones contra ellos. La ley mató a los que no obedecieron.

¿Por qué? ¿Por qué Dios envió la ley para hacer esto? La respuesta es, por supuesto, que siempre se deben cumplir las justas exigencias de la misma, ya que Dios no rebajará las demandas de su ley sólo porque el hombre se haya vuelto incapaz de cumplirlas. Si acumulamos una factura de mil dólares en una tienda, estamos obligado a pagar esa factura ya sea que tengamos el dinero o no. Pero lo que es más importante aún, la ley es también el evangelio, y el evangelio es la ley. No es como si la ley y el evangelio cantaran dos canciones diferentes en dos claves distintos. Al contrario son una hermosa armonía de una canción de Moisés y el Cordero. No guerrean entre sí en todo momento; sino que caminan cogidas de la mano como la única verdad de nuestro Señor Jesucristo.

Como nos dice Pablo, la ley es el maestro de escuela para conducirnos a Cristo. La ley con sus duras exigencias, con sus gritos de maldiciones, condujo al Israel creyente a Cristo. Esta fue la lección que Israel tuvo que aprender bajo la severa disciplina de la ley. Tuvieron que reconocer a huir a Cristo, porque sólo en los brazos de Cristo, bajo la sombra de la cruz, podrían encontrar escape de las pesadas maldiciones de la ley. Así, a través de la predicación de la ley, Dios trabaja su gracia en los corazones de sus elegidos para que, por pura necesidad, en la conciencia de su propia incapacidad para guardar la ley, huyan en busca de refugio en Cristo.

Dios había ordenado que Cristo fuese el cumplimiento de toda la ley. Sólo Cristo podría guardar la ley moral. Él fue el único que pudo amar al Señor, su Dios, con todo su corazón, mente, alma y fuerza. Y Cristo guardó esa ley, no sólo mientras predicaba, enseñaba y obraba poderosos milagros, sino también guardó la ley en las profundidades del infierno cuando, en el árbol de la cruz, estuvo cargando con todo el peso de la ira de Dios. Cuando sufrió y murió, y cargó con todos los pecados y toda la culpa de todo su pueblo. Él asumió la responsabilidad del perfecto cumplimiento de la ley y de todas las transgresiones cometidas por su pueblo, lo cual hacía que los elegidos fueran dignos del infierno. Cuando las maldiciones de la ley vinieron sobre él como el sustituto de su pueblo, todas estas maldiciones lo llevaron a la profundidad del infierno donde las olas de la ira de Dios lo abrumaron. Pero incluso entonces, en el fondo del infierno, Él amó al Señor su Dios con todo su corazón, mente, alma y fuerza. En la furia de la tormenta del infierno, Él todavía dijo: "Vengo a hacer tu voluntad, oh Dios. Todavía te amo, oh Dios mío."

Pero mientras Cristo cumplía así con toda la ley moral, también cumplió con toda la ley ceremonial. Esta apuntaba hacia adelante, hacia la cruz, y les hablaba elocuentemente de Cristo a aquellos los que creían en Israel. Los sacrificios de toros y cabras, los días de fiesta, las asambleas solemnes, las ceremonias de purificación, todo el culto ordenado y correctamente prescrito de Dios en el tabernáculo y el templo hablaban de aquel que habría de venir como el cumplimiento de la promesa. La sangre de toros y de cabras no podía quitar el pecado, pero en ellos, todos los que creían que Israel veía la esperanza de la promesa, la venida de Cristo. Y así ellos también fueron incluidos en el cumplimiento, la venida de Cristo.

Lo mismo ocurrió con el llamado cuerpo civil de legislación. Debe recordarse que esta ley también marcó a Israel como el pueblo de Dios y lo diferenció de todas las otras naciones que, en la antigua dispensación, estaban fuera de la iglesia de Dios. Ellos pasaron por todas estas leyes, mostraron cómo, en cada parte de sus vidas, como teocracia, debían amar a su Dios. Pero, como Pablo deja en claro, esto fue necesario en la infancia de la iglesia antes de ese momento cuando alcanzó la madurez espiritual (Gálatas 3:22-4:17). Así como un niño pequeño en el hogar necesita leyes para gobernar su vida porque en su inmadurez no puede discernir correctamente entre el bien y el mal, por lo que la iglesia, en su infancia y niñez, necesitaba todas estas leyes. Pero así como un niño, al llegar a la madurez ya no está bajo tutores y gobernadores (Gálatas 4:1-2). Así que la iglesia cuando llega a la madurez a través del Espíritu de Cristo en su corazón (Gálatas 4: 6), ahora está de pie en la libertad con la que Cristo la hizo libre. Estas leyes también desaparecen con la edad adulta. Sólo quedan los principios generales, principios que expresan la voluntad de Dios, pero que ya no atan a la iglesia en la esclavitud de lo que se debe y no debe hacer. Intentar, como hacen algunos, imponer la legislación del Antiguo Testamento en la iglesia del Nuevo

Testamento es negar que Cristo ha cumplido toda la ley y devolver la iglesia a la esclavitud.

Cristo cumplió la ley para la iglesia en la cruz; pero también por su Espíritu, cumple la ley en la iglesia cuando escribe la ley sobre nuestros corazones y nos permite por gracia guardar la ley. Por su poder dentro de nosotros, el poder de aquel que murió por nosotros y se ganó la salvación eterna mediante su perfecta expiación. Él nos permite guardar esa ley para amar al Señor nuestro Dios y aplicar todas las verdades de la ley en todos nuestros llamamientos en medio de la vida.

Este principio de la libertad cristiana es fundamentalmente importante. Incluso hay algunos indicios de cómo se aplica la ley en el Nuevo Testamento. Pablo, con obvia referencia a la ley del Antiguo Testamento de juntar un buey y un asno en el arado, lo aplica a nuestra relación con los incrédulos y nos amonesta a no estar en yugo desigual junto con ellos (2 Corintios 6: 14-18). Al explicar cómo la ley sobre no amordazar al buey mientras él pisa el maíz, Pablo lo aplica a la responsabilidad de las iglesias de apoyar a sus pastores (1 Corintios 9: 1-13). Pero el punto es que el cumplimiento de la ley es una realidad positiva en los corazones del pueblo de Dios. Si realmente aman al Señor su Dios, con la sabiduría dada desde lo alto, podrán aplicar ese principio de amor a cada área de la vida. Y entonces andarán en libertad, la libertad con la que Cristo los hizo libres.

Entonces la ley no está en contra de las promesas de Dios. La ley es, después de todo, el mismo evangelio, y el evangelio, por su parte, es la ley. Y esto es lo que debería ser, porque las Escrituras son una – una revelación de Dios en Jesucristo.

Este fue el propósito del Sinaí. Dios establece su pacto mediante el cumplimiento de la ley en Cristo y en nosotros por el poder de Cristo. El autor de las epístolas a los Hebreos lo expresa de esta manera, citando del Antiguo Testamento: "Porque con una sola ofrenda hizo perfectos para siempre a los santificados. De lo cual también es testigo el Espíritu Santo; antes dicho, este es el pacto que haré con ellos después de aquellos días, dice el Señor:

El Eterno Pacto de Gracia de Dios

Pondré mi ley en sus corazones y en sus mentes los escribiré, y sus pecados e iniquidades no recordaré más" (Hebreos 10: 14-17).

Sin embargo, debemos recordar que el propósito que cumplió la ley sigue siendo, incluso en nuestra dispensación, igual que en la antigua dispensación. Por un lado, es el medio a través del cual somos bendecidos. Por otro lado, sigue siendo el medio por el cual conocemos nuestros pecados y nuestra necesidad de Cristo. Pablo afirma lo mismo en Romanos 7:7: "¿Qué diremos entonces? ¿Es la ley pecado? En ninguna manera. Pero yo no conocí el pecado sino por la ley porque tampoco conociera la codicia, si la ley no dijera No codiciarás." O, para decirlo de otra manera, Dios se complace en guiarnos a través de la vida de tal manera que tengamos la experiencia más plena y más elevada de la maravilla de su gracia. Para que Él pueda hacer esto, nos guía ante todo al conocimiento pleno de nuestros pecados, y llegamos a conocer la maravilla de la gracia divina y la misericordia en la cruz. La ley todavía nos conduce a Cristo, al escuchar las demandas perfectas y justas de la ley, sabemos que no podemos guardarla por nosotros mismos, que sólo merecemos su maldición. Es sólo en Cristo que tenemos salvación plena y libre. El asombro en que nos encontramos al contemplar la luz que brilla desde el cielo sobre nosotros es un temor que surge de la desesperación de la negrura de nuestra noche de pecado y muerte. Sólo cuando atravesamos el valle de la realidad oscura del pecado podemos llegar a la cima de la fe donde brilla la luz de la misericordia de Dios.

Esta es una experiencia diaria y continua del hijo de Dios. Hay muchos que en nuestros días tienen una religión muy superficial, que hablan del hecho de que un cristiano debe tener una buena auto-imagen; que debe poseer el poder de un pensamiento positivo para mantenerse mentalmente saludable; que aborrecerse y humillarse sólo lleva a llenarnos de complejos de culpa; que él no es tan malo como esos necios predicadores de fuego y azufre dicen que es el ser humano. O quizás la conversión es representada como una experiencia que sólo ocurre una vez en la vida. Este es el tipo de mensaje que se oye a menudo en la radio o en esas reuniones de avivamiento. Hablan de como un tiempo atrás eran borrachos empedernidos, abusadores de sus esposas etc. pero súbitamente fueron convertidos y ya no hacen esas cosas. Dicen tener una plena seguridad de salvación y escuchándolos nos suena como que nos dicen como ya no pecan más. Ya no hay una lucha diaria, una batalla que día a día nos lleva a la humillación ante Dios.

Yo no estoy negando que la gracia de Dios tiene un efecto radical cambiando nuestras vidas. Ni tampoco quiero empequeñecer en ningún sentido el poder que Cristo ejerce dentro del corazón de pecadores para hacerles santos. Pero lo que estoy diciendo y debe decirse una y otra vez es que la experiencia del pecado es una que experimentamos a diario. Por tanto la conversión es una necesidad diaria. Cada nuevo día, el hijo de Dios debe decir conjuntamente con Pablo: "oh miserable de mí, quien me librará de este cuerpo de muerte?" Todos los días, nuevamente, Dios lo guía a la ley para ver cuán malvado es. Y cada nuevo día debe huir a la cruz para encontrar el perdón y el poder sanador de la sangre del Calvario. El mismo viaje debe repetirse todos los días. El mismo camino de lágrimas y dolor y de un corazón herido deben ser recorridos cada día de nuevo, porque esta es la única manera de llegar al Calvario. Cada día, ver que ha sido liberado de la maldición de la ley, que legítimamente es suya, a través de la sangre del cordero eterno. Sólo cuando pueda decir "¡Oh, miserable de mí!" también podrá decir: "gracias a Dios por Jesucristo Señor nuestro" (Romanos 7: 24-25). Su vida sigue siendo una batalla, una lucha, un dolor constante aferrado a Cristo como su única esperanza. Y sólo cuando finalmente esté a salvo en el cielo será liberado del cuerpo de esta muerte, para alabar a Dios por los siglos de los siglos por la maravilla de la gracia.

Capítulo 15
El Mediador del Pacto

☦

En la dispensación típica del Antiguo Testamento, Moisés aparece como el mediador del pacto. Hay en las Escrituras del Antiguo Testamento varios pasajes que así lo señalan. En la controversia que Moisés tuvo en el desierto con María y Aarón, Dios lo dejó muy claro. Leemos en Números 12:3-8: "Y aquel varón Moisés era muy manso, más que todos los hombres que había sobre la tierra. Luego dijo Jehová a Moisés, Aarón y María: salid los tres al tabernáculo de reunión. Y salieron ellos tres. Entonces, Jehová descendió en la columna de la nube, y se puso a la puerta del tabernáculo, y llamo a Aarón y a María; y salieron ambos. Y Él les dijo: Oíd ahora mis palabras. Cuando haya entre vosotros profeta de Jehová, le apareceré en visión, en sueños hablaré con él. No así a mi siervo Moisés, que es fiel en toda mi casa. Cara a cara hablaré con él y claramente, y no por figuras; y verá la apariencia de Jehová. ¿Por qué, pues, no tuvisteis temor de hablar contra mi siervo Moisés?" En Éxodo 32 y 33 esto se enfatiza especialmente cuando Israel pecó al adorar al becerro de oro en el Sinaí. Fue por la intercesión de Moisés, de acuerdo con estos capítulos, que la feroz ira del Señor se alejó del pueblo. Moisés, por así decirlo, se interpuso entre el pueblo y Dios y por su intercesión evitó la destrucción de la nación. La misma verdad se enseña en el Nuevo Testamento. En Gálatas 3:19, se hace referencia directa a Moisés como el mediador de la ley: "Entonces, para qué sirve la ley, fue añadida a la causa de las transgresiones, hasta que viniese la simiente a quien fue hecha la promesa; y fue ordenada por medio de ángeles en mano de un mediador." Esta misma verdad se enseña en Hebreos 3:1-6 donde se establece específicamente que en esta capacidad Moisés era un tipo de Cristo: "Por tanto, hermanos santos, participantes del llamamiento celestial, considerad al apóstol y sumo sacerdote de nuestra profesión, Cristo Jesús; el cual es fiel al que le constituyó como también lo fue Moisés en toda la casa de Dios. Porque de tanto mayor gloria que Moisés es estimado digno éste, cuanto tiene mayor honra que la casa el que la hizo. Porque toda casa es hecha por alguno; pero el que hizo todas la cosas es Dios. Y Moisés a la verdad fue fiel en toda la casa de Dios, como siervo, para testimonio de lo que se iba a decir; pero Cristo como hijo sobre su casa, la cual casa somos nosotros, si retenemos firme hasta el fin la confianza y el gloriarnos en la esperanza."

Es a la verdad de Cristo como mediador del pacto que volcamos nuestra atención en este capítulo.

Antes de entrar en este tema en detalle, sería bueno recordar el hecho de que el pacto no debe ser considerado como una alianza o acuerdo entre dos partes, sino que más bien es un vínculo vivo de amistad y compañerismo entre Dios y su pueblo. Es importante recordar esto, ya que no podemos formar una concepción clara y correcta de Cristo como el mediador del pacto a menos que comprendamos esta verdad fundamental. Esto no es difícil de demostrar. A lo largo de la historia de las iglesias reformadas y presbiterianas, mucha confusión ha caracterizado la discusión de esta verdad, y esta confusión ha estado presente, en gran medida, porque, de acuerdo con la idea del el pacto como una alianza o acuerdo, el pacto entre Dios y Cristo también ha sido explicado en términos de un acuerdo entre el Padre y el Hijo, es decir, entre la primera y la segunda persona de la Trinidad. Los dos llegaron entre ellos a un acuerdo en el cual cada uno asume varias obligaciones y responsabilidades, a través de las cuales el acuerdo se lleva a la realidad.

Si bien no podemos entrar en detalles sobre la larga controversia que se centró en esta idea, debería ser evidente que el error principal de tal punto de vista es que al mover todo el pacto de gracia a la propia vida trinitaria de Dios, no queda lugar para el Espíritu Santo, quien, en la naturaleza del caso, está excluido del arreglo. Claramente no podemos decir esto si en verdad creemos que Dios es uno en esencia. Debemos proceder desde una perspectiva diferente en nuestra comprensión del asunto, una comprensión del que, como lo dejamos claro en un capítulo anterior, Dios vive una vida de pacto en sí mismo, completamente separado del pacto de gracia. El pacto de la gracia es la revelación de la vida del propio pacto de Dios a través de Jesucristo el mediador y la cabeza de ese pacto. Como tal, pertenece a toda la obra de la salvación en Cristo y es su carácter esencial.

Con el fin de concentrar nuestra atención en lo que las Escrituras enseñan acerca de esta importante verdad, nos referiremos a Moisés sólo de paso, aunque se le pide al lector que consulte la historia de la vida de Moisés tal como se registra en Éxodo, Levítico, Números y Deuteronomio. A lo largo de esas Escrituras él permanece como el tipo de Cristo del Antiguo Testamento en esa peculiar capacidad de mediador

Antes de abordar el asunto en mayor detalle, debemos saber que, aunque hemos hablado de mediador hasta este punto, las Escrituras hablan de Cristo como el mediador, el jefe o el capitán del pacto de gracia. Estos términos están estrechamente relacionados entre sí. Cristo es el mediador del pacto porque a través de él, Dios realiza el pacto que establece con su pueblo. Pero Cristo es mediador porque es la cabeza. Él fue designado eternamente por Dios para ser el jefe o capitán del pacto. Él es también el mediador a través del cual este pacto se lleva a cabo con los elegidos que les son dados a Cristo desde toda la eternidad.

Para referirnos a la idea de que Cristo es la cabeza del pacto, debemos preguntarnos primero: ¿A quién nos referimos cuando hablamos de Cristo como cabeza y mediador del pacto? Esto podría parecer a primera vista como una pregunta evidente que no necesita explicación ni elucidación. Sin embargo, es precisamente en este punto que mucha confusión entra en la discusión.

Negativamente, la referencia a Cristo como la cabeza del pacto no es como tal a la segunda persona de la Santa Trinidad.

Como la segunda persona de la Santísima Trinidad, Cristo es igual a Dios. Él es esencialmente Dios, en el sentido técnico de la palabra. Él es, como uno de los credos antiguos expresa "muy Dios de Dios mismo," Él está con el Padre y el Espíritu Santo, el único Dios verdadero que subsiste en unidad de esencia Como Dios, junto con el Padre y el Espíritu Santo; Él es el autor de todas las obras de Dios. Esto significa que Él es, con la primera y la tercera persona, el autor del consejo eterno de Dios. Además, Él es, junto con el Padre y el Espíritu, el autor de la realización de ese consejo; es decir, él es el creador de todas las cosas, el autor de la redención eterna, el que soberanamente trabaja la salvación en los corazones de los elegidos. Todas las obras de Dios sin excepción son las obras del Dios trino.

Incluso aquí ya debemos tener cuidado. Para atribuir, las obras de creación a la primera persona, la obra de redención a la segunda persona y la obra de santificación a la tercera persona, básicamente es trío-teísmo o sea una negación de la Santa Trinidad. Toda la obra de Dios son las obras de Dios trino.

Sin embargo, cuando las Escrituras hablan de Cristo, hablan de Él como el Hijo eterno de Dios, la segunda persona de la Trinidad, en nuestra naturaleza. Debemos tener cuidado de hacer la distinción, por lo tanto, entre la segunda persona de la Trinidad como tal, el Hijo como Él es con el Padre y el Espíritu Santo, el único Dios verdadero, y el Hijo cuando entró en nuestra carne y asumió nuestra naturaleza.

Como Hijo eterno, Él es igual a Dios; como Cristo, en nuestra naturaleza, Él está subordinado a Dios. Como Hijo, Él es el autor del consejo eterno que Dios ha determinado en sí mismo desde toda la eternidad; como Cristo, Él es parte de ese consejo, un decreto dentro de ese consejo. Como Hijo, él es el autor de todas las obras de Dios cuando el trino Dios ejecuta su consejo a tiempo; como Cristo, Él es una de esas obras, el trabajo principal y central, pero sin embargo, una obra. Como Hijo, Él quiere la voluntad eterna del Dios trino; como Cristo viene a hacer la voluntad del Padre, deleitándose en esa voluntad haciendo que su voluntad se subordine a la voluntad de su Padre celestial. Sólo Cristo podría aplicar a sí mismo el Salmo que dice: "Sacrificio y ofrenda no te agrada; has abierto mis oídos; Holocausto y expiación no has demandado. Entonces dije: He aquí, vengo; En el rollo del libro está escrito de mí: El hacer tu voluntad, Dios mío; me ha agradado, y tu ley está en medio de mi corazón" (Salmo 40: 6-8) (Vea Hebreos 10: 5-7, Juan 4:34 etc). Cristo subordinó su voluntad a la del Padre cuando oró en medio de una gran angustia en el Huerto de Getsemaní: "No mi voluntad sino la tuya sea hecha."

Esto es, de hecho, el gran misterio de Dios hecho carne. Pero debe recordarse que todas las obras de Dios son las obras del Dios trino, no simplemente de una Persona. Y como todas las obras de Dios son las obras del Dios trino, así también son obras que el Dios trino realiza por medio de Cristo, el Hijo de Dios en nuestra carne y por el Espíritu Santo como el Espíritu de Cristo. El Dios trino es el Padre de nuestro Señor Jesucristo. Él es el Padre de nuestro Señor Jesucristo, en la encarnación de nuestro Señor: "El Espíritu Santo vendrá sobre ti y el poder del Altísimo te cubrirá con su sombra; por lo cual también, el Santo Ser que nacerá será llamado Hijo de Dios." (Lucas 1:35). Él es el Padre a quien Cristo oró en los años de su ministerio terrenal. Cristo no oró a la primera persona de la Trinidad, sino a su Padre, el Dios trino. Sobre Cristo se derramó la plenitud de la ira de Dios todopoderoso cuando sufrió en la cruz por nuestros pecados. En la mano del Dios trino, su Padre, Cristo encomendó su espíritu. De la corrupción de la tumba, el trino Dios levantó a Cristo en poder y gran gloria, le dio un nombre sobre todo nombre y lo exaltó hasta el más alto pináculo de autoridad en el cielo.

Así, Cristo está totalmente subordinado al trino Dios en su naturaleza humana. Él es el Siervo de Jehová, que viene a hacer la voluntad de Dios. Él es el que, según Filipenses 2, nunca se consideró igual a Dios, pero se consideró sin reputación y tomó sobre sí la forma de un Siervo. Él es el que vino a hacer la voluntad de su Padre porque fue obediente en la casa de su Padre. De él, Pablo escribe acerca de esa subordinación incluso en su exaltación en el cielo: "Luego el fin, cuando entregue el reino al Dios y Padre, cuando haya suprimido todo dominio, toda autoridad y potencia.

Porque preciso es que él reine hasta que haya puesto a todos sus enemigos debajo de sus pies. Y el postrer enemigo que será destruido es la muerte. Porque todas las cosas las sujetó debajo de sus pies. Y cuando dice que todas las cosas han sido sujetadas a él, claramente se exceptúa aquel que sujetó a él todas las cosas. Pero luego que todas las cosas le estén sujetas, entonces también el Hijo mismo se sujetará al que le sujetó a él todas las cosas, para que Dios sea todo en todos" (1 Corintios 15: 24-28).

Esta crucial distinción debe ser mantenida si vamos a entender como Cristo es la cabeza y mediador del pacto, pues es a través de Cristo que el pacto de gracia es realizado.

Para entender esto debemos de proceder de la idea de la revelación. Dios es en sí mismo el Dios del pacto. Él vive una vida de pacto perfecto dentro de sí mismo como el Dios trino, uno en esencia y tres en personas. Pero Dios elige revelar esta vida de pacto que vive en sí mismo a través de Jesucristo. Lo hace de tal manera que lleva a su pueblo a esa vida de pacto que Él vive en sí mismo. Esta es la gran y maravillosa obra de nuestra salvación. Cuando Dios revela esa vida de pacto que vive en sí mismo a través de Jesucristo y por medio de su pueblo, no sólo le cuenta a su pueblo acerca de esta vida para que se les informe sobre algún aspecto de ella. Más bien, lo hace para compartir en esa misma vida de pacto.

Quizás para entender cómo esto se relaciona con Cristo como el jefe del pacto, podemos proceder de la naturaleza típica del pacto en la antigua dispensación. Había una figura de esto en los tiempos del Antiguo Testamento. En el tiempo de la dispensación de tipos y sombras, Dios moraba con su pueblo en comunión de pacto en el tabernáculo y el templo. En esos edificios, Dios vivió, por así decirlo, bajo un mismo techo con su pueblo, de la misma manera que, por ejemplo, un esposo y una esposa viven juntos en la comunión del pacto de matrimonio en la misma casa. Dios habitó en el Lugar Santísimo entre las alas de los querubines en el propiciatorio del arca del pacto. Su gente vivía en el patio exterior.

Pero esto era en el Antiguo Testamento cuando la sangre de la expiación aún no había sido derramada. El resultado fue que la gente no podía, por así decirlo, acercarse mucho a Dios. Estaban separados de Dios por el velo que dividía el Lugar Santo del Lugar Santísimo, y de acuerdo al sacerdocio de Aarón, con los sacrificios que continuamente se hacían sobre el altar del holocausto. Era algo así como un esposo y una esposa que vivían juntos en una casa, pero estaban separados unos de otros por varias habitaciones y puertas cerradas. Poder vivir juntos en la misma casa seguramente sería bueno para ellos, pero no era realmente ideal para el estado matrimonial. Así de incompleto era la realidad del momento.

Pero en la nueva dispensación todo esto cambió. Y cambió porque Cristo es el verdadero templo de Dios. Cristo lo aclaró en el momento en que purificó el templo en el comienzo de su ministerio terrenal. Los judíos incrédulos le pidieron una señal que probara que tenía autoridad para limpiar el templo. Respondió a esta pregunta diciendo: "Destruid este templo y en tres días lo edificaré" (Juan 2:19). La narración del evangelio que registra este evento nos informa que Jesús hablaba del templo de su cuerpo. Es muy sorprendente el hecho de que los judíos nunca olvidaron estas palabras del Señor; era como si estas palabras los llenaran de un terror no identificado, porque cuando el Sanedrín juzgaba a Cristo, volvían a estas palabras en su falso testimonio y pervirtieron las palabras de Cristo, recordando el hecho de que Cristo había dicho que destruiría el templo. Y mientras que Cristo colgaba en la cruz, parte de la burla era llamarlo el destructor del templo.

El hecho es, sin embargo, que Cristo se refería específicamente a su resurrección. Su cuerpo en el que sufrió y murió, resucitó de entre los muertos y ascendió a la gloria. Él se convierte en el verdadero templo de Dios. Su propio cuerpo es ese templo, como es evidente por las palabras del Señor. Esto es cierto porque, por un lado, Cristo es, también en su naturaleza humana, verdadero Dios. Pablo escribe a los Colosenses: "Porque en El habita corporalmente Toda La plenitud de la Deidad" (Colosenses 2: 9). El Dios trino con toda su esencia divina, mora en Cristo. Pero, por otro lado, la iglesia por la cual Cristo murió también es el cuerpo de Cristo. Por lo cual, se le llama así en muchos lugares en la Sagrada Escritura. Leemos en 1 Corintios 12:27: "Vosotros, pues, sois el cuerpo de Cristo, y miembros cada uno en particular." La iglesia es verdadera y seguramente el cuerpo de Cristo, hueso de sus huesos y carne de su carne (Efesios 5:30). Y el resultado es que el Dios trino y la iglesia se unen en Cristo Jesús en una unión mística cercana. Dios y su pueblo habitan juntos en comunión de pacto en Cristo como la cabeza del pacto.

Que Cristo es la Cabeza del pacto implica una doble relación entre Cristo y su pueblo.

Cristo es ante todo la cabeza legal de su pueblo. Esta verdad se enseña muy claramente en Romanos 5:15-21, donde la relación entre Cristo y su pueblo se compara con la relación entre Adán y la raza humana. La relación de Adán con la raza humana, como discutimos en un capítulo anterior, era una relación legal, de modo que el pecado de Adán de comer del árbol prohibido fue imputado a toda la raza humana. Toda la raza humana es culpable ante Dios por este único pecado, de modo que la muerte viene sobre todos los hombres, porque todos han pecado. Todos somos responsables del pecado de Adán y dignos de muerte por ello. Pero en el mismo sentido de la palabra, por acuerdo legal, la justicia que Cristo ganó en la cruz es legalmente imputada a todos los que le pertenecen. Todos los elegidos en Cristo son justificados en base a lo que Cristo hizo en la cruz. Cristo es legalmente responsable por todos aquellos por quienes murió. La justicia es imputada porque Cristo estuvo en el lugar de su pueblo como cabeza legal. "Porque así como en Adam todos mueren, también en Cristo todos los serán vivificados" (1 Corintios 15:22). Así como la cabeza legal de su pueblo, Cristo es la cabeza del pacto.

Pero Cristo también es la cabeza orgánica de su pueblo. Esto también fue cierto en la relación entre Adán y la raza humana. Toda la raza humana proviene de Adán, y la naturaleza corrupta que fue el castigo de Adán por su pecado se convierte en la naturaleza corrupta de todos los hombres. Pero de la misma manera, Cristo es también la cabeza orgánica de su pueblo. Esto se demuestra claramente en diversos pasajes de las Escrituras. En Efesios 4:15 el apóstol escribe: "sino que siguiendo la verdad en amor, crezcamos en todo en aquel que es la cabeza, esto es,

Cristo." En la misma epístola capitulo 5:23 leemos: "Porque el marido es la cabeza de la mujer, así como Cristo es cabeza de la iglesia, la cual es su cuerpo, y él es su salvador." Colosenses también expresa esta verdad en más de una ocasión. En el capítulo 1:18, las Escrituras dicen: "Y él es la cabeza del cuerpo que es la iglesia, él que es el principio, el primogénito de entre los muertos, para que en todo tenga la preeminencia." Y en el capítulo 2:19 dice: "Y no asiéndose de la Cabeza, en virtud de quien todo el cuerpo, nutriéndose y uniéndose por las coyunturas y ligamentos crece con el crecimiento que da Dios." Cristo y su pueblo se hacen uno orgánicamente a través de la fe de tal forma que son un cuerpo, un organismo vivo, una unidad. Todo lo que Cristo logró para su pueblo por su perfecta obra es en verdad posesión de ellos. Y unidos a Él por la fe como parte de su cuerpo, la iglesia y Dios habitan juntos en perfecta comunión en el pacto.

Es a causa de esta doble relación que a Cristo también se le llama el mediador y el fiador del pacto. Hay cuatro pasajes donde se encuentra esta verdad, todos en la epístola a los Hebreos. En 8:6 leemos: "Pero ahora tanto mejor ministerio es el suyo, cuanto es mediador de un mejor pacto, establecido sobre mejores promesas." En el capítulo 9 verso 15 esta misma verdad es confirmada: "Así que, por eso es mediador de un nuevo pacto, para que interviniendo muerte para la remisión de las transgresiones que había bajo el primer pacto, los llamados reciban la promesa de la herencia eterna." En 12:24 el mismo término se usa: "A Jesús el Mediador del nuevo pacto, y a la sangre rociada que habla mejor que la de Abel." Y en 7:22 la palabra fiador se usa: "Por tanto, Jesús es hecho fiador de un mejor pacto."

Es obvio al ver estos pasajes que la palabra mediador no se usa en la forma que se usa hoy. En las relaciones humanas el término se usa en el sentido de uno que interfiere en la pelea de dos personas con el propósito de traer reconciliación por medio de un acuerdo que sea satisfactorio entre las dos partes beligerantes. Así, la empresa y sus trabajadores llaman a un mediador cuando surgen diferencias imposibles de ser superadas entre ellos. Esta sería la idea cuando erróneamente pensamos en el pacto de gracia como un acuerdo o alianza entre el hombre y Dios.

Pero esta no es la idea que encontramos en las Escrituras. Debemos recordar que Cristo es Dios verdadero en nuestra naturaleza. Él es el mediador de Dios, enviado por Dios como algo preparado desde toda la eternidad. Es ungido para realizar, en nombre del Dios trino, la obra de redención y reconciliación. Él hace toda la voluntad del Padre al llevarnos a Dios. La mediación viene sólo del lado de Dios. Él lo hace todo a través de Cristo. Cristo logró la reconciliación completa para que el pacto pueda realizarse en toda su perfección. "Dios estaba en Cristo reconciliando al mundo consigo mismo, no imputándoles sus delitos" (2 de Corintios 5:19). Dios es su propio mediador en Cristo. Hace todo lo que es necesario para que el pacto sea establecido, a través de Jesucristo.

Cristo es, por lo tanto, también el fiador del pacto. En Hebreos 7:22, donde se encuentra este término, la idea es que debido al juramento por el cual Cristo es hecho Sumo Sacerdote, Él es el juramento y la garantía del pacto misericordioso de Dios; es decir, Él es la promesa divina de que Dios nunca abandonará su pacto, hará todo lo que sea necesario para realizarlo, y seguramente llevará ese pacto a su perfección plena en gloria.

Hay un elemento que debe considerarse a este respecto. Y esa es la verdad del Espíritu Santo como el Espíritu de Cristo.

Aquí también las Escrituras hacen la misma distinción entre el Espíritu Santo como la tercera persona de la Trinidad y el Espíritu Santo como el Espíritu de Cristo como hicieron entre el Hijo eterno de Dios y nuestro Señor Jesucristo. De hecho, las Escrituras usan un lenguaje muy fuerte para hacer esta distinción. En Juan 7: 37-39 leemos: "En el último día, el gran día de la fiesta, Jesús se puso de pie y clamó diciendo: Si alguno tiene sed, venga a mí y beba. El que cree en mí, como las Escrituras ha dicho: De su vientre correrán ríos de agua viva. (Pero esto dijo del Espíritu que los que creen en él recibirían, porque aún no se había dado el Espíritu Santo, porque Jesús aún no había sido glorificado." Es interesante observar, y este es precisamente el punto del pasaje, que la pequeña palabra "dada" que aparece en nuestra versión Reina Valera de la Biblia se incluye en cursiva. Esto significa que la palabra realmente no aparece en el original griego, pero fue agregada por los traductores que aparentemente pensaron que el sentido lo requería. Sin embargo, esto es un error. La palabra no pertenece en realidad al texto y el versículo debería ser leído: "Pero esto dijo del Espíritu que los que creen en él recibirían, porque aún no había venido el Espíritu Santo."

La idea es enfática de que aún no había Espíritu Santo, y la razón es que Jesús aún no había sido glorificado. No podría haber Espíritu Santo todavía, porque la exaltación de Cristo aún no había tenido lugar.

Ahora, obviamente, la idea no es que la tercera persona de la Trinidad aún no existiera antes de la ascensión de nuestro Señor. Esto sería una negación de la misma Trinidad, de la coexistencia del Espíritu Santo con el Padre y el Hijo, y contradiría las Escrituras del Antiguo Testamento. Ya en conexión con la creación, el "Espíritu de Dios se movió sobre la faz de las aguas" (Génesis 1: 2). Pero la referencia es muy enfáticamente al Espíritu Santo como el Espíritu de Cristo. En este sentido, Él no existió antes de la exaltación de nuestro Señor. Pedro habla de este hecho en su gran sermón de Pentecostés: "Por lo tanto, estando por la diestra de Dios exaltado, y habiendo recibido del Padre (el Dios trino) la promesa del Espíritu Santo, él ha derramado esto que ahora veis y ois" (Hechos 2:23). En su exaltación, Cristo recibió el Espíritu a quien el Padre le había prometido, y que a su vez derramó sobre la iglesia.

Es, por supuesto, por medio del Espíritu que todas las bendiciones de salvación que Cristo ha ganado en la cruz son dadas a la iglesia. Pero debemos prestar especial atención al hecho de que es por medio del Espíritu que el pacto de gracia se realiza realmente.

La noche antes de que nuestro Señor sufriera y muriera, cuando celebró la última cena con sus discípulos, habló extensamente del Espíritu en ese discurso glorioso y reconfortante registrado para nosotros en Juan 14 hasta 16, un discurso concluido con la oración del Sumo Sacerdote de Cristo. Cristo dijo estas palabras a sus discípulos porque les había anunciado enfáticamente y sin ninguna posibilidad de duda que se iba a ir de ellos. Este anuncio, como se esperaba, los llenó de una gran tristeza, ya que ellos habían asegurado toda su esperanza en un reino terrenal en el que Cristo aplastaría el poder de los romanos, establecería el antiguo trono de David y gobernaría con sus discípulos un glorioso reino de los judíos. Cristo los estaba dejando lleno de consternación y este anuncio fue para ellos como un abrupta declaración que señalaba el fin de todas sus esperanzas.

Pero el Señor les aseguró en este discurso que Él debía irse. Y la necesidad de su partida fue exactamente por la razón de que sólo al irse podría regresar a ellos de una manera mucho más rica que su presencia física en Palestina. Su regreso a ellos sería por el Espíritu. No menos de cuatro veces se refiere el Señor a esto. En Juan 14: 16-18 leemos: "Y yo le rogaré al Padre, y os dará otro Consolador, para que este con vosotros para siempre: el Espíritu de verdad, el cual el mundo no puede recibir, porque no lo ve, ni le conoce; pero vosotros le conocéis, porque mora con vosotros y estará en vosotros. No os dejaré huérfanos; vendré a vosotros." En 14:26 leemos: "Mas el Consolador, el Espíritu Santo, a quien el Padre enviará en mi nombre, él os enseñará todas las cosas, y os recordará todo lo que yo os he dicho." En 15:26 Jesús dice: "Pero cuando venga el Consolador; a quien yo os enviaré del Padre, el Espíritu de verdad, el cual procede del Padre, él dará testimonio acerca de mí." Y finalmente en 16:13 leemos: "Pero cuando venga el Espíritu de verdad, él os guiará a toda verdad; porque no hablará por su propia cuenta, sino que hablará todo lo que oyere, y os hará saber las cosas que habrán de venir".

Estos textos, aunque tienen muchas implicaciones importantes para la obra del Espíritu en la iglesia durante la era de la nueva dispensación, también aseguran a los discípulos que cuando el Consolador, el Espíritu Santo es dado, Cristo mismo regresará a su iglesia. Y la idea es que a través del Espíritu, Cristo viene a morar en los corazones de su pueblo de tal manera que de hecho se hacen uno con Él para convertirse en un sólo cuerpo por la fe en Cristo.

Cuando Pablo habla en 1 Corintios 12 de las implicaciones de la verdad de que la iglesia es el cuerpo de Cristo del cual Él es la cabeza, se nos dice que esto se realiza mediante la entrega de muchos dones por el Espíritu de Cristo que se da a la iglesia, así es por medio del Espíritu de nuestro Señor Jesucristo que la unión mística con Cristo se lleva a cabo, y de tal manera que en el cuerpo de Cristo, Dios y su pueblo son uno en comunión de pacto.

Todo esto enfatiza el hecho de que el trabajo de la realización del pacto es sólo obra de Dios, a través de Cristo y por el Espíritu de Cristo dado a la iglesia. Dios revela su propia vida de pacto glorioso en y por medio de Jesucristo para que su propia gloria sea revelada y que a través de la revelación de esta gloria, pueda ser glorificado y alabado. Esta alabanza y gloria le pertenece a Él por parte de su pueblo, eso es, a quienes Él ha añadido por su gracia soberana y graciosamente a su pacto.

Es precisamente es por esto que la idea del pacto como un mero acuerdo, con sus necesarias condiciones, no sólo es incompatible con todo el concepto del pacto, sino que se opone al mismo. La misma idea de la condicionalidad milita en contra de todo lo que las Escrituras enseñan acerca de esta verdad. El pacto es en su totalidad es la obra de Dios. Está establecido por Dios en Cristo; llega soberanamente a nuestros corazones por el Espíritu de Cristo; y es mantenido por la gracia soberana mientras que Dios trabaja su propósito eterno. Todo esto no significa que el pueblo del pacto de Dios no tenga parte en ese pacto. Y a esto, regresaremos en otro capítulo. Pero lo que ahora se debe entender claramente es que esa parte del pacto que es nuestra es centralmente nuestra obligación de alabar y magnificar el nombre de nuestro Dios por lo que maravillosamente ha hecho por nosotros.

Capítulo 16
El Pacto con Israel – Entrada a Canaán

☩

La tierra de Canaán a la cual Israel entró al final de los cuarenta años de vagar por el desierto es llamada en las Escrituras la tierra del descanso. Según el autor de la epístola a los Hebreos (véanse especialmente los capítulos 4 y 5), esta tierra era una imagen típica del sábado o descanso que se da al pueblo de Dios; y este sábado es un anticipo del reposo eterno que queda para el pueblo de Dios, y es, por lo tanto, una imagen de la plena realización del pacto de Dios con su pueblo.

Hay varios puntos registrados para nosotros en las Escrituras sobre el vagar de Israel en el desierto y la entrada final del pueblo a la tierra de Canaán, a los cuales llamaremos brevemente a la atención de nuestros lectores para que sirvan de fondo en nuestra discusión de este importante tema.

En primer lugar, debido a la incredulidad de Israel mientras deambulaba por el desierto, especialmente como fue manifestada en la negativa de la nación a entrar en la tierra prometida (Números 13, 14), todos los que habían salido de Egipto mayores de veinte años, con la excepción de Josué y Caleb, perecieron en el desierto. Las Escrituras atribuyen esto en más de un lugar a la incredulidad de aquellos que se niegan a entrar en el reposo de Dios por la fe y que, en consecuencia, perecen. En Hebreos 3 y 4 este es el gran tema del apóstol resumido en las palabras de 4:1 – "temamos, pues, no sea que permaneciendo aún la promesa de entrar en su reposo, alguno de vosotros parezca no haberlo alcanzado." (Veáse también 1 Corintios 10:5-12). No hablaremos de esto ahora en detalle pues regresaremos al tema un poco después en este capítulo.

En segundo lugar, los hijos de Israel, después de estos años de vagar en el desierto, fueron traídos al fin a la tierra prometida. Esta tierra fue el verdadero objetivo de sus vidas. Ya se les había prometido una herencia en esta tierra en los días de Abraham (Génesis 15:18-21). Fue hacia esta tierra que fijaron sus ojos cuando entraron en Egipto, cuando vivieron allí por un tiempo, y cuando finalmente fueron llevados por el brazo fuerte de Dios (Génesis 50:24, 25; Éxodo 12:25).

En tercer lugar, en la conquista y posterior herencia de la tierra, Josué fue su líder y capitán. Como Hebreos deja en claro, Josué era una imagen única de Cristo en que ambos llevaban el mismo nombre y ambos realizaban el mismo trabajo, Josué era un tipo de Cristo en realidad. El nombre de Josué significa "Jehová Salvación" en el idioma hebreo. En el griego del Nuevo Testamento, el nombre de Jesús tiene el mismo significado (Mateo 1:21, Hebreos 4: 8). Mientras Josué dirigía los ejércitos de Israel, Jesús es el Capitán de nuestra salvación. Jesús es quien guía a su pueblo al verdadero y celestial descanso del pacto de Dios.

En cuarto lugar, al pelear las batallas que derrocaron a los paganos en la tierra de Canaán, Israel salió victorioso sólo porque el Señor peleó por Israel y les dio la victoria. La muralla de Jericó cayó, no por el poder del ejército de Israel. Israel simplemente marchó alrededor de ellos y no hizo nada para la conquista de la ciudad (Hebreos 11:30). Cayeron los muros porque el Señor los hizo caer milagrosamente y les dio la ciudad sin batalla. Israel no pudo capturar a Hai porque el Señor no estaba con Israel. El Señor se alejó de Israel porque Acán había robado del maldito botín de Jericó (Josué 7: 8-15). En la batalla con los cinco reyes del sur, la victoria fue de Israel porque el Señor hizo llover granizo sobre los enemigos de Israel, hizo que el sol y la luna se detuvieran en la oración de Josué, y llenó a los paganos con un temor paralizante (Josué 10:11 -14). El Salmo 44 comienza con las palabras: "Oímos con nuestros oídos hemos oído, nuestros padres nos han contado, la obra que hiciste en sus días, en los tiempos antiguos. Tú con tu mano expulsaste a las naciones, y los plantaste a ellos; Afligisteis a los pueblos y los arrojaste: porque no se apoderaron de la tierra por su espada, ni su brazo los libró; sino tu diestra, y tu brazo, y la luz de tu rostro, porque te complaciste en ellos" (versos 1-3).

En quinto lugar, cuando Israel finalmente ocupó la tierra prometida ésta fue dividida en lotes. Cada tribu y cada familia recibió su parte. Esto era indicativo de que era Dios mismo el que daba a cada uno su herencia. Lo que cada israelita recibió fue enfáticamente dado por Dios y dado como una herencia, es decir, como un regalo otorgado gentilmente. Esta herencia estaba en la tierra del descanso, la imagen del cielo. Como tal, habló en lenguaje poderoso, aunque típico, del resto del pacto eterno de gracia de Dios. Y de esto, tenemos un anticipo en el sábado que celebramos en la nueva dispensación. El día de reposo como día de descanso es básicamente una ordenanza de la creación. Dios creó esta rotación y ciclo de días al principio. Leemos: "Y acabo Dios en el día séptimo la obra que hizo; y reposo el día séptimo de toda la obra que hizo. Y bendijo Dios al día séptimo, y lo santifico, porque en el reposo de toda la obra que había hecho en la creación" (Génesis 2:2-3).

Sin tener que entrar en detalles el punto es obvio. El verdadero descanso del sábado es un descanso que Dios mismo disfruta en su vida como Dios de pacto. Él, como el Dios trino vive en una eterna vida de descanso perfecto. No es que Dios sea ocioso, pues el ocio no es el descanso. Tampoco la idea del sábado es una de ociosidad. Dios descansó porque disfrutó perfectamente del trabajo de sus Manos en la creación que Él había hecho. Por lo tanto, el descanso de Dios es una idea de pacto. En la serenidad majestuosa y la paz infinita consigo mismo, Dios descansa en perfecto conocimiento de la perfección de todas sus obras.

Pero era el propósito de Dios llevar al hombre a este reposo. Ya desde el principio, esto fué por gracia, favor inmerecido. El propósito de Dios era darle al hombre la experiencia perfecta del reposo que Dios disfrutaba en Sí mismo. Es decir, Dios, determinó llevar al hombre a su propia vida de pacto para que el hombre, que mora con Dios, pudiera disfrutar de la bendición que Dios posee en sí mismo. Este fue el cúspide de la alegría del hombre en el jardín del Paraíso.

Sin embargo, cuando el hombre cayó, se alejó de la bendición de la comunión de Dios y unió sus manos al diablo en una alianza impía de rebelión contra Dios. El resultado fue que perdió la posibilidad de ese descanso y el disfrute de la comunión con Dios. Ahora estaba lleno del malestar del pecado, el malestar de la terrible mano de la maldición de Dios sobre aquel que lo alejó de la presencia de Dios y llenó sus días y noches de miedo y desesperación.

Pero el propósito de Dios no fue derrotado puesto que Dios había designado otro descanso para su pueblo en Cristo, del cual incluso el sábado de la creación no era más que una representación o tipo. El sábado de la creación ha pasado para siempre. Nunca más volverá. Ahora sólo queda el descanso del sábado celestial que está reservado para los elegidos a través de la obra de Jesucristo. Pero antes de que ese día de reposo celestial amaneciera, estaba la figura de Canaán en la antigua dispensación. Primero fue mencionado en la ley de Dios: "Acuérdate del día de reposo para santificarlo. Seis días trabajarás y harás toda tu obra, mas el séptimo día es reposo para Jehová tu Dios, no hagas en el obra alguna, tú, ni tu hijo, ni tu hija, ni tu siervo, ni tu criada, ni tu bestia, ni tu extranjero que está dentro de tus puertas. Porque en seis días hizo Jehová los cielos y la tierra, el mar, y todas las cosas que en ellos hay, y reposo en el séptimo día; por tanto, Jehová bendijo el día de reposo y lo santificó" (Éxodo 20: 8-11).

Pero hay idea muy importante relacionada a este tipo del sábado. Israel recibió la orden de trabajar seis días antes de poder disfrutar del séptimo día como día de descanso. Es decir, tenían que trabajar en el servicio de Dios; tenían que trabajar de tal manera que amaran al Señor su Dios; con todo su ser, tenían que trabajar con absoluta perfección. Y sólo cuando hicieran esto, podrían ellos también disfrutar del reposo de un sábado – un sábado que ganaron con su trabajo fiel. Seis días de trabajo fiel les daría la recompensa de un día de bendito descanso.

Todo esto se relacionaba estrechamente con la tierra de Canaán, la cual era un símbolo para Israel de su verdadero descanso, puesto que Canaán era la tierra que fluye con leche y miel, o sea el símbolo terrenal del cielo. Era la tierra en la que Israel estaba destinado a morar en comunión con Dios. Por esta razón, el centro de toda la vida de Israel en Canaán se encontraba en el tabernáculo y en el templo, la morada de Dios en medio de su pueblo.

Esta es también la razón por la cual su vida en Canaán fue un ciclo constante de sábados. Ellos tenían que celebrar cada séptimo día, cada séptimo año, y cada quincuagésimo año, que era el múltiplo de siete por siete y era su famoso año de jubileo. Pero, incluso aquí en Canaán, disfrutarían del favor y la comunión de Dios sólo mientras permanecieran fieles. Si vivieran en obediencia a Dios, guardaran sus mandamientos, trabajando y siendo guiados sólo por el principio del amor, la tierra continuaría produciendo su crecimiento, disfrutarían de la protección de todos sus enemigos, y recibirían diariamente la bendición del descanso y el compañerismo con Dios en toda su vida. Si, por el contrario, fueran desobedientes, si pisotearan la ley de Dios, Canaán se convertiría en un desierto, el enemigo entraría en su tierra como si fuera una inundación, y tendrían que soportar toda clase de pestes y plagas hasta que fueran finalmente expulsado de la tierra al cautiverio (Deuteronomio 28).

Tanto en las Escrituras como en la historia de la nación, vemos el hecho de que el sábado típico era imposible de cumplir. El hecho es que Israel no podía cumplir la ley, eso es, trabajar en amor por Dios y ganarse el sábado al final del trabajo fiel. No podían porque ellos, al igual que todos los hombres, eran depravados. La ley les exigía una imposibilidad espiritual. Su historia es prueba de esto. Gradualmente se alejaron cada vez más de Dios y se arrojaron en los brazos de los ídolos de los paganos. El resultado fue que Canaán dejó de ser una tierra en la cual fluye la leche y miel, una imagen del cielo donde se encuentra el verdadero día de reposo. Finalmente, fueron expulsados de la tierra y se esparcieron entre las naciones paganas durante setenta años "para que se cumpliese la palabra del Señor por boca de Jeremías, hasta que la tierra hubo gozado de reposo; porque todo el tiempo de su asoleamiento reposo, hasta que los setenta años fueron cumplido" (2 Crónicas 36:21).

En otras palabras, era y siempre es imposible que el hombre gane por sus propias obras el reposo sabático del pacto de Dios. Pero nunca fue la intención de Dios realizar el verdadero día de reposo mediante el cumplimiento de la ley. Esta no fue la razón por la cual se dio la ley. La ley nunca fue pensada como un medio para traer la salvación. Hemos discutido esto antes y sólo necesitamos dirigirlo a las palabras de Pablo en Gálatas 3:24 donde la ley se describe como "nuestro ayo para llevarnos a Cristo, a fin de que fuésemos justificados por la fe." Ya en el Antiguo Testamento, aquellos que eran parte del pueblo de Dios fueron los que verdaderamente entraron al reposo pero no lo hicieron porque hubiesen ganado el derecho a esto por su trabajo fiel, sino porque por fe vieron la tierra como una representación del cielo, y aferrándose a la promesa por fe, entraron en el verdadero descanso. Esta es la enseñanza clara de Hebreos 4 y 5 donde la incredulidad de aquellos que perecieron se contrasta con la fe de aquellos que típicamente entraron.

Así el sábado se cumplió en Cristo. Hemos dicho que una imagen de esto se encontraba en la conquista de Canaán por Josué, pero el verdadero Josué, Jesús, Jehová Salvación, es el único que puede llevar el verdadero día de reposo al pueblo de Dios. Este cumplimiento del sábado comenzó con la resurrección de Jesús de entre los muertos. Cristo cumplió la ley para su pueblo haciendo lo que no ellos podían – amar al Señor su Dios con todo su ser – y al mismo tiempo cargó con el enorme peso del pecado y la culpa de su pueblo que se le impuso. Él amó a su Dios con amor total y perfecto, incluso en el fondo del infierno, donde puso su propio cuerpo en el altar de la ira de Dios como sacrificio por el pecado cuando el martilleo de esa ira lo aplastó.

Pero debido a su trabajo perfecto, Dios lo resucitó de entre los muertos. Se levantó triunfante sobre el pecado y la muerte para entrar en el reposo perfecto de Dios, en el compañerismo perfecto del pacto de Dios, lejos del abandono que experimentó en el Calvario. No carece de importancia que Cristo se levantó el primer día de la semana, porque por medio de él Dios le indicó a su pueblo que Cristo se había ganado el resto del sábado para ellos. El requerimiento, la demanda imposible, ya no nos exige que trabajemos fielmente seis días antes de poder descansar. Ahora, ese descanso es nuestro el primer día. Nos llega porque no nos lo hemos ganado; pero proviene de la fuente de la gracia pura que Cristo ganó para nosotros. Ahora no se exige que vivamos seis días perfectos de trabajo para ganar el resto; primero recibimos el descanso al comienzo de la semana, y ese descanso nos da, a través de la gracia, la fortaleza para pasar los siguientes seis días en una vida de humilde obediencia a Dios.

Los adventistas están muy equivocados en su idea del sábado y realmente llevan a las personas a una rectitud de trabajo que es una negación de la gracia soberana.

Este descanso, entonces, que el pueblo de Dios recibe en el día de reposo es el anticipo del descanso perfecto del cielo. Es el comienzo de ese descanso. Porque en el cielo, el tabernáculo de Dios será revelado perfectamente a los hombres y para siempre. Allí todos nuestros pecados nos serán quitados por completo y entraremos en el gozo perfecto de la comunión del pacto de Dios, porque Dios mismo nos recibirá en sus brazos amorosos a través de Jesucristo para consolarnos para siempre. "Por tanto, queda un reposo para el pueblo de Dios" (Hebreos 4:9). E incluso mientras estamos en esta vida, Jesús llama a su pueblo para sí mismo con las tiernas palabras: "Venid a mí todos los que estáis trabajados y cargados, y os haré descansar" (Mateo 11:28).

Todo esto significa que somos peregrinos y extranjeros mientras vivimos en esta tierra. Todavía no hemos llegado a la celestial Canaán. Estamos como si estuviésemos todavía caminando en el desierto de este mundo. Pero estamos en nuestro viaje hacia el cielo. Y mientras pasamos por este árido desierto, Dios gentilmente nos da aquí y allá un oasis de refrigerio espiritual. Es el oasis del día de reposo que celebramos el primer día de la semana.

Es como si cuando nos acercamos al final de otra semana de estancia en esta tierra seca, sedientos, nos tambaleamos con fuerzas gastadas al oasis de otro sábado. Pero en este oasis, estamos rodeados de lo que nos espera en el cielo. Aquí se nos dan las frescas aguas de la vida que fluyen del trono de Dios, cuyas aguas son el Espíritu de Cristo (Juan 7:37-39). Aquí somos alimentados con el verdadero Pan de Vida que es Cristo mismo a través de la Palabra del evangelio. Aquí estamos protegidos por la fresca sombra de las alas eternas de Dios del ardiente calor del sol. Aquí nuestros espíritus decaídos son reavivados, nuestra fuerza que falla se acelera, nuestras almas se alimentan, y se nos da un nuevo vigor para seguir nuestro viaje por una semana más. Y en ese momento alcanzaremos el final del viaje, nuestro destino eterno, la casa de nuestro Padre. Y en la casa de nuestro Padre el sábado será perfecto, completo.

Capítulo 17
Nuestra Parte en el Pacto

☩

En el último capítulo hablamos sobre la tierra de Canaán como la típica tierra de descanso; Canaán, por lo tanto, es la tierra del pacto. Reiteramos que el descanso del pacto de Dios se otorga sólo por gracia y nunca se puede obtener por nuestro esfuerzo. De hecho, ese ha sido nuestro énfasis desde el principio. La totalidad del pacto de Dios, en su establecimiento, su realización, su mantenimiento, su perfección final, es el don de la gracia. Nunca en ningún sentido se gana.

La pregunta bien podría surgir si esto implica que no tenemos parte en el pacto en absoluto. ¿No enseñan las Escrituras que tenemos un papel que jugar en ese pacto? ¿Acaso Hebreos 4 y 5 no se enfatiza esto cuando nos dice que los israelitas que perecieron en el desierto y no pudieron entrar en la tierra de descanso fue debido a la incredulidad? Y ¿no nos advierte que lo mismo podría pasarnos si no creemos?

Todo esto nos llama la atención sobre la verdad de lo que las Escrituras enseñan como nuestra parte del pacto, y es a esto que ahora dirigimos nuestra atención.

Es importante que coloquemos este asunto dentro de su perspectiva apropiada. Como hemos notado antes, hay quienes sostienen que el carácter del pacto es un acuerdo o pacto que se alcanza entre Dios y el hombre en el que Dios y el hombre funcionan como partes en el mismo y que incluye varias estipulaciones y provisiones por parte de ambos, la observación de las cuales es esencial para el establecimiento y mantenimiento del pacto. Dios está de acuerdo con su parte de bendecir al hombre con la bendición de la salvación, siempre y cuando el hombre acepte por fe las disposiciones del pacto, camine en obediencia al pacto y mantenga su parte en fidelidad. Por lo tanto, el pacto se convierte en un pacto condicional y el cumplimiento de estas condiciones es esencial para que el pacto se realice y se mantenga.

La palabra condición se ha convertido en una palabra central en esta controversia. Aquellos que sostienen que el pacto es un acuerdo insisten también en que el pacto es bilateral, es decir, de doble faz y que la doblez del pacto es especialmente clara a partir de la condicionalidad del pacto. Entonces, las tres ideas van de la mano: el pacto como un acuerdo, un pacto bilateral y un pacto condicional. No pueden separarse la una de la otra. Y, según lo afirman los defensores de este punto de vista, esta idea es importante porque cualquier otra idea convierte al hombre en nada más que una acción y un bloque en el pacto; él es un autómata, una criatura despojada de su racionalidad y moralidad, un simple títere que es llevado al cielo profundamente dormido en el confortable asiento de un avión.

Si uno estudia la historia del pacto tanto en inglés como en el pensamiento continental, descubrirá que la idea de un pacto condicional a menudo, aunque no siempre se mantuvo. Sin embargo, aquellos que fueron reformados en su enfoque de esta doctrina, es decir, aquellos que procedieron de la verdad de los cinco puntos del calvinismo, especialmente la verdad de la soberanía de Dios y de la doble predestinación, al hablar de un pacto condicional, usaron la palabra 'condición' de una manera completamente diferente del sentido con el cual se usa comúnmente en nuestros días. Ellos querían decir por 'condición' el medio por el cual Dios realizó su pacto soberanamente. Deseaban enfatizar mediante el uso de este término el hecho de que la fe es la manera o los medios dados por Dios y ordenados por Él a través del cual el pacto se realiza y se mantiene. Dios establece y mantiene su propio pacto y lo hace al impartir fe a su pueblo según el decreto de predestinación para que la fe se convierta en el medio para la realización de ese pacto. Al utilizar el término de esta manera, difícilmente podríamos objetar al mismo.

El problema es, sin embargo, que este término ha adquirido un significado bastante diferente en la discusión en nuestros días sobre el pacto. Ahora el significado es de ser un "requisito previo" o "requisito necesario." Y esto encaja bien con la idea de un acuerdo bilateral entre Dios y el hombre. La idea entonces es que no se puede establecer un pacto, excepto que el hombre cumpla con el requisito previo de fe y que igualmente el hombre tiene que continuar y mantener esa condición cumpliendo con el requisito necesario de la obediencia continua. Si el hombre falla en esta obediencia, el pacto se cancela y ya deja de estar en vigencia.

Esto es lo que dicen aquellos que sostienen este punto de vista, pero aún desean sonar como si fuesen seguidores de la Reforma, que el requerimiento o requisito previo es necesariamente cumplido por Dios. Pero esto es un subterfugio y un acertijo que desvía la atención del tema crucial. El hecho es que si la fe es un prerrequisito para el establecimiento del pacto, entonces es una condición que el hombre puede cumplir antes de que esté en el pacto. Él es, por lo tanto, capaz de aceptar por fe las condiciones necesarias que él aprueba y acepta antes de que ese pacto pueda, de hecho, establecerse.

Esto no es más que una introducción de la antigua herejía del arminianismo a la esfera de la doctrina del pacto que hace que la salvación dependa de la voluntad del hombre. Hemos discutido esto extensamente antes y no necesitamos repetir lo que ya se dijo con anterioridad.

Las Escrituras proceden de un principio completamente diferente. Dios es en sí mismo el Dios del pacto. Eso es, Él vive en si mismo en una comunión de amor y amistad. Y él ha elegido soberanamente revelar esta verdad al incluir a su pueblo elegido a su propia vida de pacto por medio de Jesucristo, el mediador del pacto. Y lo hace soberana y gentilmente, de acuerdo con el decreto de la predestinación eterna. El pacto es un vínculo de amistad y compañerismo, de carácter unilateral, incondicional tanto en su establecimiento como en su realización, totalmente dependiente de

Dios para que Dios sea glorificado y alabado por las riquezas de su gracia en Cristo Jesús. Por lo tanto, no hay partes fuera de Él en ese pacto.

Pero todo esto no significa que no haya participación en el pacto: no como el de una parte iniciadora, sino un papel o parte por usar una expresión que se encuentra en la "Forma para la Administración del Bautismo" que se ha utilizado durante siglos en las iglesias Reformadas de los Países Bajos y América. El pueblo de Dios que es tomado por gracia en ese pacto recibe un papel o rol de participación en el mismo.

Debe recordarse a este respecto que la parte del pueblo del pacto de Dios dentro del pacto es siempre el fruto de la parte de Dios. La parte de Dios es primera, decisiva, y soberanamente la causa de nuestra parte. Tenemos nuestra parte sólo porque podemos, por la parte de Dios, caminar en el pacto como pueblo del pacto. De hecho, nuestra parte en él es incluso un privilegio. Por gracia, podemos y haremos nuestra parte. Y sólo a causa de esto, también es cierto que debemos hacer nuestra parte como agentes secundarios. Las Escrituras enfatizan esto repetidamente. En Filipenses 2:12, el apóstol exhorta a la iglesia a que "trabajen su propia salvación con temor y temblor." Pero inmediatamente agrega "porque Dios es el que hace en vosotros el querer así como el hacer por su buena voluntad" (v. 13). La advertencia que nos confronta nos anima para trabajar nuestra salvación puesto que es Dios el que obra en nosotros. Y este trabajo de Dios en nosotros es un trabajo que lo abarca todo y está completamente capacitado porque logró tanto el querer como el hacer. Lo mismo vemos en 2 Corintios 6, donde al final del capítulo, el apóstol usa un fuerte lenguaje del pacto: "Porque vosotros sois el templo del Dios viviente, como Dios dijo: Habitaré y andaré entre ellos, y seré su Dios, y ellos serán mi pueblo. Por lo cual salid de en medio de ellos, y apartaos, dice el señor y no toquéis lo inmundo; y Yo os recibiré, Y seré a vosotros por padre, y vosotros me seréis hijos e hijas, dice el Señor Todopoderoso" (versos 16-18). Estas son las promesas del pacto. ¿Qué significan estas promesas para el pueblo del pacto de Dios? En 7:1, el apóstol explica: "Así que, amados, puesto que tenemos tales promesas, limpiémonos de toda la contaminación de carne y de espíritu, perfeccionando la santidad en el temor de Dios."

Dios nunca salva a su pueblo para que ellos actúen o permanezcan inconsciente de esa gran salvación. Él no lleva a su pueblo al cielo como un niño que tira de un juguete mecánico por el piso. ¿Cómo podría Dios hacer esto? Su propósito es llevarnos a la comunión de su propio pacto, para que nosotros podamos disfrutar de esa comunión y alabar al Dios que gentilmente nos ha dado esta participación. El resultado es que Dios le da a su pueblo una parte en ese pacto. Es una parte que ellos sólo pueden realizar porque ya están dentro de el pacto como su pueblo. Debemos aclarar este punto. Desde el punto de vista de Dios, Él obra todas las cosas soberanamente para que toda la salvación nos sea dada gratuitamente como un regalo. No nos queda nada que hacer para obtener esa salvación. En realidad no podemos hacer nada, porque somos pecadores, y estamos muertos en delitos y pecados. Siempre seríamos infractores del pacto si nos lo dejan a nosotros mismos. Pero Dios obra en nosotros tanto el querer como el hacer por su beneplácito, para que toda la gloria sea de Él solamente.

Pero desde nuestro punto de vista, Dios trata con nosotros como criaturas racionales y morales. Así, la manera en que se mantiene el pacto es el camino de la fe y la obediencia. Somos llamados a creer en Cristo. Este llamado nos llega con toda su fuerza. Nos llega como una exigencia solemne del pacto. Viene a nosotros de tal manera que la incredulidad resulta en gran dolor y muerte. Así es que en Hebreos 4 y 5 se aborda el asunto. Pero está claro en toda la Escritura que la misma exigencia de fe y obediencia es en sí misma el poder de Dios por el cual Él obra en nosotros esa misma fe y obediencia para que realmente creamos y obedezcamos, y de esta manera disfrutemos la bienaventuranza del pacto.

Esto no significa que no pecamos a menudo, pues sólo tenemos un pequeño comienzo de obediencia y la vida de fe dentro de nosotros no es más que un principio. Dentro de nosotros llevamos nuestra naturaleza pecaminosa de la cual no escaparemos hasta que muramos. Como miembros del pacto de Dios, estos pecados que cometemos son serios y terribles. De hecho, por ellos, transgredimos el pacto en el que nos encontramos, lo violamos en nuestra necedad y, con nuestro pecado, destruiríamos el pacto si fuera posible. El resultado es que recibimos de la mano de nuestro Dios muchas advertencias, amonestaciones, amenazas, súplicas, llegando a veces hasta el punto de necesitar ser castigados y reprendidos; a menudo nos encontramos en situaciones imposibles que nos hemos creado a nosotros mismos por nuestros pecados; y cuando caminamos de esta manera, perdemos todo derecho al favor y la gracia de Dios y Él nos retira la consciente experiencia de su amor. Pero Él hace todo esto sólo debido a la fuente de su gran gracia, y su amor nunca cambia. Así como un padre que es temeroso de Dios le enseña a su hijo, haciendo uso de advertencias, amenazas, castigos y promesas, pero siempre en forma amorosa con el objeto de enseñarle a su hijo el camino de la obediencia, así también Dios se ocupa de nosotros.

Esta verdad está muy claramente expuesta en un pasaje que hemos citado anteriormente, pero que debemos leer nuevamente. En el Salmo 89: 30-34 leemos:
"Si dejaren sus hijos la ley, y no anduvieren en mis juicios, si profanaren mis estatutos, y no guardaren mis mandamientos, entonces castigare con vara sus rebelión y con azote sus iniquidades; mas no quitaré de él mi misericordia ni falsearé mi verdad. No olvidare mi pacto, ni mudare lo que ha salido de mis labios."

Entonces, nuestra parte en el pacto es muy real y muy importante. ¿Qué es exactamente esa parte?

En general, como ya dijimos, esa parte consiste en la fe y la obediencia. Nuestra parte es creer en Cristo, aferrarnos a Él con una fe viva y verdadera, apropiarse de Él y de todos sus beneficios, vivir en Él y fuera de Él, porque Él es el mediador de ese pacto y es sólo a través de Él que entramos en comunión con Dios.

Pero nuestra parte también es caminar en obediencia ante Él en todo nuestro andar en la vida. Esa obediencia es, por supuesto, fidelidad a todas las Escrituras, fidelidad a la verdad de las

Escrituras y fidelidad a los preceptos del Evangelio. Podemos resumir todo en esto, que nuestro llamado es caminar como pueblo del pacto de Dios en el mundo, manifestando en todo lo que hacemos que somos miembros de su pacto, que representamos la causa de su pacto, y que sólo buscamos aquel día en que seremos llevados a ese pacto perfecto cuando el tabernáculo de Dios esté con los hombres.

Debemos hacer esto en cada esfera de la vida en el lugar en el que Dios nos ha puesto. Es nuestro deber establecer hogares cristianos en los que los esposos reflejen la relación gloriosa del pacto entre Cristo y su iglesia (Efesios 5:22-33): debemos traer a esta vida a los hijos del pacto de Dios y enseñarles los caminos de Jehová (Deuteronomio 6:4-9, Salmo 78:1-8), debemos entrenar a nuestros hijos en escuelas del pacto en las cuales el temor del Señor es el comienzo de toda sabiduría; debemos vivir santidad y justicia en cada situación de la vida para alabanza del Dios de nuestra salvación.

Pero que siempre se recuerde que las demandas y obligaciones del pacto son también los privilegios que tenemos por gracia. El yugo de Cristo es fácil y su carga es liviana (Mateo 11: 29-31), porque se nos concede por gracia el gran privilegio de ser el pueblo del pacto de Dios. Dios no se avergüenza de ser llamado nuestro Dios (Hebreos 11:16); y no podemos avergonzarnos de ser conocidos en el mundo como el pueblo del pacto de Dios. No estamos cargados con pesadas cargas; al contrario recibimos una gran bendición, y esto nunca debe olvidarse. De hecho, debemos caminar en el camino del pacto, porque este es el requisito de todas las Escrituras. Pero Dios gentilmente hace de este "deber" el "yo puedo" y el "yo deseo." Y así, por gracia, podemos y haremos.

Seguramente todos los que son sensibles a su llamado saben cuántas veces fallamos y cuán necesario es huir a la cruz en busca de perdón. Pero el hijo humilde de Dios sabe que hay misericordia en el Calvario y amor tierno en la sangre de Cristo. Él regresa aliviado y renovado, agradecido de que Dios sea fiel frente a toda su infidelidad, en admiración de ver un amor tan grande que nunca lo abandona, y con un corazón lleno de alabanza hacia aquel que mantiene el pacto y nunca nos dejará ir.

Capítulo 18
El Pacto y el Reino

⁜

El tema general del reino es ocasionado por la historia del establecimiento del reino de Israel durante los días de David y Salomón. En este capítulo discutiremos la idea del reino en su relación con el pacto de gracia.

Existen muchas ideas incorrectas del reino en la teología de las iglesias en nuestros días. Van desde la idea muy liberal y moderna de un reino puramente terrenal en el que se resolverán finalmente todos los problemas de la historia, una visión que ha dado nacimiento al evangelio social, hasta los puntos de vista más conservadores del reino encontrados en varios tipos de interpretaciones pos- y pre-milenarias. No es nuestra intención investigar todas estas diversas ideas y someterlas al escrutinio de las Escrituras, ya que esto nos llevaría demasiado lejos en nuestra discusión del pacto.

Sin embargo, es claro que en el Antiguo Testamento existía una conexión muy estrecha entre el pacto de gracia y el reino de Israel en la monarquía que fue especialmente establecida en los reinados de David y Salomón; y esto al menos sugiere que en la nueva dispensación, que es la era del cumplimiento, hay tal relación, aunque en un nivel espiritual más elevado. Cuando, por ejemplo, Dios estableció su pacto con David, tal como se registra en 2 Samuel 7 y en el Salmo 89, este pacto fue revelado a David en términos de un Hijo que Dios le daría a David y que establecería el trono del reino de David para siempre.

Debemos, por lo tanto, referirnos en primer lugar a la historia del establecimiento de la monarquía en Israel, ya que en esto radica la revelación de Dios con respecto a la relación entre el reino y el pacto. Fue durante los días de Samuel el juez que la nación de Israel vino a él con la solicitud de ungir a un rey para que los gobernara a fin de que pudieran ser como las otras naciones. Los años de los jueces habían sido años caóticos y la vida en la nación de Israel se había deteriorado gradualmente. Fue en desesperación que finalmente Israel recurrió a Samuel con la petición de un rey. Esta solicitud de la nación no estaba mal en sí misma. De hecho, ya en los días de Moisés, Dios le había hablado a Israel del tiempo en que tendrían un rey propio (Deuteronomio 17:14-20). El error de ellos más bien radica en el tipo de rey que deseaban tener. No les preocupaba en absoluto tener un rey para gobernar sobre ellos en el nombre de Dios. Estaban más interesados en un rey como los que tenían las "otras naciones." Querían uno que fuera fuerte y poderoso, un guerrero; que pudiera guiarlos en la batalla y demostrar ser un valiente soldado. Querían un rey del cual pudieran jactarse orgullosamente. Si temía o no al Señor era algo incidental. Y estaban seguros de que si recibían tal rey, todos sus necesidades y problemas terminarían y que una vez más serían restaurados a ser una nación fuerte y poderosa.

Pero Dios les mostró cuan equivocados estaban al darles el rey que tanto deseaban. Y cuando recibieron a Saúl como rey, descubrieron para su más profunda decepción que esa no era la solución de sus problemas. Después de 40 años de ser reinados por Saúl, las cosas en vez de mejorar empeoraron más que lo que habían vivido antes, puesto que Saúl se mostró ser un hombre malvado y por tanto la bendición de Dios no era con él ni con la nación.

En el lugar de Saúl, Dios le dio a Israel un rey de su elección. David fue sacado del redil de su padre Isaí en la humilde aldea de Belén y convertido en rey de la herencia de Dios. Esto fue algo bastante diferente. David fue elegido por Dios, un hombre conforme al corazón de Dios, y bajo su gobierno, la nación prosperó.

Hay ciertos elementos del reinado de David que están directamente relacionados con nuestro tema, y todos estos elementos tienen que ver con el hecho de que el reino de Israel bajo David y su hijo Salomón eran un tipo del reino de los cielos.

En primer lugar, el rey mismo era un tipo o representación de otro. Y el tipo era Cristo. Cristo fue el Hijo de David con la sangre real de la línea de David fluyendo en sus venas. También fue el cumplimiento de su padre David en el lugar típico de David en la dispensación de tipos y sombras.

En segundo lugar, el reino mismo que se estableció bajo el gobierno de David fue tipológico. El reino fue establecido en la tierra de Canaán, cuya tierra era una imagen del cielo. Era un reino de un pueblo tipológico, para Israel, mientras que una parte de la iglesia de todas las edades también era un tipo de la iglesia reunida a lo largo de la historia. El reino estaba rodeado por los adornos de la economía mosaica: los sacrificios en forma de tipos ofrecidos en el tabernáculo y en el templo como tipo con un sacerdocio tipológico, todos los cuales apuntaban hacia Cristo y su obra. La iglesia y el reino estaban inseparablemente conectados, ya que el reino era en el sentido más estricto de la palabra una teocracia.

En tercer lugar, aunque el reino estaba en forma tipológica, sin embargo presentaba algunas verdades muy llamativas sobre el reino que algún día se establecería. Estas verdades se centraron en la persona del propio David. Por un lado, David en gran parte de su vida señaló el sufrimiento de Cristo en la cruz. Esto es evidente a partir de los Salmos de David, en los cuales describe los muchos problemas a través de los cuales el Señor lo guió y que fueron típicos del sufrimiento de Jesús mientras estuvo en la tierra. Hay muchos de estos Salmos, y una lectura de ellos deja en claro que Cristo mismo estaba hablando a través de David en ellos (véase 1 Pedro 1:11). David canta el propio sufrimiento de Jesús a manos de hombres pecadores, mientras que al mismo tiempo se refiere a las experiencias de su propia vida. Tanto es así que Cristo mismo toma las mismas palabras de los Salmos en sus labios como lo hizo en la cruz (Salmo 22:1).

Por otra parte, David era, como rey, el capitán del ejército del Señor. Esto comenzó ya en el momento en que David fue ungido como rey. Desde entonces vivió en el palacio de Saúl, pero fue uno de los guerreros más valientes en el ejército de Saúl. Fue él quien se atrevió a unirse a la batalla con el gigante Goliat cuando toda la hueste de Israel estaban paralizadas por el temor ante sus maldiciones. Y al hacerlo, se mostró listo para luchar en las batallas de nuestro Señor con fe, incluso contra probabilidades abrumadoras. No fue sin propósito que las hijas de Israel cantaron después de este evento: "Saúl hirió a sus miles, pero David a sus diez miles." Como líder de la hueste de Israel, David marchó al frente de los ejércitos y condujo a Israel de victoria en victoria hasta que todos los enemigos de la nación fueran destruidos y las fronteras de la tierra prometida se extendieran a los límites que Dios le había prometido a Abraham (véase Génesis 15: 18-21. 2 Samuel 5: 6-10 8; 1-18, 10: 6-19, etc.). Todas estas batallas, sin embargo, fueron batallas de fe libradas en la fortaleza del Señor (2 Samuel 8: 6b).

Pero todo esto era figurativo, o sea tipológico, de algo que representaba lo que estaba por venir. David luchó las batallas, con armas y contra los enemigos de las naciones circundantes para ganar victorias también tipológicas. Pero ahora, en la dispensación de las realidades, Cristo es el capitán de nuestra salvación. Es Él quien lucha por su pueblo. Los enemigos ya no son los amoreos y los filisteos, sino que son el pecado, la muerte, el infierno y Satanás. Las batallas ahora no se libran con ejércitos provistos con armas de guerra para la destrucción física; todo lo contrario, son batallas peleadas únicamente por Cristo en la cruz y, a través del poder de Cristo en los corazones de su pueblo, los santos en la batalla de la fe. Las armas son las armas espirituales, que por sí solas prevalecerán contra los enemigos espirituales. Los que pelean con la espada perecerán con la espada. Los santos luchan con la armadura de Dios; ceñidos con la verdad, con la coraza de la justicia, las sandalias de la preparación del evangelio de la paz, el escudo de la fe, el yelmo de la salvación, la espada del Espíritu que es la palabra de Dios (Efesios 6: 10-17). La batalla no es la de buscar la derrota de un ejército de moabitas (o incluso rusos y comunistas chinos), sino la derrota de Satanás, del mundo y el pecado de nuestra carne. Lo que era tipológico ha sido dado para nuestra instrucción sobre quienes ha llegado el fin de las edades o siglos (1 Corintios 10:11). Y esta victoria viene por fe, porque la fe es la victoria que vence al mundo (1 Juan 5:4).

En cuarto lugar el reino de David fue dado a Salomón su hijo. Bajo la dirección de Salomón el reino creció en belleza. Tenemos una descripción de esto en el Salmo 72 – Salomón gobernó sobre un reinado de paz y justicia. Pero era tan sólo una representación. Tan sólo apuntaba hacia un futuro reino, el de los cielos. Sólo que ese reino no es de riquezas materiales sino de bendiciones espirituales de salvación de riquezas incorruptibles que no se malogran con el pasar del tiempo. Canaán era tan sólo una representación de esta realidad.

Finalmente, ese reino de Salomón tenía como su centro el templo, en el cual, moraba Jehová en comunión con su pueblo. Este templo era el centro del reino, el lugar de residencia de quien en realidad reinaba sobre Israel.

Pero todo esto era tan sólo un tipo, una sombra, de lo que representaba. Los reinados de David y Salomón demostraron que el verdadero reino no podía establecerse a través de ellos. Aunque David era un hombre conforme el corazón de Dios, su vida y su reinado fueron caracterizados por pecados terribles. Y durante el tiempo de Salomón, se sembraron las semillas del declive. Bajo la influencia de su muchas esposa paganas, Salomón recurrió a la adoración de los ídolos: " Y cuando Salomón era ya viejo, sus mujeres le llevaron a inclinar su corazón tras dioses ajenos, y su corazón no era perfecto con Jehová su Dios como el corazón de su padre David. Porque Salomón siguió a Astoret, diosa de los Sedonios, y a Milcom, ídolo abominable de los amoritas. E hizo Salomón lo malo ante los ojos de Jehová, y no siguió cumplidamente a Jehová como David su padre" (1 Reyes 11:4-6).

El castigo por este pecado fue severo. "Por lo cual el Señor dijo a Salomón, por cuanto ha habido esto en ti, y no has guardado mi pacto y mis ordenanzas que yo te mandé, romperé de ti el reino y lo entregaré a tu siervo. Sin embargo, no lo haré en tus días, por amor a David tu padre; lo romperé de la mano de tu hijo. Pero no romperé todo el reino, sino que daré una tribu a tu hijo, por amor a David mi siervo y por amor a Jerusalén, la cual yo he elegido (1 Reyes 11:11- 13).

La predicción del castigo se cumplió en los días de Roboam cuando diez tribus bajo el liderazgo de Jeroboam el hijo de Nabat se separaron del reino para establecer el reino del norte de las diez tribus. Este fue el primer oscurecimiento de la gloria del reino de Salomón y la historia de la nación fue, desde ese momento y con sólo un poco de alivio de vez en cuando, una triste historia de desintegración espiritual. Las diez tribus bajo el liderazgo de Jeroboam cayeron en la adoración de imágenes y luego en la idolatría. Se alejaron cada vez más de la adoración a Jehová hasta que finalmente se hicieron maduros para el juicio y fueron llevados cautivos por los asirios, para nunca regresar. Pero al reino de Judá le fue un poco mejor. Su historia también fue de triste decadencia. Es cierto que a diferencia del reino del norte, Judá tenía sus buenos reyes (Josafat, Ezequías, Josías, por ejemplo), pero también había muchos reyes malvados que superaban a los reyes de Israel en iniquidad.

Mientras que el reino de Judá se salvó un poco más que el reino del norte, sin embargo, ellos también fueron llevados al cautiverio por los babilonios. Con el paso de estos dos reinos, las viejas sombras pasaron. Un remanente de Judá regresó de su cautiverio bajo el liderazgo de Zorobabel y Esdras, pero aun así el reino no fue restaurado, y Judá permaneció bajo el dominio extranjero de las potencias mundiales paganas. Incluso en el tiempo de Cristo, Judá fue aplastado bajo el talón de la poderosa Roma. Parecía como si el cetro se hubiera alejado de Judá.

Pero Dios se acordó del pacto que juró a Abraham, Isaac y Jacob. Mientras que Judá fue llevado al cautiverio como castigo por sus terribles crímenes, sin embargo, Dios estaba haciendo a un lado el típico reino que iba a tener su cumplimiento en la venida de Cristo. Fue de esto que los profetas hablaron una y otra vez. De pie en la cima de la montaña de la profecía, miraban hacia adelante para el establecimiento del reino de los cielos que se llevaría a cabo cuando nacería la simiente prometida.

Por lo tanto, la venida del reino está estrechamente asociada con toda la vida de Jesucristo. Ya en el momento en que Gabriel anunció el nacimiento de Cristo a María, el ángel habló del nacimiento de Cristo en relación con el reino: "Entonces el ángel le dijo: María, no temas, porque haz hallado gracia delante de Dios. Y ahora concebirás en tu vientre, y darás a luz un hijo y llamarás su nombre Jesús. Este será grande, y será llamado Hijo del altísimo; y el Señor Dios le dará el trono de David su padre; y reinará sobre la casa de Jacob para siempre, y su reino no tendrá fin" (Lucas 1:30-33).

Juan el Bautista fue el profeta del reino en el sentido más elevado de la palabra. Había nacido de los ancianos Zacarías e Elisabet para preparar el camino para Cristo. Su ministerio claramente mostró que estaba profundamente consciente de su llamado a preparar el camino para aquel que iba a establecer el reino de los cielos. Según el registro evangélico de Mateo, él predicó: "Arrepentíos, porque el reino de los cielos se ha acercado" (Mateo 3: 3-12).

Cuando Jesús le habló a la multitud sobre el ministerio de Juan, usó algunas palabras muy inusuales: "De cierto te digo, que entre los que nacen de mujer no se ha levantado otro más grande que Juan el Bautista, pero el más pequeño en el reino de los cielos, mayor es que Él. Y desde los días de Juan el Bautista hasta ahora el reino de los cielos sufre violencia, y los violentos lo toman por la fuerza, porque todos los profetas y la ley profetizaron hasta Juan" (Mateo 11:11-13).

Juan fué el más grande de todos los santos del Antiguo Testamento; y más particularmente, de todos los profetas que profetizaron en el tiempo de los tipos y las sombras. Sin embargo, en comparación con la nueva dispensación, cuando haya llegado el reino de los cielos, él será el último de todos. Y el menor en el reino de los cielos será mayor que él. Este notable hecho es cierto porque Juan vivió en el tiempo de los tipos y las sombras en la época en que el reino no había llegado realmente. Él era el puente entre lo viejo y lo nuevo, porque él era el profeta del amanecer. Pero la realidad del reino de los cielos es mucho mayor que los tipos y las sombras así que el más grande de todos sigue siendo menor que el más pequeño de los que realmente viven en el reino.

También es por esta razón que el reino durante los días de Juan sufrió violencia y los violentos lo tomaron por la fuerza. Imagínese, si se puede, que todos los santos de la antigua dispensación nunca vieron realmente la realidad del reino. Todo lo que ellos recibieron de Dios fue un libro ilustrado en el que se dibujaron para ellos muchas imágenes de ese reino. Y aunque las fotos eran muy hermosas, sólo eran imágenes. Pero cuando llegó Juan (y esta era la razón por la que él era más grande que todos ellos), mostró a la gente la puerta del reino. Lo hizo señalando al Cristo que es la puerta. "He aquí el Cordero de Dios, que quita el pecado del mundo" (Juan 1:29). Y "entonces volvió, pues, Jesús a decirles: De cierto de cierto os digo Yo soy la puerta de las ovejas" (Juan 10:7). Fue, para continuar la figura, como si Juan empujara esta puerta hacia el reino abierto sólo un poco. El resultado fue que el pueblo de Dios vio una rápida visión del reino de los cielos como realmente era, en contraste con los tipos lúgubres. Ahora asaltaron la puerta del reino con violencia. No serían rechazados. El reino es tan extremadamente hermoso que no se les negaría la entrada. Los violentos lo toman por la fuerza.

Pero todo esto significa que el reino fue realmente establecido por Cristo mismo. Todo su ministerio estaba relacionado con el reino. En todo lo que Él predicó no hablaba nada más que sobre el reino. El glorioso sermón del monte, por ejemplo, fue un discurso sobre los principios fundamentales del reino. Todas las parábolas que contó fueron para explicar las realidades espirituales del reino. Todos los milagros que realizó fueron tanto señales o signos del poder y la bienaventuranza del reino.

En el sentido más elevado de la palabra, el reino se realizó cuando Cristo derramó su sangre en la cruz. Porque el reino de los cielos es un reino de justicia. Y esa justicia viene a aquellos que son los ciudadanos del reino a través de la sangre de expiación. En el Calvario, el fundamento de ese reino fue establecido. En el sufrimiento del fiel Siervo de Jehová, las bendiciones del reino fueron merecidas. Sin la cruz, no hay reino. Por lo tanto, la resurrección y ascensión de Cristo son los medios por los cuales Cristo se convierte en el Rey del reino de los cielos. Él ascendió a la gloria y Dios le dio la posición más alta a la diestra de Dios. Todo el poder y la autoridad le fueron dados. Se le confió la regla sobre todas las obras de Dios. A Él se le encomendó la plena realización de ese reino. El Reino de David y Salomón se cumple en su realidad más elevada en el reino de Cristo.

El reino vino al pueblo de Dios el día de Pentecostés. Entonces, el Espíritu fue derramado sobre la iglesia y el reino fue establecido en el corazón del pueblo de Dios. ¡Qué gran cambio fue realizado por el Espíritu! ¡Qué gran cambio fue hecho por el Espíritu! Sólo necesitamos considerar la tremenda transformación en los discípulos mismos. Antes de Pentecostés, no entendían casi nada del reino. Estaban constantemente pensando en términos de un reino terrenal que los llevaba siempre a estar ocupados discutiendo entre ellos sobre quién de ellos sería el primero o el mejor. Incluso en el momento de la ascensión de Cristo, todavía estaban buscando un reino terrenal. Sin embargo, de repente vino el Espíritu y lo entendieron todo. Pedro pudo (y lo hizo) predicar en la mañana de Pentecostés un notable sermón en el que mostró cuán claramente entendía todo lo que Dios había hecho por medio de Cristo. De repente, la cruz fue clara para él, y vio el plan perfecto de Dios en el cumplimiento de la profecía a través de la resurrección y ascensión de Cristo. Citó las Escrituras con precisión mientras las aplicaba al cumplimiento de tipos y sombras. La única diferencia por lo tanto es el Espíritu quien les reveló todo.

Y así llegó el reino de los cielos.

Pero ¿qué es el reino, según las Escrituras?

Hay una cierta similitud en la forma entre el reino de los cielos y un reino terrenal. Esto no quiere decir que los dos deben ser identificados como algo igual, porque la verdad está muy lejos de eso. Pero evidentemente, Dios tuvo la intención de que en un reino terrenal habría algún tipo de sombras terrenales de lo que es el reino de los cielos. Esto fue especial y enfáticamente cierto del reino de Israel que se estableció en la monarquía de David y Salomón. De hecho, sólo en este reino de Israel tenemos una imagen real del reino de los cielos. El reino de los cielos no es una democracia, ni representativa ni parlamentaria. Ni siquiera es una democracia monárquica. No es una oligarquía como la que encontramos ocasionalmente hoy. No es una dictadura en el sentido comúnmente aceptado de la palabra. Es en el sentido más estricto una monarquía.

Dentro de una monarquía hay un rey. En el reino de los cielos, Dios es ese rey, aunque Él gobierna a través de Jesucristo por quien ese reino está establecido. Y así como en un reino terrenal hay ciudadanos o súbditos, también los hay en el reino de los cielos. Y estos ciudadanos son las personas elegidas por Dios que son redimidos a través de la sangre de la cruz. Así como en un reino terrenal hay cierto territorio sobre el cual el rey es el gobernante supremo, así el reino de los cielos tiene tal reino, aunque ese reino es enfáticamente el corazón de los santos. La regla del rey se establece dentro de los corazones del pueblo de Dios. "El reino de Dios no vendrá con advertencia ni dirán: Helo aquí, o helo allí; porque he aquí el reino de Dios está entre vosotros" (Lucas 17:20-21). Sólo al final de la era cuando los reinos de este mundo se convierta en el reino de nuestro Señor y de su Cristo, el reino de los cielos se ampliará para incluir a toda la creación redimida y glorificada.

Hay ciertos tesoros que un reino terrenal también posee. Su éxito se mide por su riqueza. Incluyendo las joyas de la corona, recursos naturales, reservas de oro y plata, una abundancia de tierra, una fuerza de ejércitos, etc. Estos tesoros de un reino son la posesión y la gloria del rey y sus súbditos. El reino de los cielos también tiene sus tesoros, pero, según el carácter del reino, son tesoros espirituales que perduran para siempre. Son los tesoros de las bendiciones del pacto eterno de gracia de Dios, las riquezas de la salvación en Jesucristo.

Un rey tiene ciertas obligaciones en su reino, como gobernar por el bienestar de sus súbditos, buscar el bien de los ciudadanos y deleitarse en su felicidad. La medida del éxito de un rey es la felicidad de las personas en el reino. Esto, también, es verdad del reino de los cielos. Aunque seguramente el propósito final del reino de los cielos es la gloria de Dios, también es cierto que nuestro Rey soberano hace que todos sus súbditos sean felices en forma suprema para siempre mientras los libera del pecado y la muerte y los lleva a su propia comunión eterna.

Pero el reino es enfáticamente espiritual en todas sus partes. En este sentido es fundamentalmente diferente que cualquier otro reino en la tierra. Esto se confirma una y otra vez en las Escrituras. Cuando Cristo fue juzgado ante Poncio Pilato, este gobernante del imperio Romano estaba principalmente preocupado sobre el cargo que hacían contra Cristo de que Él reclamaba ser un rey. Pero aun cuando Cristo reconoció serlo le aseguró a Pilato "Mi reino no es de este mundo, si mi reino fuera de este mundo mis siervos pelearían para que yo no fuera entregado a los judíos; pero mi reino no es de aquí" (Juan 18:36). A menudo se dice que el Sermón del Monte es la constitución del reino de los cielos. Si bien puede haber un elemento de verdad en esto, cualquiera que lea detenidamente Mateo 5-7 comprenderá inmediatamente que Cristo no está hablando de ningún tipo de reino terrenal que pueda realizarse y establecerse aquí en el mundo. Sólo mencionaré una cosa – los ciudadanos del reino son descritos como aquellos que son pobres de espíritu, que lloran, son mansos, tienen hambre y sed de justicia, son misericordiosos, son pobres de corazón, son pacificadores, son perseguidos, vilipendiados, reprochados, son objetos de perversa calumnia. ¡Qué reino tan extraño sería aquí en la tierra donde los ciudadanos son todos pobres, constantemente llorando, siempre hambrientos y sedientos! No, este reino no es como ningún reino terrenal en absoluto; esta "constitución" sólo es propia de un reino que es profundamente espiritual.

Este fue realmente el meollo de la cuestión que constantemente existió entre Jesús y sus discípulos durante su ministerio en la tierra. Los discípulos siempre estaban buscando un reino terrenal. Tenían visiones de un reino que estaría compuesto por judíos, que se extendería una vez más a los límites que existían bajo Salomón, sería un reino poderoso en el que Jesús lideraría a los ejércitos victoriosos de Israel en la batalla con los romanos para expulsar a los odiados paganos de la tierra y restaurar el reino de Israel. Esta es la razón por la cual la vida de Jesús fue un gran misterio para ellos. Cuando la gente de Galilea quiso hacer rey a Jesús, se negó rotundamente y, de hecho, les dijo que nunca sería su rey. Los discípulos simplemente no podían entender esta extraña negativa del Señor, porque pensaron que era una perfecta oportunidad para que Cristo tomara el trono de David. Cuando el Señor repetidamente no hizo ningún esfuerzo en reunir el apoyo de los influyentes escribas y fariseos con el fin de prepararse para una revuelta contra Roma, los discípulos estaban perplejos y ofendidos. Las acciones de Jesús siempre fueron diferentes de lo que ellos esperaban. Él no cortejó la aprobación popular y parecía más bien hacer todo lo posible para crear el antagonismo en la gente. No hizo ninguna pretensión de ser un rey en ningún sentido terrenal, sino que enfatizó constantemente su mansedumbre y humildad. Cuando finalmente cabalgó triunfalmente a Jerusalén y la gente gritó "¡Hosanna al Hijo de David!" Cristo cabalgaba en un asno. No hay sementales blancos para él, no hay un séquito de sirvientes cortesanos con trompetas y banderas; sólo un burro. Y en lugar de gritar desafiante y despertar a la gente llamándoles a la batalla, se sentó en silencio. De hecho, si uno pudiera distraerse un momento del clamor tumultuoso de la multitud sólo para fijar nuestra mirada en el Señor, descubriríamos que estaba llorando. ¿Has visto alguna vez un rey como este en toda la tierra?

Debido a que los discípulos estaban aferrados a la idea de un reino terrenal, discutían constantemente quién era el más grande, porque codiciaban un lugar importante en el reino. ¿Qué tan amargo fueron las palabras del Señor: "Los reyes de las naciones se enseñorean de ellas, y los que sobre ellas tienen autoridad son llamados bienhechores; mas no así vosotros, sino sea el mayor entre vosotros como el más joven, y el que dirige, como el que sirve. Porque ¿cuál es mayor, el que se sienta a la mesa o el que sirve? ¿No es el que se sienta a la mesa? Mas yo estoy entre vosotros como el que sirve" (Lucas 22:25-27). Este mismo punto fue enfatizado por el Señor en el momento del lavado de los pies en la víspera de la pasión del Señor: "Ustedes me llamáis Maestro; y Señor; y decís bien, porque lo soy. Pues si yo, el Señor y el Maestro, he lavado vuestros pies, vosotros también debéis lavaros los pies los unos a los otros. Porque ejemplo os he dado, para que como yo os he hecho vosotros también hagáis. De cierto, de cierto os digo: El siervo no es mayor que su señor, ni el enviado es mayor que el que lo envió. Si sabéis estas cosas, bienaventurados seréis si las hicieres" (Juan 13: 13-17). Estas no son palabras que diría un rey terrenal.

Esta concepción de un reino terrenal estaba tan profundamente arraigada en los corazones de los discípulos, que no la sacudieron de su entendimiento hasta Pentecostés, cuando el Espíritu de Cristo les reveló la verdadera naturaleza del reino. Por eso Pedro estaba preparado para luchar hasta la muerte en el Jardín de Getsemaní en la noche de la traición del Señor. Pero debido a que estaba tan equivocado, Cristo lo reprendió y le dijo que guardara su espada. Esta es la razón por la cual los discípulos nunca podrían entender la cruz. De hecho, por encima de esa cruz estaban las palabras de la verdad eterna: "Este es Jesús de Nazaret, el rey de los judíos." Pero, ¿quién oyó hablar de un rey que murió una muerte vergonzosa y maldita en una cruz y permaneció como rey durante todo el tiempo? Todo fue incorrecto. El quejumbroso sollozo de los discípulos se puede escuchar en las palabras de los dos hombres que viajan a Emaús: "Pero nosotros esperábamos que él habría de redimir a Israel" (Lucas 24:21). Y en verdad ellos tenían la intención de decir: "Pero la cruz ha hecho añicos todas nuestras esperanzas y sueños." ¡Qué tontos eran! Pero ellos en ese momento no tenían idea alguna del carácter espiritual del reino.

Incluso cuando Cristo finalmente ascendió al cielo, los discípulos aún se aferraban a la misma idea. Le preguntaron al Señor en el Monte de los Olivos: "¿Señor, restaurarás el reino en este tiempo a Israel?" (Hechos 1:6). Sólo después de ser derramado el Espíritu, finalmente vieron y entendieron.

Más allá de toda duda, muchos hoy cometen el mismo error que cometieron los discípulos. Y uno puede preguntar con toda seriedad: ¿acaso estos buscadores de un reino terrenal no comprenden la obra de Cristo? ¿No tienen el mismo Espíritu de Pentecostés que iluminó las mentes de los discípulos?

El carácter espiritual del reino es claramente evidente en la historia de ese reino descrito en las Escrituras.

Cuando Dios formó por vez primera la creación terrenal, Él puso al hombre en el medio como rey. Adán fue nombrado para el cargo de rey para que él, como siervo de Dios gobernara en nombre de Dios sobre el mundo de Dios como representante de Dios. Él era el gobernante en la casa de Dios. No debía gobernar como un monarca soberano, sino como un amigo del pacto de Dios. Fue llamado a gobernar sobre toda la creación al servicio de su Creador y alabar y glorificar a aquel que debe ser exaltado sobre todos.

Sabemos que Adán falló en esta vocación. Desde el punto de vista de su reinado en la creación, podemos describir la caída de Adán como un acto de rebelión contra el Señor soberano. En lugar de inclinarse ante su Dios en humilde sumisión, mientras él gobernaba en el nombre de Dios, Adán escogió la alternativa. Eligió convertirse en el representante de Satanás en la casa de Dios para ayudarle en su nefasto esquema malvado de hacer de esta creación el reino del pecado y el infierno. Adán eligió ocupar una posición de rey servidor bajo el servicio del demonio en lugar de serlo bajo Dios. Éste era, por supuesto, el propósito del diablo. Satanás tenía la intención de hacer de la creación su propia posesión después de que fuera desterrado del cielo. Pero para lograr esto, necesitaba al hombre como su aliado, desde que Satanás, siendo un espíritu necesitaba un representante que viviera en el mundo, como parte de él, para trabajar en la creación material y terrenal. Satanás necesitaba a alguien que estuviera de acuerdo con él y por medio del cual podría trabajar para robarle el mundo de Dios y usarlo en el servicio del mal. Al hacer esto, Satanás determinó arrebatar la creación de Dios del Señor del cielo y la tierra, destronar a Dios y establecerse a sí mismo como un gobernante en el lugar de Dios. Era un plan inteligente e infernal, y aparentemente, tuvo éxito para que Adán prestara atención y aceptara la trama del diablo y eligiera oponerse a Dios del lado de los poderes de la oscuridad.

Sin embargo, hay varios puntos que deben tenerse en cuenta para comprender esto por completo.

En primer lugar, como resultado de la caída (y como el justo castigo por el pecado), Adán fue depuesto de su cargo. Él ya no podía servir a Dios como rey. Había perdido su derecho para hacerlo y había demostrado que no era digno de esta elevada posición. Él fue destronado. La creación quedó sin rey.

En segundo lugar, si bien es cierto que Adán cayó del trono sobre el cual Dios lo había colocado, sin embargo, esto tampoco estaba fuera del propósito de Dios. Dios también había determinado esto en su consejo. No fue un error en el Altísimo lo que estropeó el plan de Dios y forzó al Señor a hacer un número considerable de alteraciones en el cumplimiento de su propósito.

La verdad (que ya hemos discutido en otra conexión) tiene varias implicaciones importantes. Por un lado, esta verdad implica que la creación original en la cual Adán estuvo en rectitud nunca fue la intención de Dios de ser el reino real. Fue, por supuesto, un reino. Adán, como rey, gobernó sobre un reino que incluía a toda la creación. Pero no fue el reino final del propósito de Dios. Más bien, el reino sobre el cual Adán gobernó era sólo una imagen terrenal de otro reino que Dios estaba determinado a establecer, es decir, el reino de nuestro Señor Jesucristo.

Por otro lado, esto también explica el propósito en el decreto de Dios de la caída de Adán. Adán cayó para dejar espacio a otro rey de otro reino. Este otro rey de otro reino es Cristo que gobierna en el nombre de Dios sobre el reino de los cielos.

Por lo tanto, inmediatamente después de la caída, Dios anunció a nuestros primeros padres (Génesis 3:15) que enviaría a este otro Rey, que sería la simiente de la mujer, y que libraría una batalla feroz y amarga contra Satanás en el nombre de Dios para que el malvado propósito de Satanás fuera completamente derrotado y el reino de Dios establecida.

Pero este reino no vendría inmediatamente. Vendría sólo cuando Cristo mismo viniera en la encarnación.

Esto no significa que la antigua dispensación no fuera un período de tiempo importante. Aunque durante todo este tiempo el reino de los cielos aún no había llegado, sin embargo, tenía todo tipo de significado para el reino. La iglesia que Dios reunió durante este tiempo fue instruida en la verdad del reino. Y fue instruida en la verdad del reino por medio de los tipos y sombras de la ley. Pero en todos los aspectos, estos tipos y sombras apuntaban hacia Cristo.

Como ya lo notamos, Cristo como el cumplimiento de todos los tipos y sombras del Antiguo Testamento, estableció el reino. Lo hizo debido a una serie de aspectos de su trabajo en la cruz. En primer lugar, murió como rey, es decir, como el rey designado por Dios en quien era el propósito de Dios establecer el reino de los cielos. En segundo lugar, el cumplimiento de la promesa a nuestros primeros padres tuvo lugar en la cruz, pues fue allí que Cristo aplastó la cabeza de la serpiente y su simiente. Pablo escribe en Colosenses: "y despojando a los principiados y a las potestades, los exhibió públicamente, triunfando sobre ellos en la cruz" (2:15). En tercer lugar, Cristo murió por todos los pecados y la culpa de su pueblo llevándolo a cabo en su perfecto sacrificio expiatorio. Por lo tanto, pagó el precio para satisfacer la justicia de Dios y ganar para su pueblo el derecho y el poder de volver a ser ciudadanos de su reino. En cuarto lugar, la característica de ese reino es la rectitud para todo el reino por el derramamiento de su sangre.

El resultado de esta obra perfecta de Cristo es que ascendió a lo alto para tomar su lugar como el rey de ese reino a la diestra de Dios. Todo el poder le ha sido dado (Mateo 28:18) para que su gobierno sea total y completo. Él gobierna sobre todo en el sentido más absoluto de la palabra. Él gobierna sobre toda la creación de Dios aun para que el sol salga y se ponga de acuerdo a su orden; pero Él también gobierna sobre todos los hombres, demonios y ángeles. Nada está fuera de su dominio soberano. Así como Dios mismo es soberano sobre todos, el Creador soberano y Rey de todos, entonces ahora Dios gobierna a través de Jesucristo, su propio Hijo amado, para que se cumpla todo su propósito. Pablo deja esto muy claro en 1 Corintios 15:27-28: "Porque todas las cosas las sujeto debajo de sus pies. Y cuando dice que todas las cosas han sido sujetadas a él, claramente se exceptúa aquel que sujetó a él todas las cosas. Pero luego que todas las cosas le estén sujetas, entonces también el Hijo mismo se sujetará al que lo sujeto a él todas las cosas, para que Dios sea todo en todos." La misma verdad se enseña en todas partes en las Escrituras. Quizás uno o dos pasajes más serán suficientes para aclarar el punto. En Filipenses 2: 9-11, después de que Pablo ha discutido sobre la humillación de Cristo hasta la muerte en la cruz, leemos: "Por lo cual Dios también lo exaltó hasta lo sumo, y le dio un nombre que es sobre todo nombre, para que en el nombre de Jesús se doble toda rodilla de los que están en el cielo, y en la tierra, y debajo de la tierra; y toda lengua confiese que Jesucristo es el Señor. para gloria de Dios Padre." Daniel vio una visión de esta verdad: "Miraba yo en la visión de la noche, y he aquí con las nubes del cielo venia uno como un hijo de hombre, que vino hasta el Anciano de días, y le hicieron acercarse delante de él. Y le fue dado dominio, gloria y reino, para que todos los pueblos, naciones y lenguas le sirvieran; su dominio es dominio eterno, que nunca pasara, y su reino uno que no será destruido" (Daniel 7:13-14).

Pero si es verdad que el gobierno de Cristo se extiende sobre todos, la pregunta es: ¿Cuál es la diferencia entre la regla de Cristo sobre los malvados y los demonios, por un lado, y el gobierno de Cristo sobre su pueblo, por el otro? Y si se puede demostrar que hay una diferencia, ¿cuál es la relación entre estas dos reglas de Cristo?.

Cristo lleva a cabo la regla soberana de Dios. Sólo Dios, porque Él es el creador de todo, posee exclusivamente el derecho de gobernar sobre todos. Este derecho es ahora el de Cristo bajo Dios.

El reino de Cristo sobre su pueblo elegido es de tipo único. Para estos elegidos de Dios (y sólo para ellos), Cristo murió en la cruz. Para ellos, Él expió con su sangre. Para ellos, Él se levantó de entre los muertos abriendo el camino a través de la tumba para que ellos también lo siguieran a un reino eterno. Y ahora que Él es exaltado en el cielo, es por ellos que Él gobierna sobre toda la obra de Dios.

Pero estamos hablando específicamente del reino de los cielos. Y puesto que la autoridad soberana y el gobierno de Cristo se ejerce dentro de este reino, todo esto significa que Cristo es el Señor soberano de su pueblo. Él gobierna sobre ellos. Pero Él los gobierna de tal manera que se convierten en ciudadanos de su reino. Él los gobierna por su gracia y Espíritu Santo. Él los gobierna llamándolos irresistiblemente fuera de las tinieblas, de la oscuridad del pecado y la muerte, y los trae al reino de la luz. "El cual nos ha librado de la potestad de las tinieblas, y trasladado al reino de su amado Hijo" (Colosenses 1:13). Y el resultado de todo esto es que los elegidos se convierten en los súbditos dispuestos a obedecer en el reino. Se convierten en sujetos para que reconozcan a Cristo como su Señor. Se hacen ciudadanos que se inclinan ante el gobierno soberano de su rey. Son llevados a ese reino celestial mediante la regeneración y la conversión, y el resultado es que viven dentro de ese reino, dando alabanza sólo a su Señor y Salvador y sólo se inclinan ante Él durante toda la vida.

Pero Cristo también gobierna sobre los impíos, hombres malvados y demonios. Es Él quien pone reyes sobre su trono y los derriba. Establece príncipes en sus dominios terrenales, pero también los quita según el decreto de Dios. Él no tan sólo gobierna sobre ellos sino también a través de ellos. Su gobierno es de tal clase en todos los asuntos de los hombres que estos no hacen otra cosa que cumplir el propósito eterno de Dios. "Como los compartimientos de las aguas, así está el corazón del rey en la mano de Jehová, a todo lo que quiere lo inclina" (Proverbios 21:1). Pero debe ser inmediatamente evidente que Cristo no gobierna a los impíos de la misma manera en que Él gobierna a su pueblo. Obviamente hay una diferencia, una importante diferencia. Los impíos y los demonios no se convierten en súbditos de su reino, ellos odian a Cristo, se oponen a su gobierno, luchan en contra de Él, intentan con todo su poder destruirlo y se dedican toda su vida en al intento frenético por establecer un reino de pecado. Este es el reino que finalmente se realiza por el Anticristo.

Pero, no obstante, Cristo está gobernando. Sólo que ahora Él gobierna de tal manera que aun los impíos, a pesar de sí mismos, y en contra de su voluntad, sin embargo sirven al propósito de Dios. Cristo los gobierna a través de su maldad, haciendo que su odio, su guerra, su oposición violenta sirvan al propósito del Altísimo. Esta es la diferencia. Cristo gobierna sobre su pueblo, convirtiéndolos en súbditos obedientes de su reino. Pero gobierna sobre los impíos a pesar de sus furiosos asaltos y oposición contra su reinado. Él usa incluso su odio y guerra contra él para hacer cumplir su propósito. Este es el punto del Salmo 2, que tuvo su realización histórica en el reino de David: "¿Por qué se amotinan las gentes, y los pueblos piensan cosas vanas? Se levantarán los reyes de la tierra, y príncipes consultarán unidos contra Jehová y contra su ungido, diciendo: Rompamos sus ligaduras, y echemos de nosotros sus cuerdas. El que mora en los cielos se reirá; el Señor se burlara de ellos. Luego hablará a ellos en su furor, y los turbará con su ira. Pero yo he puesto mi rey sobre Sion, mi santo monte" (Salmo 2:1-6) (veáse también Apocalipsis 5).

Incluso aquí hay un punto de contacto que no debemos perder de vista. El gobierno de Cristo sobre los impíos es una regla de supremacía soberana. Y es así porque, a través de su cruz, ganó el derecho de gobernar sobre los impíos. Pero Él los gobierna, de hecho en contra de su voluntad, por el bien de su propio reino. Él hace que sus malas acciones y furioso odio sirvan a su reino. Él los usa, en su propósito soberano, para establecer el reino que continuará por siempre. Esta es la razón por la cual se ríen y se mofan de Cristo. Hay una ironía divina en el sentido de que la ira de los impíos contra Él sirven el propósito del reino. Él hace que todo lo que ellos traman ayude en la realización de la salvación de su pueblo para que los elegidos puedan heredar el glorioso y eterno reino de los cielos.

Esta es la razón por la cual las Escrituras afirman que todas las cosas trabajan juntas para el bien de los que aman a Dios y son llamados de acuerdo a su propósito. Nadie puede hacer nada que perjudique a los elegidos de Dios. Es por eso que cuando Dios es por nosotros, nada ni nadie puede estar en contra de nosotros. Es por eso que somos más que vencedores a través de aquel que nos amó. Es esa la razón por la cual nada puede separarnos del amor de Dios a través de Jesucristo nuestro Señor (Romanos 8:28).

El resultado de todo esto es que ahora, mientras todavía estamos aquí en esta tierra, el reino de los cielos está dentro de los corazones del pueblo de Dios. Ellos son ciudadanos de ese reino porque son traídos a él por una fuerza espiritual para recibir las bendiciones de ese reino en sus corazones. Su ciudadanía en ese reino no puede ser identificada por su nacionalidad. Sus papeles de ciudadanía están en el reino de los cielos aun cuando ellos son llamados a vivir aquí sobre esta tierra por un corto periodo de tiempo mientras somos peregrinos y extranjeros que esperan por aquel día cuando venga el reino en toda su totalidad. A lo largo de esta era presente, por lo tanto, Cristo está obrando según la voluntad de Dios para que venga su reino. Los elegidos están siendo reunidos; los eventos del mundo se están cumpliendo según la voluntad de Dios y son, de este modo, señales de la venida de Cristo (veáse Mateo 24). Los preparativos finales están tomando efecto para la venida de ese reino en el día en que Cristo aparecerá sobre las nubes del cielo para establecer su reinado eterno. Entonces la teocracia imperfecta tipificada en Israel se realizará perfectamente. Entonces los reinos de este mundo serán destruidos y se convertirán en el reino de nuestro Señor y de su Cristo. Entonces todos los nuevos cielos y la nueva tierra se convertirán en parte del glorioso reino celestial sobre el cual Cristo gobierna perfectamente en el nombre de Dios, y todos los elegidos serán príncipes y princesas en el reino eterno de los cielos.

Sin embargo, el reino no se materializa completamente y perfectamente mientras continúe la historia de este mundo. Mientras que Cristo gobierne sobre todos, los ciudadanos del reino de los cielos viven en el mismo mundo que los ciudadanos del reino de las tinieblas. Pero el gobierno de Cristo Jesús el Señor, crea en este mundo una profunda antítesis entre los dos reinos y sus respectivos ciudadanos. El hecho de que Cristo rige en una forma diferente en los corazones de sus elegidos a la forma en que rige en las vidas de los impíos, hace que esta diferencia sea tan profunda entre los unos y los otros que crea un abismo entre el pueblo de Dios y los ciudadanos del reino de Satanás. Ese abismo creado por el gobierno de Cristo afecta cada parte de sus vidas. El pueblo de Dios está en el mundo, pero seguramente no es del mundo. Y nada puede crear un puente para cruzar el abismo. Desafortunadamente, yo sé, que hay aquellos hoy en día que reclamando ser cristianos, siempre están tratando de construir un puente a través de ese abismo de la antítesis. Quieren cooperar con el mundo. Quieren construir, por ejemplo, el puente de la "gracia común" y hablan de muchas posibles áreas de cooperación entre los impíos y el pueblo de Dios aludiendo a esta supuesta gracia que opera en todos los hombres. Extienden su brazos a través del abismo para unir sus manos con las del mundo en un esfuerzo por marchar bajo el sonido del tambor del pecado. Establecen ciertos objetivos similares a los objetivos del mundo como objetivos para lograr en sus propias vidas. Y básicamente, lo hacen siempre que buscan hacer de este mundo un mejor lugar en el cual vivir.

Estos esfuerzos siempre están arraigados en la negación de la distinción fundamental entre la regla de la gracia de Cristo en los elegidos y la regla del poder de Cristo sobre los impíos. Todo el gobierno de Cristo es una regla de gracia, dicen ellos, y la antítesis por lo tanto debe desaparecer como un vapor brumoso. Y el resultado de esta idea errónea es que el reino de los cielos se convierte en nada más que un reino realizado aquí en la tierra. Para ellos todos los hombres son creados a la imagen de Dios, todos los hombres poseen esa imagen; por lo tanto, todos los hombres son hermanos unidos en una hermandad común, y por tanto este mundo debe convertirse en un mejor lugar para vivir, de modo que el reino de los cielos se convierte en algo solamente terrenal y parte de esta historia.

Pero realmente nada puede destruir la antítesis de Cristo. Muchos de los que nominalmente pertenecen a la iglesia pueden destruirla en sus propias vidas, pero el resultado es que ellos solamente entran en el mundo y se vuelven mundanos y carnales para que no exista ninguna diferencia espiritual, entre ellos y la simiente de la serpiente. Pero no obstante Dios mantiene la antítesis a pesar de eso. Él la mantiene porque es la antítesis que preserva la causa de su reino en el mundo. Y el resultado es que el pueblo de Dios, aunque a menudo es pecaminoso y necesita perdón, vive en todas las áreas de sus vidas como ciudadanos del reino de los cielos. Sus vidas son principalmente diferentes a las vidas de los hombres impíos.

Debemos señalar que esto no significa de ninguna manera ser como los anabautistas. El pueblo de Dios no debe participar en un intento de huir y retirarse del mundo. Este nunca ha sido el llamado de la iglesia. La antítesis no es entre la naturaleza y la gracia, como lo proponen los católicos romanos. La antítesis es entre el pecado y la santidad, entre el poder del mal y el poder de la gracia. La iglesia nunca ha concebido su llamado a ser uno de aislamiento, uno de aguardar con las manos cruzadas en la cima de una montaña solitaria en espera por el glorioso regreso del Señor.

Sin embargo, la iglesia sí vive en aislamiento y separación espiritual del mundo. Esta antítesis abarca toda la vida. El que es ciudadano del reino de los cielos también se casa y cría una familia, tal como lo hace el mundo. Pero se casa y cría a una familia, para que su matrimonio puede ser una imagen de la relación entre Cristo y su iglesia y para que él puede traer la semilla del pacto de Dios, el número elegido de aquellos que están destinados a ser salvos.

El hijo de Dios va a trabajar todas las mañanas para ganar su sustento diario. Pero él lo hace como un ciudadano del reino de los cielos a pesar de que trabaja al lado de un hombre malo que odia a Dios. Pero la razón por la que él trabaja es para sostener materialmente a los niños que Dios le ha confiado bajo su cuidado y para promover las causas que manifiestan el reino de los cielos en este mundo.

El creyente elegido envía a sus hijos a la escuela todas las mañanas. Pero él los envía a una escuela donde se les enseñará la verdad de las Escrituras para que "el hombre de Dios esté preparado para toda buena obra." El ciudadano del reino de Cristo envía a sus hijos al servicio militar cuando su país los llama; él también va a las urnas para votar el día de las elecciones; da su apoyo a los que tienen autoridad sobre él. Pero él hace todo esto en obediencia a Cristo, quien lo gobierna a pesar de los hombres malos y porque sabe que todo el reino de este mundo debe servir al propósito del establecimiento del reino de Cristo.

A través de toda su vida, corta la línea nítida de la antítesis. Siempre debe caminar como ciudadano del reino de los cielos en todo lo que hace. Y como tal ciudadano, busca el reino de los cielos en todo momento. "Buscad primero el reino de los cielos y su justicia" (Mateo 6:33).

Este es el principio fundamental de toda su vida. Marcha siempre como un fiel soldado de la cruz. Camina bajo la bandera desplegada del Calvario. Su guerra es contra el pecado. Pertenece al partido político del Dios viviente. Y él siempre tiene la victoria, porque fe es la victoria que vence al mundo.

Bien podemos preguntar en este punto ¿qué significa exactamente "buscar el reino de los cielos"? Esta pregunta se vuelve especialmente urgente cuando consideramos el hecho de que este reino es enfáticamente del cielo y no de esta tierra, mientras que el que está llamado a buscarlo es uno que todavía permanece y vive en esta tierra.

La respuesta a esta pregunta no es tan difícil como parece a primera vista. Buscar el reino de los cielos significa, de manera muy definitiva y concreta, buscar la causa de Dios en el mundo, y eso a diferencia de la causa del reino del mundo. La causa de Dios está representada por la iglesia de Dios, eso es, donde sólo se predica el evangelio. Todo lo que pertenece a esa causa de la iglesia y el ministerio del evangelio es parte de ese reino. Y todo lo que se relaciona con esto pertenece también a la manifestación de ese reino aquí abajo. A esto pertenece el trabajo de las misiones, el trabajo de la educación cristiana, el trabajo de la familia en el establecimiento de un hogar del pacto, el trabajo de cada santo en su puesto y el llamado en la vida mientras trabaja para la venida del reino de Cristo.

Usted puede ver la importancia de esto. El hijo de Dios no se preocupa ni se entromete en las causas que el mundo promociona. Los esfuerzos del mundo son siempre opuestos y contrarios a la

Palabra de Dios y a los intereses del establecimiento del reino celestial y al contrario sólo buscan establecer el reino del enemigo.

Cuan triste es ver a la iglesia cuando "piadosamente" le da toda clase de consejos a los gobiernos terrenales y se envuelve en todo tipo de obras sociales olvidando su principal llamado de presentar el evangelio ante los habitantes de este mundo. Cuan tonta cuando se dedica en adoptar los métodos mundanos con el propósito de lograr sus objetivos, uniéndose a las marchas de protesta y al juego de números olvidando que la Biblia dice enfáticamente: "no es con espada ni con ejércitos sino con su Espíritu, dice Jehová de los ejércitos" (Zacarías 4:6). Y quizás usted diga: "sí, pero somos tan pequeños en número y nuestras voces son tan insignificantes ante el estridente clamor del enemigo." Pero no importa que así sea porque "¿Quién ha despreciado el día de las cosas pequeñas?" (Zacarías 4:10). Recordemos que no buscamos un reino que sea de este mundo.

El hijo de Dios nunca es del mundo. Es del cielo. Y es siempre al cielo que él dirige sus pensamientos y deseos. El cielo es su hogar, su destino eterno, mientras recorre su camino de peregrinación, la realización del reino del cual él es parte. El mundo va a la destrucción y la derrota. Sólo el reino de Cristo perdura. Y de ese reino él es un ciudadano por gracia.

Tenemos una última pregunta que tratar: ¿Cuál es la relación entre el reino de los cielos y el pacto de Dios?

Que tal relación existe es evidente por muchas consideraciones. En primer lugar, debería ser obvio para empezar que aquellos que son los ciudadanos del reino de los cielos son los miembros del pacto. Cristo quien es el jefe del pacto es también el Rey del reino. Su cruz fue la realización del pacto y también del reino. Su gracia es la que llama al pacto e igualmente al reino. Su poder preserva ambos a través de toda la historia. Y las personas del pacto y los ciudadanos del reino son al mismo tiempo uno, están llamados a caminar en el mundo de tal manera que representen el pacto y el reino de Dios en todo lo que hacen.

En segundo lugar, así eran las cosas en el Paraíso, el primer Adán fue creado como rey bajo Dios de toda la creación, pero también era el amigo de Dios que representaba el pacto de Dios en la creación, y él mismo vivió en comunión de pacto con Dios.

En tercer lugar, la perfección final del cielo se describe en las Escrituras en términos de la plena realización tanto del pacto como del reino. Es la perfección total del pacto que vio Juan: "Vi un cielo nuevo y una tierra nueva; porque el primer cielo y la primera tierra pasaron, y el mar ya no existía más y yo Juan vi la santa ciudad, la nueva Jerusalén, descender del cielo, de Dios, dispuesta como una esposa ataviada para su marido y oí una gran voz del cielo que decía: He aquí el tabernáculo de Dios con los hombres, Y el morara con ello; y ellos serán su pueblo y Dios mismo estará con ellos como su Dios" (Apocalipsis 21:1-3). Y es la perfección completa del reino porque entonces el reino de este mundo se convertirá en el reino de nuestro Dios y de su Cristo.

Finalmente, hay un pasaje con el cual comenzamos nuestra discusión. El pasaje se encuentra en el Salmo 89:19-37: "Entonces hablaste en visión a tu santo, dijiste: He puesto el socorro sobre uno que es poderoso; He exaltado a un escogido de mi pueblo. Halle a David mi siervo; Lo unge con mi santa unción. Mi mano estará siempre con él mi brazo también lo fortalecerá. No lo sorprenderá el enemigo, ni hijo de iniquidad lo quebrantara; sino que quebrantare delante de él a sus enemigos, y herir a los que le aborrecen. Mi verdad y mi misericordia estarán con él, Y en mi nombre será exaltado su poder. Asimismo pondré su mano sobre el mar, y sobre los rio su diestra. Él me clamará: Mi padre eres tú, mi Dios, y la roca de mi salvación. Yo también le pondré por primogénito, el más excelso de los reyes de la tierra. Para siempre le conservaré mi misericordia, Y mi pacto será firme con él. Pondré su descendencia para siempre, y su trono como los días de los cielos. Si dejaren sus hijos m ley, y no anduvieren en mis juicios, si profanaren mis estatutos, y no guardaren mis mandamientos, entonces castigaré con vara su rebelión, y con azotes sus iniquidades. Mas no quitaré de él mi misericordia, ni falsearé mi verdad. No olvidaré mi pacto ni mudaré lo que ha salido de mis labios. Una vez he jurado por mi santidad Y no mentira a David. Su descendencia será para siempre, y como un testigo fiel en el cielo."

Si bien no podemos entrar en este hermoso y significativo pasaje de las Escrituras en detalle, hay varios elementos que demandan nuestra atención.

David había decidido construir una casa para el Señor en Jerusalén y había consultado al profeta Natán, quien le había dado a David sus bendiciones sobre el proyecto (2 Samuel 7:1-3). Pero el Señor envió a Natán de regreso a David para decirle que no debería dedicarse a este trabajo, aunque sus intenciones eran buenas. Evidentemente, había dos razones para esto. Una era que David era un hombre de guerra que había sometido a todos los enemigos de Israel y el otro era que David era sólo un tipo de Cristo, por lo que no podía representar a Cristo en toda la obra de nuestro Salvador. Fue por esa razón que Dios le prometió a David un hijo que construiría esta casa: "Y cuando tus días sean cumplidos, y duermas con tus padres, yo levantaré después de ti a uno de tu linaje, el cual procederá de tus entrañas y afirmaré su reino. El edificará casa a mi nombre y yo afirmaré para siempre el trono de su reino. Yo le seré a él padre y él me será a mi hijo. Y si él hiciere mal, yo le castigaré con vara de hombres; y con azote de hijos de hombres, pero mi misericordia no se apartará de él como la aparté de Saúl, al cual quité de delante de ti, Y será afirmada tu casa y tu reino para siempre delante de tu rostro, y tu trono será estable eternamente" (2 Samuel 7:12-16). Es a esta Palabra de Dios que David responde en Salmo 89.

La referencia histórica obvia a estas palabras de Dios es a Salomón, el hijo de David junto a Betsabé, quien efectivamente construyó el glorioso templo en Jerusalén. En él, esta profecía se cumplió históricamente y como un tipo o sombra en la nación de Israel.

Pero es evidente que este trabajo de Salomón no fue de ninguna manera el cumplimiento pleno y completo de la profecía. Es verdad que todas las palabras del Salmo 89 y 2 Samuel 7 se cumplieron en él: Dios golpeó a su enemigo delante de su rostro; la fidelidad y la misericordia de Dios estaban con él; su mano estaba en el mar y su mano derecha en los ríos; él era más alto que los reyes de la tierra; él y su simiente abandonaron la ley de Dios y quebraron las estatuas de Dios y la fidelidad de Dios nunca falló; el pacto que Dios había jurado nunca fue roto.

Pero aunque todas estas cosas son ciertas, esta profecía nunca se realizó completamente en el mismo Salomón. Dios habló de esto con énfasis. Dios habló de una misericordia que nunca fallaría, de una semilla que perduraría para siempre, de un reino que duraría para la eternidad, y de un reino que sería tan permanente como lo son el sol y la luna. La referencia más obvia es que se refiere a Cristo, quien es la verdadera simiente de David, quien realizó el trabajo que Salomón realmente no pudo hacer. Y todas las declaraciones de Dios en el texto aplican a Cristo.

Todo el énfasis en el texto recae sobre el hecho de que Dios no necesita del hombre para mantener el pacto, puesto que es él que mantiene su pacto. Hemos tenido ocasión de observar antes que el establecimiento del pacto nunca podría ser un acuerdo entre Dios y el hombre; que Dios hace todo lo que es necesario para realizar su pacto con su pueblo. Pero lo mismo es cierto del mantenimiento de ese pacto. Y el pasaje en el Salmo 89 subraya esta verdad. Después de todo, fue cierto que Salomón y su descendencia abandonaron la ley de Dios y rehusaron caminar de acuerdo a la voluntad de Dios. Rompieron sus estatutos y no guardaron sus mandamientos. Y Dios bien podría haberlos abandonado. Bien podría haberles negado el pacto. Y él visitó sus transgresiones con la vara y sus iniquidades con azote. Esto alcanzó su clímax en el cautiverio cuando la nación fue llevada a un país extranjero. Pero incluso así, Dios permaneció fiel a su pacto. No olvidó el juramento que había hecho. No alteró lo que había salido de sus labios. Mantuvo siempre su promesa a pesar de que su pueblo era totalmente indigno.

Ese cumplimiento fue en Cristo. Cristo es la simiente de David y Salomón, que estableció para siempre el trono de David y que edificó la verdadera casa de Dios. Él hizo esto cuando Dios visitó sobre Él todas las heridas de su ira contra los pecados de su pueblo en la cruz, cuando golpeó a su propio Hijo con la vara de su furia.

Pero por su sacrificio perfecto en la cruz, Cristo estableció el perfecto reino de justicia y construyó el templo de Dios, que es su cuerpo. Este reino y templo son eternos en los cielos. Y en ambos, el pacto entre Dios y su pueblo se realiza perfectamente.

En Cristo, el reino y el pacto son traídos a una unidad perfecta. La promesa a David de un trono eterno es al mismo tiempo una promesa del pacto, como se desprende del texto. Y en Cristo, que es a la vez el rey de un reino eterno y la cabeza del pacto de gracia, ambos se vuelven uno. El típo del reino de Israel alcanza su total realización en la "monarquía" del cielo. En su forma típica o de sombra, el reino tenía a David y a Salomón a la cabeza con el templo en el centro mismo. Allí Dios vivió visiblemente en comunión de pacto con su pueblo a través de todos los tipos y sombras de la ley. Pero en su eterno cumplimiento en Cristo, su sombra típica desapareció. Cristo es el Rey eterno, pero también en Él, como su cuerpo es el templo elevado a su perfección eterna. Él no sólo gobierna a su pueblo soberanamente por el poder de su gracia, sino que también los lleva a su comunión con el pacto y, a través de él, a la vida de pacto que Dios vive en sí mismo.

Todo esto comienza a realizarse en parte en esta vida. Es verdad que ya ahora Cristo gobierna sobre nosotros por su gracia y Espíritu en nuestros corazones. Él vive en nosotros y nosotros en Él. Y el pacto es, por lo tanto, dentro de ese reino, realizado en principio. Pero ahora no es perfecto. Todavía estamos en este mundo, caminando como peregrinos y extranjeros en la tierra, y todavía en necesidad de pelear la batalla de la fe, también en contra de nuestros propios pecados. Todavía no hemos heredado la tierra, como es la promesa de Cristo para nosotros. Todavía no estamos vestidos con las vestiduras blancas de la justicia de Cristo en la perfección. Todavía somos malvados y el compañerismo del pacto que disfrutamos con Dios a través de Cristo todavía no es perfecto. No caminamos perfectamente como ciudadanos del reino de los cielos.

Pero llegará el día en que todo esto se perfeccionará. La promesa hecha hace mucho tiempo a Adán en el Paraíso, de que la cabeza de la serpiente sería aplastada será cumplida entonces

entonces en su totalidad. Fundamentalmente Cristo lo logró en la cruz, pero el diablo aún arremete y hace tormentas, porque sabe que tiene poco tiempo (Apocalipsis 12:12). Pero llegará el momento en que será arrojado al lago de fuego (Apocalipsis 20:20). Entonces su poder maligno será destruido para siempre.

La promesa hecha a Noé de que el pacto incluirá en ella a la creación completa también se cumplirá. No obstante, la creación vivirá en la sincera expectativa de la manifestación del hijo de Dios. Fue hecha sujeta a la vanidad, pero también será liberada de la esclavitud de la corrupción. Y mientras espera, gime y sufre de dolor (Romanos 8:19-22). Pero en ese momento ya no será más así, porque cuando Cristo venga al final de los tiempos, toda la creación se renovará, porque habrá cielo nuevo y una nueva tierra en los cuales morará la justicia (Apocalipsis 21: 1).

Entonces también toda la simiente de Abraham, reunida tanto de judíos como de gentiles, elegida según el propósito de Dios, será llevada al cielo. Ellos serán resucitados en sus cuerpos del polvo de la muerte para hacerlos semejante al glorioso cuerpo de Cristo. Ellos serán reunidos allí con sus hijos, ya que el pacto se estableció en las líneas de las generaciones continuas (Hebreos 2:13). Ellos serán los herederos del reino eterno del cielo para gobernar con Cristo como príncipes y princesas del reino de Dios. Y serán traídos a la perfecta comunión del tabernáculo eterno de Dios, donde Dios mismo estará con ellos y será su Dios, y donde ya no habrá más pecado, ni más sufrimiento, ni más dolor y tristeza, porque "Dios enjugará toda lágrima de sus ojos, y ya no habrá muerte, ni tristeza, ni dolor, ni habrá más dolor, porque las primeras cosas pasaron" (Apocalipsis 21: 3-4). Entraremos en la vida bendita y perfecta de Dios por los siglos de los siglos, un mundo sin fin.

Pero todas las cosas también serán para la gloria de Dios mismo. Este ha sido el tema dominante en todo lo que hemos escrito. Dios es Dios. Él merece toda la gloria y la recibirá. Él hace todas las cosas por el nombre de su propio nombre. Toda nuestra salvación es el trabajo de su gracia soberana por medio de Jesucristo. Él se da cuenta de su reino. Él establece y mantiene su pacto. Es todo su trabajo, nunca es nuestra. Él lo hace todo para que pueda ser glorificado para siempre. Y nosotros, el pueblo redimido, nos regocijaremos en Él, nuestro Dios y Salvador, por medio de nuestro Señor Jesucristo.

Capítulo 19
Conclusión

Hemos llegado al final de nuestro estudio y concluimos con un breve repaso de lo que hemos escrito.

A través de este estudio hemos enfatizado que sólo una concepción del pacto de gracia en la cual Dios reciba toda la gloria y en la que seamos fieles al principio de su absoluta soberanía refleja correctamente la enseñanza que se presenta en la Escritura.

Hemos demostrado cómo a través de la historia de la iglesia, desde los tiempos de la Reforma, los teólogos han luchado con el problema de armonizar la verdad de la gracia soberana, particularmente la de la predestinación soberana con la verdad del pacto. Hemos dejado en claro cómo la dificultad para armonizar estas ideas se debió a una concepción errónea del pacto, una concepción que interpretaba el pacto como un acuerdo o alianza entre Dios y el hombre. Y hemos mostrado cómo la idea bíblica del pacto es la de un vínculo de amistad y comunión entre Dios y su pueblo en Cristo lo cual lleva toda la verdad del pacto a una hermosa armonía con las doctrinas de la gracia soberana y particular.

El Dios trino es en sí su propio ser divino, un Dios del pacto que vive en perfecto y glorioso compañerismo de pacto feliz consigo mismo. Dios ha determinado eternamente en su consejo revelar su vida de pacto por medio de Cristo. Él ha hecho esto al determinar de acuerdo con el decreto de elección soberana al incluir en su vida de pacto a ese pueblo elegido en Cristo, que ha sido redimido a través de la sangre de su propio Hijo. Con ese fin, Cristo, ha sido designado eternamente para ser la cabeza y el mediador del pacto. En la plenitud de los tiempos, Dios envió a su

Hijo, que tomó sobre sí el pecado y la culpa de todo su pueblo. Al morir en la cruz, Cristo hizo expiación por el pecado y le ganó a su pueblo el derecho de ser traído al pacto de Dios. A través de Cristo, el pueblo escogido de Dios es constituido pueblo del pacto, incorporado a la familia de Dios, hecho heredero de las bendiciones eternas de ese pacto.

Hemos visto cómo la revelación de la propia vida bendita del pacto de Dios corre como un hilo de oro a través de las páginas de las Escrituras y se ha convertido en una verdad que ha emocionado a los corazones y enriquecido la vida de los santos a lo largo de los siglos. Sus corazones han sido emocionados debido la rica belleza esta revelación. La misma ha enriquecido sus vidas porque ha sido su propia experiencia bendita ya que Dios les otorgó las inescrutables riquezas de Cristo y el anticipo de la comunión íntima de la vida con Dios en Cristo, ya que esto se realizará en las glorias de la nueva creación.

Adán fue el amigo servidor de Dios, creado a imagen y semejanza de Dios, hecho para conocer a su Dios y servirle en amor. Dios le preparó un hogar en el Paraíso donde constantemente vio las bellezas de la creación que le reveló su Dios y donde caminó con Dios y se comunicó con Él en la bendita comunión de vida.

Sin embargo, el primer Paraíso aún era sólo una imagen del Paraíso celestial por venir, y el primer hombre, Adán, se presentó como rey de la creación terrenal y cabeza de la raza humana como el tipo y la sombra del segundo Adán.

El primer Adán era de la tierra, terrenal, el último Adán es el espíritu vivificante y el Señor de todos (1 Corintios 15:45-47).

Cuando Adán cayó, Dios dio la promesa de la semilla que vendría de la mujer, y aun cuando en ese momento el pacto era reflejado vagamente en el Paraíso, este se realizaría perfectamente. En la esperanza de la venida de esta semilla, los creyentes del Antiguo Testamento vivieron y murieron.

Enoc caminó con Dios y desapareció porque Dios lo llevó a su hogar eterno.

Noé encontró favor a los ojos de Dios, caminó con Dios, vio los juicios de Dios derramados sobre el primer mundo de la humanidad pecaminosa, pero también vio el esplendor del arco iris que anunciaba la promesa de una nueva creación en la que el cielo y la tierra serían algún día unidos en uno.

Abraham fue amigo de Dios y padre de todos los creyentes. A él se le prometió que Jehová sería un Dios para él y para su descendencia después de él para siempre (Génesis 17:7). En el apogeo de su fe, cuando mostró su obediencia a Dios listo para sacrificar a su único hijo, se le permitió vislumbrar el sacrificio del hijo unigénito de Dios, por los pecados de su pueblo, e incluso vio desde lejos la resurrección de Cristo de entre los muertos (Hebreos 11:17-19).

Moisés como el mediador de la antigua dispensación tuvo comunión con Dios. Se paró frente a la cara del Altísimo y la gloria que vio todavía brillaba en su rostro cuando regresó al campamento de Israel.

David era el hombre conforme al corazón de Dios, que fue sacado del redil para ser rey sobre la teocracia de Israel. En este puesto, él podría escribir: "Las misericordias de Jehová cantaré perpetuamente; De generación en generación haré notoria tu fidelidad con mi boca. Porque dije: Para siempre será edificada misericordia; En los cielos mismos afirmarás tu verdad. Hice pacto con mi escogido; Juré a David mi siervo, diciendo: Para siempre confirmaré tu descendencia, Y edificaré tu trono por todas las generaciones" (Salmo 89:1-4).

Salomón construyó la casa de Dios en Jerusalén, la ciudad del gran rey. La casa de Dios tipificada por el templo propiamente dicho, el Lugar Santo y el Lugar Santísimo, era el centro de la adoración en sombras de la nación, ya que Dios habitaba típicamente entre su pueblo en comunión de pacto detrás del velo. Israel tenía acceso a Dios a través del sacerdote, el altar de las ofrendas quemadas y los sacrificios que yacían humeantes sobre el altar. Sólo el sumo sacerdote tenía el derecho de entrar en la presencia de Dios, y eso sólo una vez al año con la sangre de expiación por sus propios pecados y los pecados del pueblo. Sin embargo, en esa casa ricamente adornada en el Monte Sión, que era la alegría de toda la tierra, Israel vivió en comunión de pacto con Dios y se adoró en la belleza de la santidad.

"Conforme a la fe murieron todos estos sin haber recibido lo prometido, sino mirándolo de lejos, y creyéndolo, y saludándolo, y confesando que eran extranjeros y peregrinos sobre la tierra. Porque los que esto dicen, claramente dan a entender que buscan una patria; pues si hubiesen estado pensando en aquella de donde salieron, ciertamente tenían tiempo de volver. Pero anhelaban una mejor, esto es, celestial; por lo cual Dios no se avergüenza de llamarse Dios de ellos; porque les ha preparado una ciudad" (Hebreos 11:13-16).

A lo largo de la dispensación de las sombras, las promesas se enriquecieron cada vez más y las esperanzas y los anhelos de los creyentes se intensificaron, porque todos ellos deseaban ver su día (Juan 8:56). El profeta Isaías, como un ejemplo de esto, se paró, por así decirlo, al pie de la cruz cuando contempló atónito al Hombre de los Dolores, el Siervo Sufriente de Dios, derramando su alma, como sacrificio por los pecados de su pueblo (Isaías 53).

Y cuando llegó el cumplimiento del tiempo, Dios envió a su Hijo, nacido de una mujer, nacido bajo la ley, Emanuel, Dios con nosotros. Juan escribe: "Lo que era desde el principio, lo que hemos oido, lo que hemos visto con nuestros ojos, lo que hemos contemplado, y palparon nuestras manos tocante al Verbo de vida….. eso os anunciamos para que también vosotros tengáis comunión con nosotros y nuestra comunión verdaderamente es con el Padre, y con su Hijo Jesucristo" (1 de Juan1:1-3).

Dios estaba en Cristo reconciliando el mundo consigo mismo, para nunca más imputarnos nuestros pecados. Nunca estuvieron el cielo y la tierra más cerca que en ese momento en el Calvario cuando la sangre de Cristo fue derramada como expiación perfecta por el pecado, cuando el Hijo de Dios en nuestra carne entregó su vida por sus ovejas, entregadas a él por el Padre. Nuestro Señor murió y se levantó en el tercer día. Él ascendió al cielo para llevar nuestra carne a la gloria. Allí vive y reina, intercediendo por nosotros y bendiciéndonos con toda bendición espiritual hasta el día en que vuelva con las nubes para hacer nuevas todas las cosas.

En el día de Pentecostés, Cristo vino a morar con su iglesia a través de su Espíritu y, por medio del Espíritu, la iglesia se convirtió en el templo de Dios en el cual Dios habita por medio de Cristo en comunión con el pacto. El tabernáculo de Dios está con los hombres. "Porque vosotros sois el templo del Dios viviente, como Dios dijo: Habitaré y andaré entre ellos, y seré su Dios, y ellos serán mi pueblo" (2 Corintios 6:16).

Dios realiza todo esto soberanamente en la historia cuando Él, a través del Espíritu de Cristo, llama a su pueblo con un llamado soberano e irresistible desde donde están en medio de esa horrible oscuridad del pecado y muerte a una maravillosa comunión de su propia vida. Él crea un pueblo del pacto a través de su propio poder y sólo en base de las riquezas de su gracia y misericordia. Él los llama a caminar como su pueblo del pacto en medio del mundo y los marca con el signo o señal de su pacto por medio del bautismo. Él los bendice con toda la bendición de su salvación y les da la esperanza de una vida eterna cuando el tabernáculo de Dios estará con ellos.

Qué hermosa es esta concepción del pacto, especialmente cuando se contrasta con la visión fríamente mecánica de un pacto como un acuerdo o alianza formal. Dios es en sí mismo un Dios de familia. Padre, Hijo y Espíritu Santo. Esta vida "familiar" que Dios vive, lo revela al llevar a su pueblo a esa comunión bendita que El vive en sí mismo. En esa familia de nuestro pacto, Dios es el Padre. Como el Padre, Él ama a su familia con un amor eterno e inalterable. Él asume toda la responsabilidad del cuidado de la familia. Él provee para todas las necesidades de esa familia. Él siempre, en todo lo que hace a sus hijos, busca su bien.

Él les prepara una herencia que actualmente será la posesión de ellos. Y esa herencia son las grandes riquezas y tesoros de la salvación, finalmente otorgados a sus herederos en la nueva creación.

En esa familia, Cristo es nuestro hermano mayor. Él es el primogénito en el consejo eterno de Dios. Él es el que recibe el derecho de primogenitura, el que tiene la "doble porción" de las posesiones de su Padre, Él que tiene que gobernar sobre sus hermanos. Él, como el primogénito, no sólo preparó el camino en el "útero" del consejo de Dios, sino que también sufrió y murió en el Calvario para que se establezca un firme y duradero fundamento de justicia para ese pacto. Él es el primogénito de los muertos que prepara el camino en el "útero" de la tumba, abriendo la puerta de la tumba del lado del cielo para que todos sus hermanos puedan seguirla (Colosenses 1: 15-18).

Y en Cristo, todos somos parte de esa familia de Dios. Somos los hijos y las hijas de nuestro Padre que está en los cielos. Vivimos juntos en una gran familia en la comunión de los santos, en la unidad del cuerpo de Cristo.

Así tenemos un principio del comienzo del bendito pacto mientras estamos aún aquí en la tierra. Dios nos forma en su pueblo del pacto y nos da ya el comienzo de las riquezas de ese compañerismo de pacto. Él nos habla a través de su Palabra y por su Espíritu en la predicación del evangelio. Y nosotros le hablamos a Dios en la intimidad de la comunión del pacto. Le hablamos a Él en nuestras oraciones, en nuestra confianza y total dependencia en nuestro Padre celestial. Dejamos todas las cosas en su mano, vamos a Él en busca de refugio durante las tormentas de la vida, encontrando en Él la ayuda omnipresente en los momentos de necesidad, y confiando en Él todas nuestras esperanzas y anhelos, nuestras penas y nuestras aflicciones, nuestros problemas y deseos. En el sentido más completo y verdadero de la palabra, caminamos con Dios de la misma forma como lo hicieron Noé y Enoc. De una manera rica y gloriosa, somos amigos de Dios como lo fue Abraham. Y a pesar de todo, tenemos el bendito privilegio de caminar en esta vida en medio de este mundo lleno de maldad como aquellos que representan el pacto y la causa de Dios.

El pacto de Dios cubre cada fase de nuestras vidas: nuestras familias, nuestro lugar en la iglesia de Dios, nuestro lugar en el mundo, nuestro llamado, nuestros planes y propósitos, nuestras oraciones, nuestra propia existencia como vivir fuera de nuestro Dios, a través de Él y hacia Él. Porque somos hechura suya, creados en Cristo Jesús para buenas obras que Dios preparó de antemano para que anduviésemos en ellas (Efesios 2:10).

Pero ahora, todo esto puede ser nuestro, sólo en principio, porque todavía estamos en nuestros pecados. Esperamos con esperanza el día en que ese pacto se perfeccione en toda su gloria y belleza en los nuevos cielos y tierra nueva. Entonces será la cena de la boda del Cordero cuando se realice el verdadero pacto del matrimonio de Dios y su pueblo en Cristo, y cuando toda la familia de Dios esté reunida alrededor de la mesa de esta cena de boda en la alegría de la risa, la felicidad y bendición de la plena perfección del cielo.

Cuán bellamente hablan las Escrituras de esto en la conclusión de las Sagradas Escrituras, el libro de Apocalipsis. "Y salió del trono una voz que decía: Alabad a nuestro Dios, todos sus siervos, y los que le teméis, así pequeños como grandes. Y oí como la voz de una gran multitud, como el estruendo de muchas aguas, y como la voz de grandes truenos, que decía: !Aleluya porque el Señor nuestro Dios Todopoderoso reina! Gocémonos y alegrémonos y démosle gloria; porque han llegado las bodas del cordero, y su esposa se ha preparado. Y a ella se le ha concedido que vista de lino fino, limpio y resplandeciente; porque el lino fino es las acciones justas de los santos. Y el ángel me dijo: Escribe: Bienaventurados los que son llamados a la cena de las bodas del Cordero. Y me dijo: Estas son las palabras verdaderas de Dios" (Apocalipsis 19: 5-9).

"Vi un cielo nuevo una tierra nueva; porque el primer cielo y la primera tierra pasaron, y el mar ya no existía más. Y yo Juan vi la santa ciudad, la nueva Jerusalén, descender del cielo, de Dios, dispuesta como una esposa ataviada para su marido. Y oí una gran voz del cielo que decía: He aquí el tabernáculo de Dios con los hombres, y el morara con ellos; y ellos serán su pueblo, y Dios mismo estará con ellos como su Dios. Enjugará Dios toda lagrima de los ojos de ellos; y ya no habrá muerte, ni habrá más llanto, ni clamor, ni dolor; porque las primeras cosas pasaron" (Apocalipsis 21:1-4).

"Después me mostró un río limpio de agua de vida, resplandeciente como cristal, que salía del trono de Dios y del Cordero. En medio de la calle de la ciudad, y a uno y a otro lado del río, estaba el árbol de vida, que produce doce frutos, dando cada mes su fruto; y las hojas del árbol eran para la sanidad de las naciones, Y no habrá más maldición y el trono de Dios y del Cordero estará en ella, y sus siervos le servirán, y verán su rostro, y su nombre estará en sus frentes. No habrá allí más noche; y no tienen necesidad de luz de lamparas, ni de luz del sol, porque Dios el Señor los iluminará; y reinarán por los siglos de los siglos" (Apocalipsis 22!-5).

No es una exageración decir que la clave para poder interpretar toda la Palabra de Dios es el pacto. Esta es una verdad que está escrita en cada pagina de la Historia Sagrada en letras mayúsculas. Es una verdad a la luz de la cual todas las Escrituras deben ser interpretadas. Esta es la enseñanza central de todo lo que ha dicho Dios en su Palabra infalible.

A la misma vez es el consuelo más grande y la gran esperanza más preciada del hijo de Dios mientras él camina cansado en la peregrinación de esta vida. Es esta verdad la única que puede sostenerlo, que puede ser un bálsamo para su alma atribulada, que lo puede alentar en las desilusiones y sufrimientos de la vida, que mantiene ante él la esperanza de una bendición que ojos no han visto ni oídos escuchado. Es su bendición en esta vida y en la vida venidera. Y es la verdad que sólo le da gloria a Dios. "Porque de él, y por él, y para él, son todas las cosas. A él sea la gloria por los siglos, amén" (Romanos 11:36).

"Sí, ven, Señor Jesús" (Apocalipsis 22:20).

www.ingramcontent.com/pod-product-compliance
Lightning Source LLC
Chambersburg PA
CBHW060116170426
43198CB00010B/915